KB185087

실전 정량적 분석

재무제표 분석 1인자,
체리형부의 트럼프 2.0 시대 수혜주 40선!

실전
정량적
분석

체리형부 외 브레인스토밍 스터디 그룹 지음

이레미디어

『기업분석 처음공부』를 출간하고 어떻게 하면 해당 책의 이론들을 실제 투자와 연계할 수 있을까 하는 고민을 했습니다. 더불어 개별 기업들을 정량적 특성에 맞게 해석하여 보여 드리고 싶었습니다. 이 책은 그 고민의 결과입니다.

또한 이 책을 읽을 분들을 고려하여 개별 기업을 선정하는 데 있어 하나의 주제가 있으면 좋겠다고 판단했습니다. 그렇게 선정한 주제는 바로 25년 1월에 시작될 '미국 트럼프 2기 행정부 시대'입니다. 트럼프 행정부 집권기에는 미국의 각종 정책에 의해 글로벌 주식시장이 상당한 영향을 받을 것이라 조심스럽게 예측됩니다.

도널드 J. 트럼프 대통령 성명서 중 "시추하자, 베이비, 시추하자(Drill Baby Drill)"라는 슬로건을 통해서 확인 가능하듯이 미국 천연가스와 관련된 산업군인 미드스트림 섹터와 연계 가능한 국내 조선 및 조선 기자재는 다가올 트럼프 행정부 시기에 각광받을 개연성이 가장 높은 산업군입니다. 그런 연유로 이 책의 Part 1에 해당 산업군에 속한 핵심 기업들을 선정하여 담아 보았습니다. 이외에 트럼프의 총아인 일론 머스크의 테슬라 그리고 트럼프의 무차별적인 관세 정책을 피해 갈 수 있는 관세 무풍 수출주 성격의 엔터 등도 다뤘습니다. 아무쪼록 이 한 권의 책을 통해 글로벌 증시 흐름을 읽고 적절하게 대비할 수 있기를 바랍니다.

마지막으로 책 집필에 함께해 준 브레인스토밍 스터디 그룹의 고마운 투자 동반자들에게 감사의 마음을 전합니다. 이들과 함께 저의 두 번째 책을 출간하게 되어 매우 기쁩니다.

2024년 12월

체리형부

정량적 분석은 선택한 기업에 확신을 더하기 위한 일련의 증거 조각들을 모으는 과정이다. 이번 책은 『기업분석 처음공부』를 읽고 '어떻게 기업분석에 적용하지?'라고 고민했을 투자자들에게 베스트 가이드가 되어 줄 것이다.

_라익

이 책은 데이터를 나열하는 데 그치지 않고 투자에 필요한 실질적 통찰을 제시한다. 기업의 사업보고서를 기반으로 재무 안정성과 기업 방향성 예측에 필요한 핵심 데이터를 간결하게 전달하려 했다.

_레이

독자들이 투자의 정도를 걷는 데 이 책이 마중물이 될 수 있을 거라 믿는다.

_루리

정량적 분석을 하지 않고 내러티브만을 본다면 수급만 예측할 수밖에 없다.

반면 내러티브를 무시하고 넘버스에만 집중하면 사이클의 시작을 잡지 못할 수 있다. 기업의 증익을 읽어 내는 방법은 정량적 분석뿐이란 사실을 이 책을 통해 알 수 있을 것이다.

_미엘린

체리형부 님을 통해 감에 의존하지 않고 정량적 데이터를 통해 기업분석을 하는 방법을 터득하게 되었다. 이 책은 『기업분석 처음공부』의 실전 적용과도 같다. 정량적 데이터를 통한 기업분석이 한국 주식뿐만 아니라 미국 주식에도 통한다는 것을 알게 될 것이다.

_발산주식

투자에서 가장 중요한 것은 잃지 않는 것이다. 정량적 분석은 많은 시간과 노력이 필요해 지루하고 어려울 수 있지만, 소중한 자산을 지키는 안전 마진 역할을 할 수 있다. 여기에 내러티브까지 더한다면 성공 가능성이 높은 투자자가 될 수 있다고 확신한다.

_복리의힘

기업분석 하는 방법을 체리형부 님 강의와 책을 통해 배우면서 불안한 마음이 정리되는 경험을 했다. 더불어 계속 투자하고 싶은 열정이 생겼다. 이 책이 나와 같은 처지에 놓였던 이들에게 분명 도움이 될 것이다.

_봄밤

'과연 내가 기업분석을 할 수 있을까?' 하고 의심했는데 이 프로젝트를 통해 조금은 그 목표에 가까워지고 있다. 감이나 주관적인 판단이 아닌, 객관적인 데이터를 통해 기업을 분석하고자 하는 투자자들에게 유용한 지침서가 될 것이다.

_브루크너

이 책에는 직장인 투자자들이 함께 고민하고 공부하며 쌓아 온 생생한 기업 분석 사례가 담겨 있다. 투자를 앞두고 고민하는 많은 이에게 이 책이 확실한 길잡이가 되어 줄 거라 믿는다.

_속리산녀구리

미래를 예측할 때 과거 역사를 참고하는 경우가 많다. 정량적 분석 또한 기업의 과거 재무제표 데이터를 활용해 기업에 대한 이해를 돕고 미래 예측에 대한 가능성을 높여 준다. 이 책은 주식 투자자에게 유용한 분석 툴의 하나가 될 것이다.

_스터노미

실전 투자를 하면서 가장 힘들 때는 하락 시 불안감이 엄습할 때다. 정량적 분석은 이런 불안한 마음을 잡아 주는 버팀목과 같다. 이 책은 실전에서 활용 가능한 지표의 모음이다.

_웅이아부지

기업분석을 숫자로도 할 수 있음을 보여 준 책이 『기업분석 처음공부』라면, 이 책은 그 책의 내용을 실전으로 옮겼다고 할 수 있다. 나처럼 공부 재주가 없거나 주식 투자에 대한 이해도가 낮은 이들에게 많은 도움이 될 책이다.

_청도군

이 책은 브레인스토밍 그룹의 경험과 체리형부 님의 전문성이 조화롭게 어우

러져 초보자부터 숙련된 투자자까지 모두에게 실질적인 도움을 준다. 독자가 주체적인 투자자로 성장할 수 있도록 돕는 최고의 가이드라 말하고 싶다.

_편다

자신만의 데이터베이스가 있어야 자신만의 투자가 가능하다. 이 책이 바로 그러한 데이터베이스가 되어 줄 것이다. 남들이 하지 않는 행동을 할 때 남들과 다른 엣지가 나온다고 믿는다면 이 책은 최고의 선택이다.

_CI100

『기업분석 처음공부』에서 정량적 분석의 이론과 방법을 공부했다면, 이번 책은 실천 편이다. 정량적 분석에 기초한 투자는 변동성이 심한 주식시장에서 등대 같은 역할을 할 것이고, 투자한 기업과의 동행을 시작할 수 있게 할 것이다.

_Lims

CONTENTS

PART 1

조선 및 기자재

PART 2

천연가스 미드스트림 및 피팅 & 밸브

CONTENTS

CONTENTS

조선 및
기자재

한화오션

1. 기업 개요

사업의 개요

(기준일: 2024년 6월 30일)   (단위: %)

사업 부문	매출 유형	품목	구체적 용도	주요 상표	매출비중		
					제25기 반기	제24기	제23기
상선	제품	LNGC	LNG 운반	Hanwha Ocean	79.6	73.8	83.9
		LPGC	LPG 운반				
		Containership	포장(Container)화물 운반				
		COT	원유, 액체 화학제품 운반				
해양 및 특수선	제품	FPSO/FLNG	부유식 원유/가스 생산·저장·하역설비	Hanwha Ocean	19.6	25.1	14.5
		Fixed Platform	고정식 원유 생산설비				
		Drillship, Semi-Rig	원유 시추설비				
		WTIV	해상풍력발전기 설치선				
		OSS	해상변전소				
		잠수함/수상함	해군 함정				
기타	–	서비스, 해상화물운송 등	기타 서비스업, 해상화물운송 등	–	0.8	1.1	1.6
합 계				–	100.0	100.0	100.0

* 참조: DART 한화오션 24.2Q 반기보고서

사업 부문은 크게 상선(매출 비중 79.6%), 해양 및 특수선(매출 비중 19.6%)으로 구분할 수 있다. 세부적으로 들여다보면 LNGC, LPGC, 컨테이너선, COT 건조 판매(상선), FPSO/FLNG, 고정식 원유 생산설비, 원유 시추설비, 해상풍력발전기 설치선, 해상변전소, 해군 함정(해양 및 특수선) 등을 건조 및 판매하는 회사다.

2. 정량적 분석

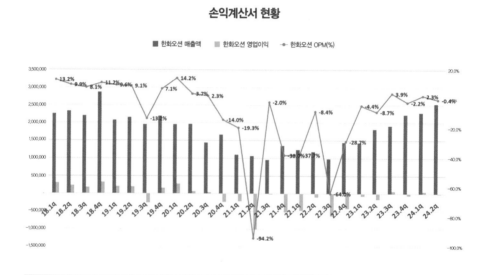

손익계산서 현황

■ 한화오션 매출액   ■ 한화오션 영업이익   ● 한화오션 OPM(%)

• 참조: DART 한화오션 24.2Q 반기보고서

한화오션은 23년 3분기부터 영업이익이 흑자 전환으로 돌아섰다. 이후로 매출이 지속적으로 상승 중이나 영업이익의 개선 여부는 뚜렷하지 않다.

손익계산서 현황

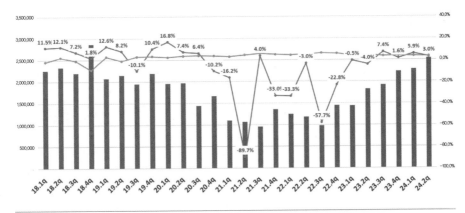

• 참조: DART 한화오션 24.2Q 반기보고서

GPM을 보면 21년과 22년에 크게 손상되었던 걸 복구했으나 높아지지 못하고 있다. 상대적으로 판관비율은 꾸준하게 유지 중이다.

현금흐름표 현황

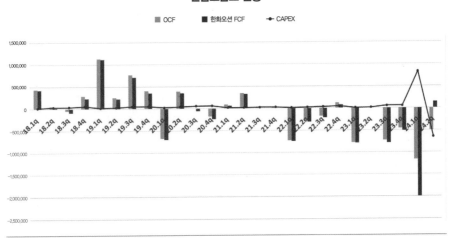

• 참조: DART 한화오션 24.2Q 반기보고서

24년 1분기에 CAPEX 투자가 집행되었으며, 최근 분기 동안 영업현금흐름 및 잉여현금흐름 모두 음의 흐름을 보이고 있다.

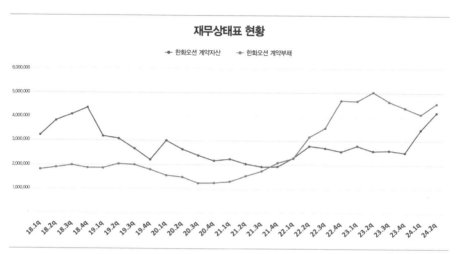

* 참조: DART 한화오션 24.2Q 반기보고서

한화오션의 계약 부채는 22년부터 증가 중이며, 계약 자산 또한 23년 4분기부터 증가하고 있다.

* 참조: DART 한화오션 24.2Q 반기보고서

한화오션의 계약 부채와 수주잔고 간의 움직임이 유사성을 보이며 20년 4분기부터 상승 중이다.

매출 및 재무제표 현황

• 참조: DART 한화오션 24,2Q 반기보고서

한화오션의 매출액과 계약 부채 6개 분기 레깅(Lagging) 간의 상관성이 72.1%를 보이고 있다.

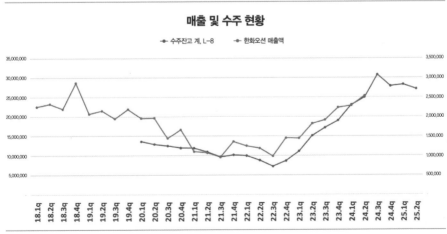

매출 및 수주 현황

• 참조: DART 한화오션 24,2Q 반기보고서

한화오션의 수주잔고 8분기 레깅과 한화오션 매출액 간의 상관도가 83.5%를 보이고 있다.

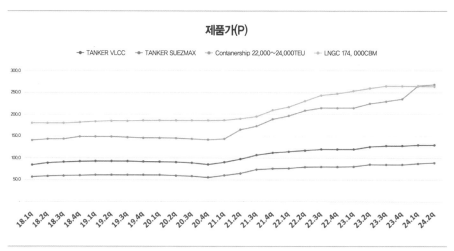

제품가(P)

• 참조: DART 한화오션 24.2Q 반기보고서

한화오션의 제품 가격 모두 우상향하고 있다. 그중 컨테이너선과 LNGC의 상승이 두드러진다.

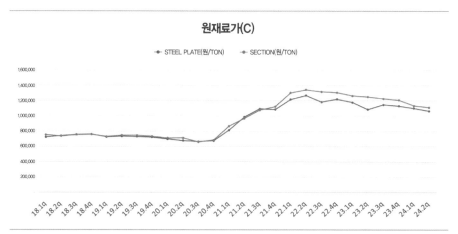

원재료가(C)

• 참조: DART 한화오션 24.2Q 반기보고서

한화오션의 원재료가 21년 2분기 고점을 찍고 서서히 하향하고 있으나 19년만큼 낮지는 않다.

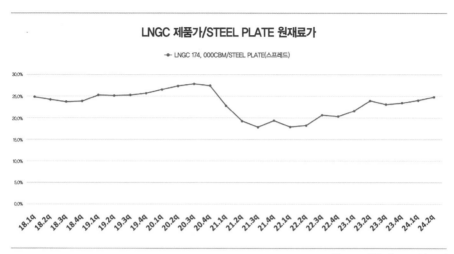

LNGC 제품가/STEEL PLATE 원재료가

→ LNGC 174, 000CBM/STEEL PLATE(스프레드)

• 참조: DART 한화오션 24.2Q 반기보고서

한화오션의 제품과 원재료 간 스프레드 비교를 보면, 21년과 22년에 악화되었다가 현재 서서히 회복 중이나 19년만큼은 회복하지 못했다는 걸 확인할 수 있다.

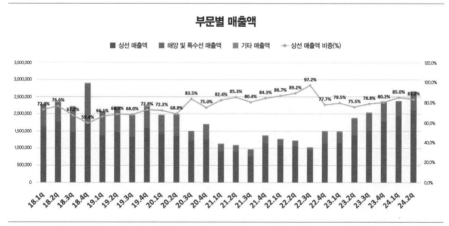

부문별 매출액

■ 상선 매출액   ■ 해양 및 특수선 매출액   ■ 기타 매출액   → 상선 매출액 비중(%)

• 참조: DART 한화오션 24.2Q 반기보고서

한화오션의 상선 부문 매출액이 22년 3분기 이후 증가 추세로 돌아섰고 24년 2분기에 최대 매출액을 보였다. 해양 및 특수선 매출액도 22년 4분기부터 증가하며 상선 매출액 비중을 낮추는 데 영향을 줬다.

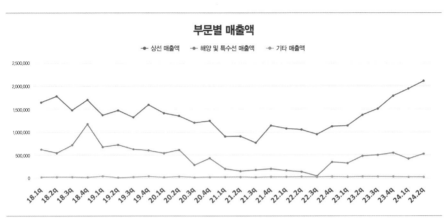

부문별 매출액

● 상선 매출액   ● 해양 및 특수선 매출액   ● 기타 매출액

• 참조: DART 한화오션 24.2Q 반기보고서

한화오션의 상선 부문 매출액이 뚜렷하게 상승 중인 걸 확인할 수 있다.

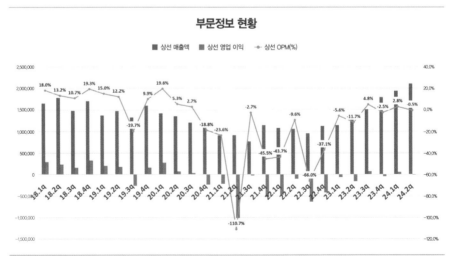

부문정보 현황

■ 상선 매출액   ■ 상선 영업 이익   ● 상선 OPM(%)

• 참조: DART 한화오션 24.2Q 반기보고서

한화오션의 상선 부문 매출액은 뚜렷하게 상승 중이나 OPM이 낮다.

원재료 및 생산설비 현황

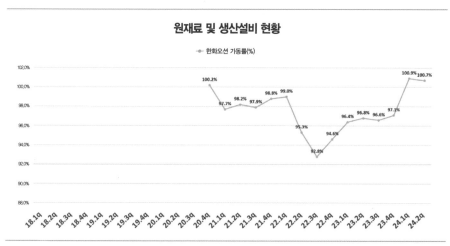

─●─ 한화오션 가동률(%)

* 참조: DART 한화오션 24.2Q 반기보고서

한화오션의 가동률은 22년 3분기에 최저치를 찍고 높아지고 있다.

비용의 성격별 분류 현황

■ 재고자산의 변동 ■ 원재료매입 ■ 종업원급여비용 ■ 감가상각비
■ 사용권자산상각비 ■ 무형자산상각비 ■ 제수수료 ■ 여비교통비
■ 권리용역비 ■ 임차료 ■ 외주가공비 ■ 공사손실충당금환입액
■ 기타 비용

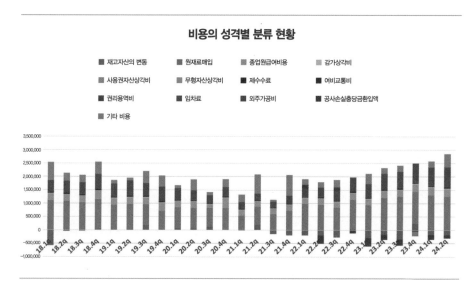

* 참조: DART 한화오션 24.2Q 반기보고서

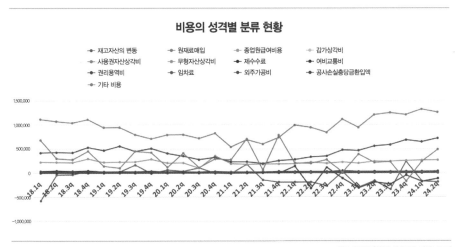

비용의 성격별 분류 현황

• 참조: DART 한화오션 24.2Q 반기보고서

한화오션의 비용 중 원재료 매입 부문 비중이 높으며 이외에도 외주가공비, 종업원 급여가 차지하는 비중이 높다.

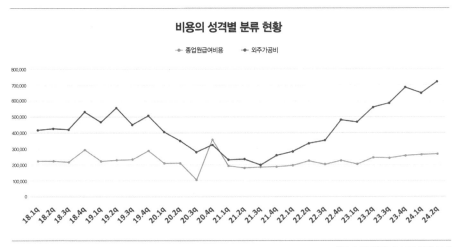

비용의 성격별 분류 현황

• 참조: DART 한화오션 24.2Q 반기보고서

한화오션의 비용 중 종업원 급여는 유지 중이나 외주가공비가 증가 추세에 있다.

직원 현황

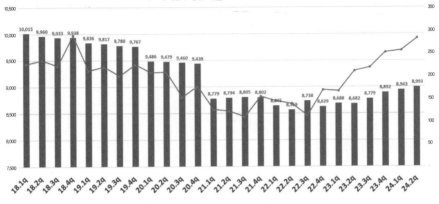

• 참조: DART 한화오션 24.2Q 반기보고서

한화오션의 직원의 수는 과거 대비 지속적으로 감소해 온 반면, 인당 매출액은 22년 3분기부터 증가하며 직원당 생산성이 좋아지고 있다.

직원 현황

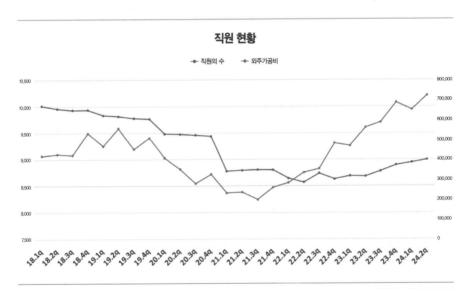

• 참조: DART 한화오션 24.2Q 반기보고서

한화오션의 직원의 수는 감소하다 23년 2분기부터 증가 중이며, 외주가공비는 21년 3분기부터 증가 추세에 있다.

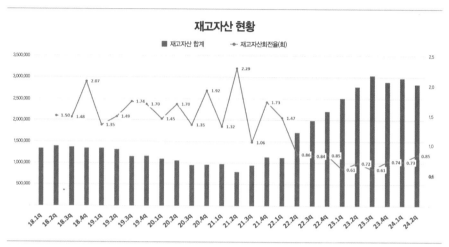

한화오션의 재고자산은 21년 1분기부터 상승 중이며, 재고자산회전율은 감소하며 0.8 내외를 유지 중이다.

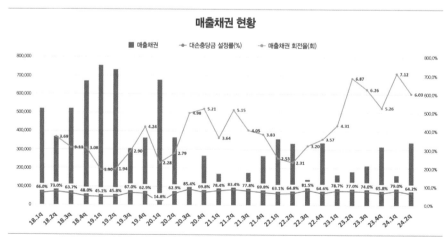

한화오션의 매출채권은 20년 2분기부터 낮은 상태를 유지 중이며, 대손충당금 설정률도 60% 이상을 유지 중이었으나 최근 들어 증가하고 있다.

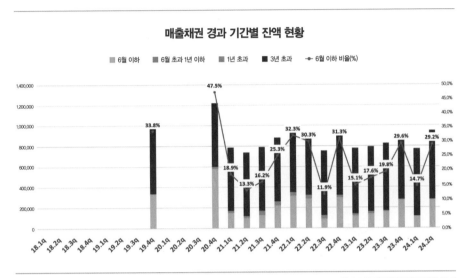

매출채권 경과 기간별 잔액 현황

• 참조: DART 한화오션 24.2Q 반기보고서

한화오션의 매출채권 중 6개월 이하 비율도 박스권을 유지하고 있다.

1. 사업 성과

- 매출액은 개선 과정에 있으나 영업이익은 개선이 되지 않고 있다.

2. 사업 부문별 매출

- 상선매출액이 증가 추세에 있으며, 해양 및 특수선 매출도 턴 어라운드되고 있다.
- 상선매출액의 증가 대비 OPM은 5%에도 미치지 못하고 있다.

3. 수익성 및 현금흐름

- GPM이 10% 미만으로 낮은 상황이며 판관비율은 유지 중이다.
- 21년 3분기부터 OCF와 FCF가 음의 흐름을 보여 주며 안정적이지 못한 상황이다.
- 비용 중 종업원 급여를 유지하며 직원당 매출액이 개선되는 점은 긍정적이나, 외주가공비가 증가 추세에 있다.

4. 수주 및 시장 동향

- 컨테이너선과 LNGC 제품 가격 모두 우상향하고 있다.
- 한국 조선업 호황과 더불어 매출액이 증가하고 있으며, 수주액의 레벨도 과거와 달라졌다. 해양 및 특수선 매출액이 올라오는 점도 기대되는 부분이다.

5. 향후 전망

- 수주잔고 8분기 레깅과 한화오션 매출액 간의 상관도가 83.5%를 보이는데, 수주액이 조금 꺾이면 향후 매출의 감소 가능성이 있다.
- 낮은 GPM 측면에서 효율적인 비용 관리가 필요하다고 추론할 수 있다. 높아지는 외주가공비에 대한 관심이 필요하다.
- 매출채권 중 6개월 이하 비율이 높아지지 않고, 60% 이상의 높은 대손충당금설정률과 음의 흐름을 보이는 현금흐름 등 재무적으로 불안한 모습이 향후 과제로 보인다.

HD현대중공업

1. 기업 개요

(2024년 6월 30일 현재) (단위 : 백만 원)

사업부문	대 상 회 사 명	주요 제품	매 출 액 (비 율)
조선	HD현대중공업㈜	원유운반선, 컨테이너선, LNG선, 군함 外	4,994,623 (72.68%)
해양플랜트	HD현대중공업㈜,	해상구조물 제작 및 설치, 부유식 원유생산설비 外	270,865 (3.94%)
엔진기계	HD현대중공업㈜ HD현대엔진 유한회사 Hyundai Heavy Industries Argentina S.R.L	선박용엔진, 디젤발전설비 外	1,567,704 (22.82%)
기타	HD현대중공업㈜	기타	38,536 (0.56%)
합계			6,871,728 (100.00%)

* 상기 매출액은 연결기준 매출액이며, 내부매출액을 차감한 수치입니다.
* 참조: DART HD현대중공업 24.2Q 반기보고서

HD현대중공업의 사업은 크게 조선(매출 비중 73%), 해양플랜트(매출 비중 4%), 엔진 기계(매출 비중 23%)로 나눌 수 있다. 세부적으로 들여다보면 일반상선, 고부가가치 가스선, 해양관련 선박, 최신예 함정 등의 건조와 수소/암모니아 추진운반선을 개발하고, 원유 생산/저장설비 공사, 발전/화공플랜트공사를 수행한다. 또한 대형엔진, 힘센엔진, 육상용 엔진발전설비 등을 공급하고 있으며, 친환경 제품도 자체 개발하고 있다.

2. 정량적 분석

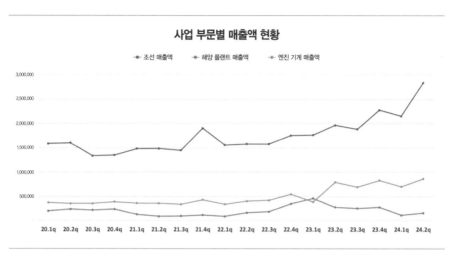

사업 부문별 매출액 현황

• 조선 매출액 • 해양 플랜트 매출액 • 엔진 기계 매출액

* 참조: DART HD현대중공업 24.2Q 반기보고서

조선 72.68%, 해양플랜트 3.94%, 엔진기계 22.82%로 조선/엔진기계 부문에서 역대 분기 최대 매출액을 갱신했다.

사업 부문별 영업이익 현황

영업 부문별 영업 이익	조선 영업 이익	해양 플랜트 영업 이익	엔진 기계 영업 이익	계
20.1q	92,071	−42,291	26,401	76,181
20.2q	67,662	−17,191	51,122	101,593
20.3q	40,798	−28,573	36,681	48,906
20.4q	−25,008	−9,626	17,676	−16,955
21.1q	54,297	−33,216	51,300	72,381
21.2q	−330,510	−68,899	13,747	−385,662
21.3q	108,455	−35,354	44,618	117,719
21.4q	−24,313	−31,792	22,953	−33,152
22.1q	−115,507	−91,137	33,708	−172,936

22.2q	−60,114	−47,126	43,911	−63,329
22.3q	61,361	−50,716	48,426	59,071
22.4q	−9,307	36,261	45,152	72,106
23.1q	56,784	−83,270	33,225	6,739
23.2q	32,726	−30,980	126,681	128,427
23.3q	11,826	−27,619	76,845	61,052
23.4q	47,451	104,661	49,560	201,672
24.1q	79,800	−77,600	76,00	78,200
24.2q	200,977	−26,995	90,954	264,936

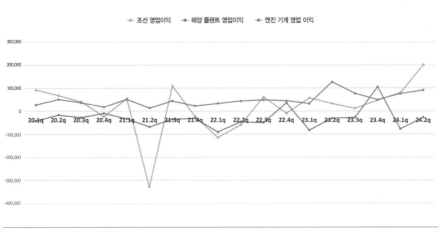

* 참조: DART HD현대중공업 24.2Q 반기보고서

엔진기계 사업 부문 영업이익(Green)은 20년부터 매 분기 흑자 상태다. 실질적인 Cash Cow라고 할 수 있다.

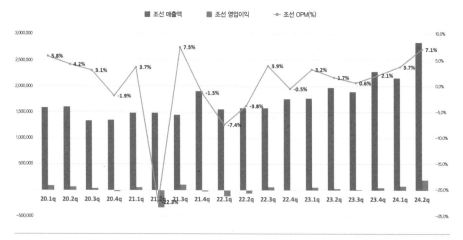

• 참조: DART HD현대중공업 24.2Q 반기보고서

조선 사업 부문 영업이익은 23년 1분기에 흑자로 전환한 이후 조선주 슈퍼 사이클에 접어들면서 24년 2분기에 역대 분기 최대 매출액/영업이익을 갱신했다.

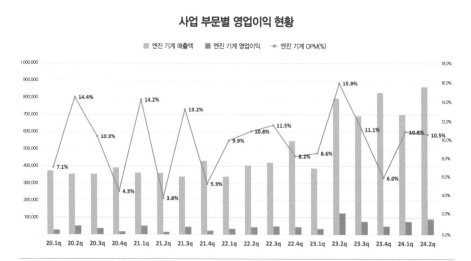

• 참조: DART HD현대중공업 24.2Q 반기보고서

엔진기계 부문은 전체 매출액 중 22.82%를 차지하며, 역시 역대 분기 최대 매출액을 갱신했다.

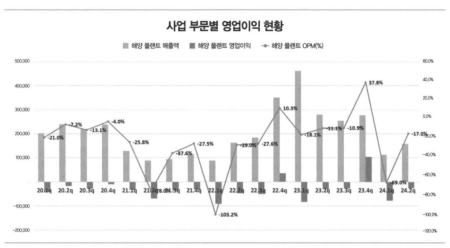

사업 부문별 영업이익 현황

• 참조: DART HD현대중공업 24.2Q 반기보고서

해양플랜트 부문은 전체 매출액 중 3.94%로 매출액이 전년도 대비 감소했고, 영업 적자도 지속되고 있다.

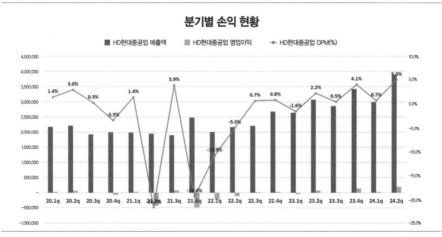

분기별 손익 현황

• 참조: DART HD현대중공업 24.2Q 반기보고서

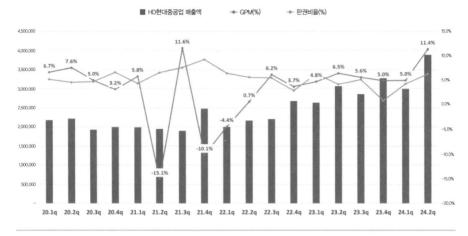

분기별 손익 현황

* 참조: DART HD현대중공업 24.2Q 반기보고서

20년 이후 역대 분기 최대 매출액, 영업이익, OPM(%)을 갱신했음을 확인할 수 있다.

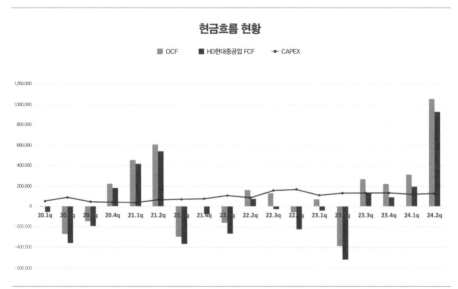

현금흐름 현황

* 참조: DART HD현대중공업 24.2Q 반기보고서

현금흐름 현황

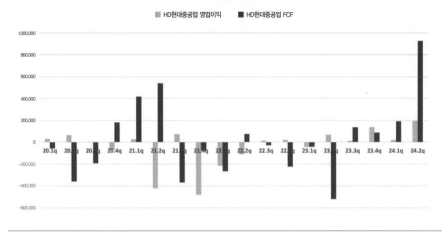

* 참조: DART HD현대중공업 24.2Q 반기보고서

23년 3분기 이후 지속적으로 +OCF/FCF 현금이 유입되고 있으며, 24년 2분기 기준 역대 최대 +OCF/FCF를 갱신했다.

계약 자산/계약 부채 현황

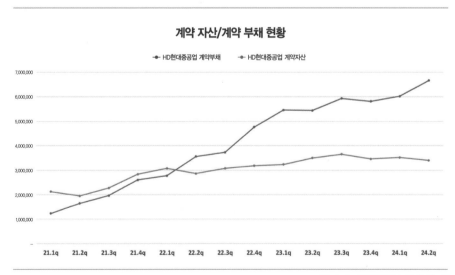

* 참조: DART HD현대중공업 24.2Q 반기보고서

계약 부채는 역대 분기 최대치를 찍었지만, Real 부채 비율은 65%로 안정적이다. 계약 자산은 QoQ 감소 추세로 양호하다.

HD현대중공업	24.2Q
계약자산	3,396,530
총 자산	17,698,437
Real 자산	14,301,907
총 부채	12,316,102
선수금(계약부채)	6,661,910
Real 부채	5,654,192
자본총계	5,382,335
Real 자본	8,647,715
부채비율	229%
REAL 부채율	65%

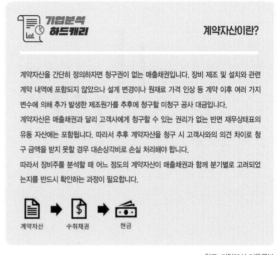

계약자산이란?

계약자산을 간단히 정의하자면 청구권이 없는 매출채권입니다. 장비 제조 및 설치와 관련 계약 내역에 포함되지 않았으나 설계 변경이나 원재료 가격 인상 등 계약 이후 여러 가지 변수에 의해 추가 발생한 제조원가를 추후에 청구할 미청구 공사 대금입니다.
계약자산은 매출채권과 달리 고객사에게 청구할 수 있는 권리가 없는 반면 재무상태표의 유동 자산에는 포함됩니다. 따라서 추후 계약자산을 청구 시 고객사와의 의견 차이로 청구 금액을 받지 못할 경우 대손상각비로 손실 처리해야 합니다.
따라서 장비주를 분석할 때 어느 정도의 계약자산이 매출채권과 함께 분기별로 고려되었는지를 반드시 확인하는 과정이 필요합니다.

계약자산 ➡ 수취채권 ➡ 현금

* 참조: 기업분석 처음공부

계약 부채는 선수금으로 해석할 수 있다. 선박 제작에 들어가기 전에 받는 일종의 착수금이다. 보통 부채비율은 총부채/자본 총계이지만, Real 부채비율은 (총부채-계약 부채)/(자본 총계-계약 자산)으로 계산된다. 자산 및 부채에서 계약 자산 및 계약 부채를 제거하여 실질적인 부채비율을 확인할 수 있다.

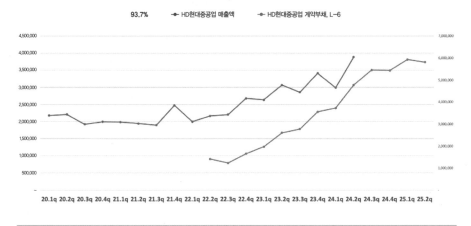

매출액/계약 부채

93.7% —•— HD현대중공업 매출액   —•— HD현대중공업 계약부채, L-6

20.1q 20.2q 20.3q 20.4q 21.1q 21.2q 21.3q 21.4q 22.1q 22.2q 22.3q 22.4q 23.1q 23.2q 23.3q 23.4q 24.1q 24.2q 24.3q 24.4q 25.1q 25.2q

• 참조: DART HD현대중공업 24,2Q 반기보고서

　　매출액과 계약 부채 레깅 6개 분기 간 상관관계는 93.7%로 매우 높다. 계약 부채의 추세를 감안하면 25년 상반기에 역대 분기 최대 매출액을 갱신할 가능성이 농후하다.

결론

1. 사업 구조의 안정성
- 조선 사업이 전체 매출의 72.66%를 차지하며 주력 사업으로 자리 잡았다.
- 엔진기계 사업은 매출의 22.82%를 차지하며 안정적인 수익원 역할을 하고 있다.
- 해양플랜트 사업은 매출의 3.94%로 비중은 낮지만 지속적으로 운영되고 있다.

2. 실적 개선 추세
- 24년 2분기 기준으로 역대 최대 분기 매출액과 영업이익을 달성했다.
- 조선과 엔진기계 부문에서 역대 최대 분기 매출을 기록했다.
- 조선 부문은 23년 1분기에 흑자로 전환한 후 지속적인 성장세를 보이고 있다.
- 엔진기계 부문은 2020년 이후 매 분기 흑자를 유지하며 안정적인 수익원 역할을 하고 있다.

3. 재무 상태 개선
- 23년 3분기 이후 영업현금흐름과 잉여현금흐름 모두 양호한 상태를 유지 중이다.
- 실질부채비율이 65%로 안정적이다.

4. 향후 전망
- 계약부채와 매출액 간의 상관관계(93.7%)를 고려할 때 2025년 상반기에 역대 최대 분기 매출을 달성할 가능성이 있다.
- 종합적으로 HD현대중공업은 조선 산업의 호황기를 맞아 실적이 크게 개선되고 있으며, 특히 주력인 조선 사업과 엔진기계 사업의 성장이 두드러진다. 재무 상태도 양호한 편으로, 지속적인 성장이 기대된다. 다만 해양플랜트 부문의 부진은 지속적인 관리와 개선이 필요해 보인다.

HD현대미포

1. 기업 개요

사업부문	대상 회사명
조선	HD현대미포(주), HD현대이엔티(주), HD Hyundai Vietnam Shipbuilding Co., Ltd.

오로지 조선 사업만 하고 있다.

2. 정량적 분석

분기별 손익

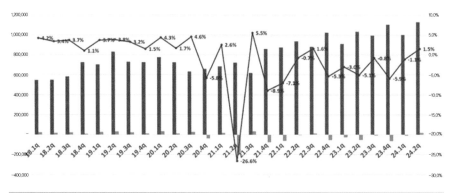

• 참조: DART HD현대미포 24.2Q 반기보고서

분기별 손익

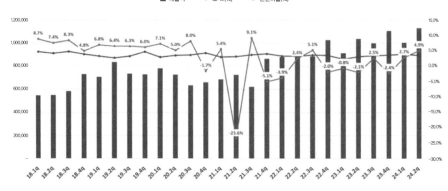

• 참조: DART HD현대미포 24.2Q 반기보고서

18년 이후 역대 분기 최대 매출액을 갱신했다.

분기별 손익

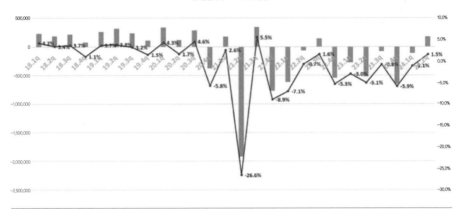

• 참조: DART HD현대미포 24.2Q 반기보고서

영업이익은 22년 4분기에 적자로 전환하고 7개 분기 만에 흑자로 전환했다.

분기 현금흐름

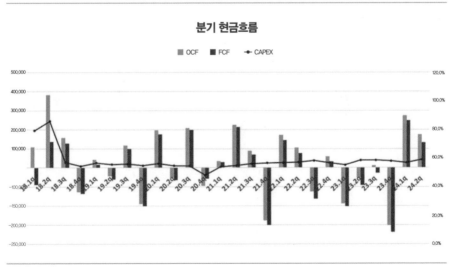

• 참조: DART HD현대미포 24.2Q 반기보고서

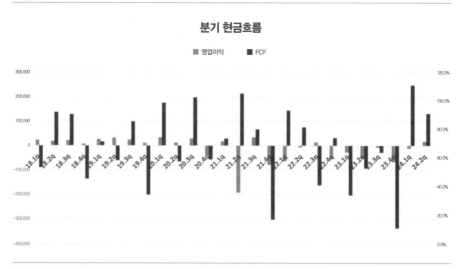

분기 현금흐름

참조: DART HD현대미포 24.2Q 반기보고서

24년 1분기 이후 +OCF/FCF 현금 유입이 지속적으로 이뤄지고 있다.

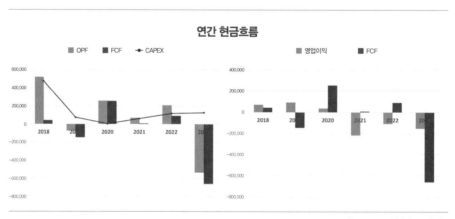

연간 현금흐름

참조: DART HD현대미포 23년 기준

23년에 현금 유출로 -OCF/FCF 전환한 것이 눈에 띈다.

현대미포조선	23.4Q
계약자산	1,442,687
총 자산	4,909,071
Real 자산	3,466,384
총 부채	2,893,858
선수금(계약부채)	1,557,774
Real 부채	1,336,084
자본총계	2,015,213
Real 자본	2,130,300
부채비율	144%
REAL 부채율	63%

현대미포조선	24.1Q
계약자산	1,166,462
총 자산	4,748,582
Real 자산	3,582,120
총 부채	2,728,113
선수금(계약부채)	1,479,866
Real 부채	1,248,247
자본총계	2,020,469
Real 자본	2,333,873
부채비율	135%
REAL 부채율	53%

현대미포조선	24.2Q
계약자산	1,011,783
총 자산	4,753,852
Real 자산	3,742,069
총 부채	2,701,468
선수금(계약부채)	1,455,255
Real 부채	1,246,213
자본총계	2,052,384
Real 자본	2,495,856
부채비율	132%
REAL 부채율	50%

Real 부채 비율은 50%로 안정적이다.

계약 자산/계약 부채

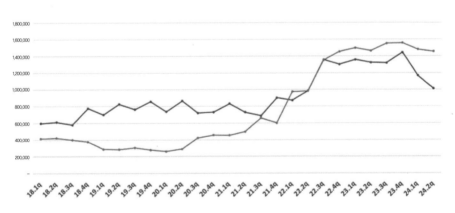

• 참조: DART HD현대미포 24.2Q 반기보고서

계약 부채는 역대 분기 최대 Level이지만, 계약 자산은 전 분기 대비 감소하는 추세로 양호한 모습이다.

매출액과 계약 부채 레깅 3개 분기 간 상관관계는 89.6%로 매우 높다. 계약 부채 추세를 감안하면 24년 하반기에 역대 분기 최대 매출액을 갱신할 가능성이 있다.

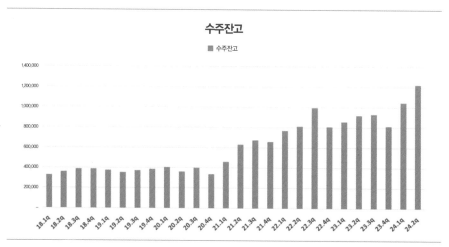

수주잔고 역시 역대 분기 최고액을 갱신했다.

매출액 및 계약 부채

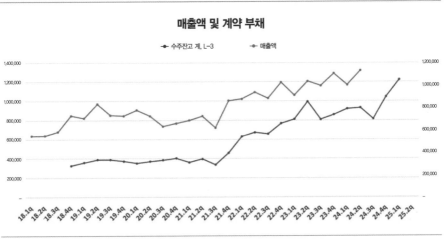

• 참조: DART HD현대미포 24.2Q 반기보고서

매출액과 수주잔고 레깅 3개 분기 간 상관관계는 92.3%로 매우 높다. 수주잔고 추세를 감안하면 24년 하반기에 역대 분기 최대 매출액을 갱신할 가능성이 있다.

가동률

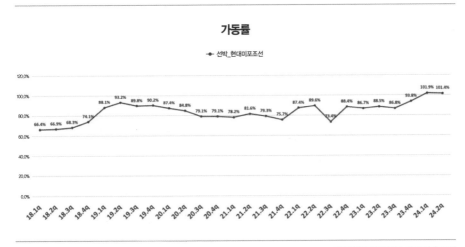

• 참조: DART HD현대미포 24.2Q 반기보고서

가동률 역시 역대 분기 최대 Level 유지하고 있다(101.4%).

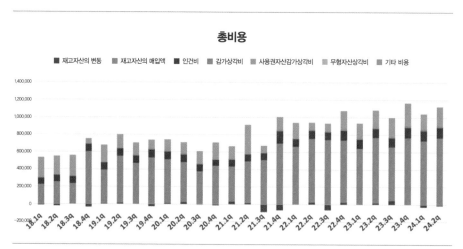

총비용

■ 재고자산의 변동 ■ 재고자산의 매입액 ■ 인건비 ■ 감가상각비 ■ 사용권자산감가상각비 ■ 무형자산상각비 ■ 기타 비용

* 참조: DART HD현대미포 24.2Q 반기보고서

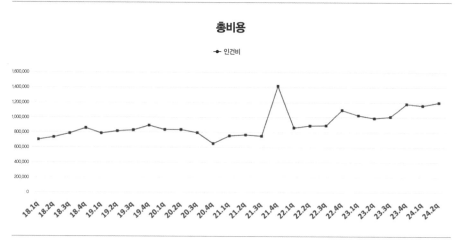

총비용

→ 인건비

* 참조: DART HD현대미포 24.2Q 반기보고서

원재료비가 비용 중 가장 높은 비중을 차지하고 있다. 원재료비를 제외하면 그다음은 인건비로, 24년 2분기에 사실상 가장 높은 인건비를 갱신했다(21년 4분기 제외).

직원 수 및 인당 매출액

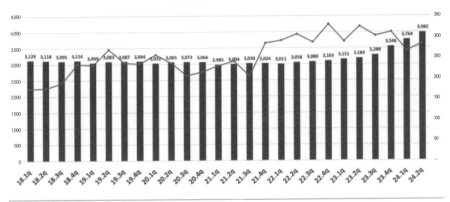

• 참조: DART HD현대미포 24.2Q 반기보고서

  18년 이후 직원 수는 역대 가장 많다. 인당 매출액은 24년 1분기에 하락했지만 재차 상승 중이다.

매출채권

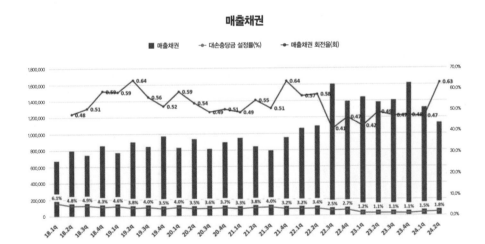

• 참조: DART HD현대미포 24.2Q 반기보고서

매출채권회전율과 대손충당금설정률 모두 양호한 모습이다.

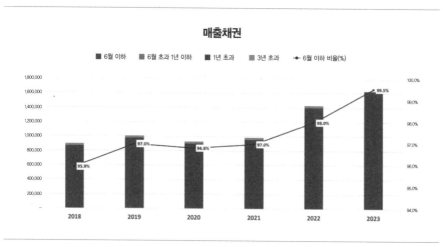

매출채권

■ 6월 이하   ■ 6월 초과 1년 이하   ■ 1년 초과   ■ 3년 초과   ◆ 6월 이하 비율(%)

* 참조: DART HD현대미포 23년 기준

경과 기간별 매출채권 잔액 현황 중 정상채권의 비율은 96.5%로 18년에 95.9%를 기록한 후 지속적으로 상승하고 있다.

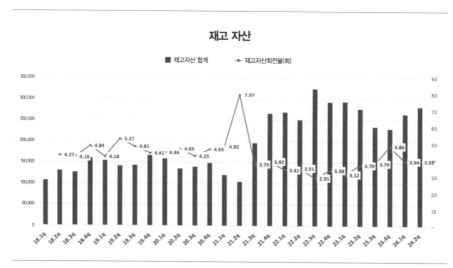

재고 자산

■ 재고자산 합계   ◆ 재고자산회전율(회)

* 참조: DART HD현대미포 24.2Q 반기보고서

재고 자산 역시 양호하다.

선종별 가격 현황

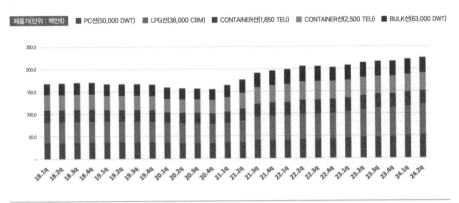

제품가(단위 : 백만$) ■ PC선(50,000 DWT) ■ LPG선(38,000 CBM) ■ CONTAINER선(1,850 TEU) ■ CONTAINER선(2,500 TEU) ■ BULK선(63,000 DWT)

• 참조: DART HD현대미포 24.2Q 반기보고서

선종별 가격 현황

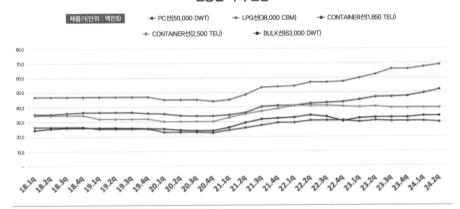

제품가(단위 : 백만$) ─●─ PC선(50,000 DWT) ─●─ LPG선(38,000 CBM) ─●─ CONTAINER선(1,850 TEU) ─●─ CONTAINER선(2,500 TEU) ─●─ BULK선(63,000 DWT)

• 참조: DART HHD현대미포 24.2Q 반기보고서

선종별 가격 현황

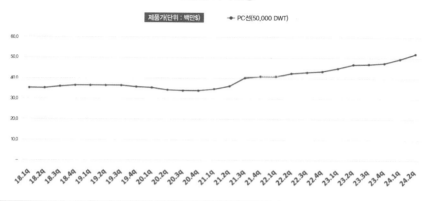

• 참조: DART HD현대미포 24.2Q 반기보고서

주력 선종인 PC선의 가격은 18년 1분기 이후 역대 분기 최고 Level을 유지 중이다.

원재료 가격 현황

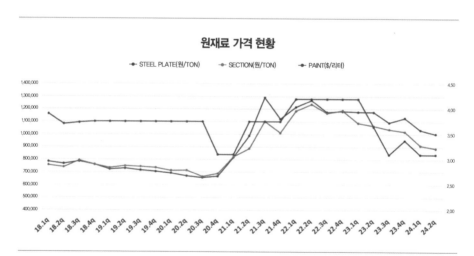

• 참조: DART HD현대미포 24.2Q 반기보고서

주요 원재료인 Steel plate 및 형강 가격은 지속적으로 떨어지고 있다.

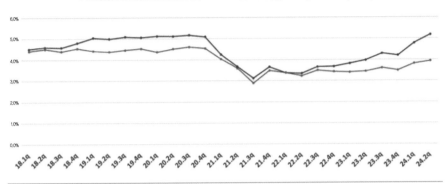

선박 가격/원재료 가격

PC선(50,000 DWT)/STEEL PLATE(스프레드)　　　CONTAINER선(2,500 TEU)/STEEL PLATE(스프레드)

• 참조: DART HD현대미포 24.2Q 반기보고서

21년 3분기 이후 최대 스프레드를 갱신 중이다. 24년 2분기에 영업이익이 흑자로 돌아선 가장 큰 이유이기도 하다.

1. 재무 성과

- 24년 2분기에 역대 분기 최대 매출액을 갱신했다.
- 7개 분기 만에 영업이익 흑자로 돌아섰다.
- 24년 1분기 이후 영업현금흐름(OCF)과 잉여현금흐름(FCF)이 지속적으로 유입되고 있다.

2. 사업 현황

- 조선 사업 부문이 매출액의 100%를 차지하고 있다.
- 수주잔고가 역대 분기 최대치를 기록했으며, 이는 향후 매출 증가로 이어질 가능성이 높다.
- 조선 사업 부문의 가동률이 101.4%로 역대 최고 수준이다.

3. 시장 동향

- 주력 선종인 PC선 가격이 역대 최고 수준이다.
- 주요 원재료인 철판과 형강 가격은 지속적으로 하락하고 있다.
- 선박 가격과 원재료 가격 간 스프레드가 21년 3분기 이후 최대치를 기록했다. 이는 24년 2분기 영업이익이 흑자 전환한 주 이유이기도 하다.

4. 기타 주요 지표

- 직원 수가 18년 이후 가장 많다.
- 매출채권 관리가 양호하며, 현재 96.5%인 정상채권 비율은 지속적으로 상승하고 있다.
- 재고자산 관리도 양호한 상태다.

5. 향후 전망

- 24년 2분기를 기점으로 재무적으로나 운영적으로나 매우 긍정적인 성과를 보이고 있으며, 향후에도 이러한 추세가 지속될 듯 보인다.

삼성중공업

1. 기업 개요

반기보고서

(기준일 : 2024년 6월 30일) | | | | (단위 : 억 원, %)

사업부문	매출유형	품목	구체적용도	주요고객	매출액(비율)
조선해양	제품	초대형컨테이너선 LNG선, 원유운반선 LNG-FPSO, FPU 등	해상화물, LNG 원유운반 등	해외선주	43,703 (89.6)
토건	제품	토목, 건축, 하이테크 공사 등	토목 건축사업	건축업주	5,095 (10.4)

• 참조: DART 삼성중공업 24.2Q 반기보고서

사업 부문은 크게 조선해양(매출 비중 89.6%)과 토건(매출 비중 10.4%)으로 나뉜다. 세부적으로는 초대형 컨테이너선, LNG선, 원유운반선 등 선박 및 LNG-FPSO, FPU 등 해양플랫폼을 건조/판매하고, 건축 및 토목공사, 하이테크 공사를 수행한다.

2. 정량적 분석

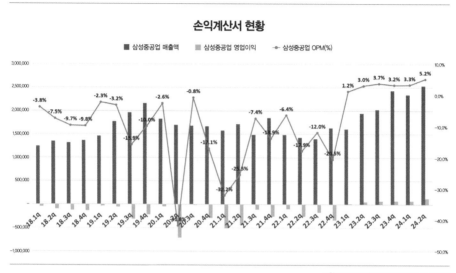

손익계산서 현황

■ 삼성중공업 매출액　■ 삼성중공업 영업이익　━●━ 삼성중공업 OPM(%)

　　23년 1분기부터 영업이익이 흑자로 돌아섰으며, 매출과 영업이익률이 지속적으로 상승하고 있다.

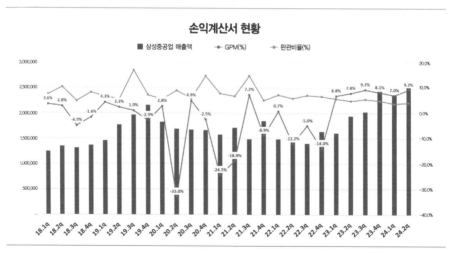

손익계산서 현황

■ 삼성중공업 매출액　━●━ GPM(%)　━●━ 판관비율(%)

GPM은 23년 1분기부터 6% 이상의 개선된 수치를 보이고 있으며, 판관비율은 21년 4분기부터 낮아지고 있다.

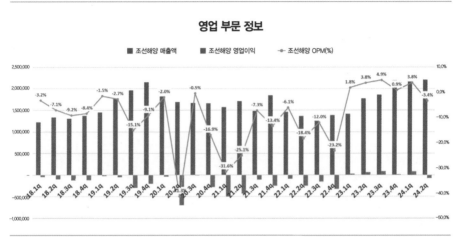

영업 부문 정보

* 참조: DART 삼성중공업 24.2Q 반기보고서

영업이익은 23년 1분기에 흑자 전환에 성공했으나 24년 2분기에 다시 하락했다. 매출액 레벨과 OPM은 긍정적이다.

영업 부문 정보

* 참조: DART 삼성중공업 24.2Q 반기보고서

토건 매출액이 22년 1분기부터 24년 2분기까지 높은 상승률로 증가 중이며, 24년 2분기 OPM은 65%에 달한다.

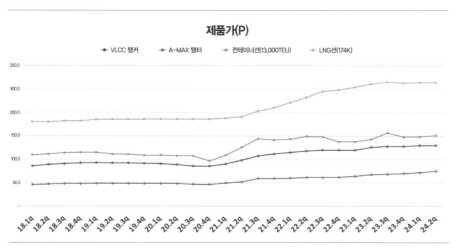

• 참조: DART 삼성중공업 24.2Q 반기보고서

제품 가격이 전반적으로 우상향하고 있으며, 특히 LNG선 제품가의 개선세가 돋보인다.

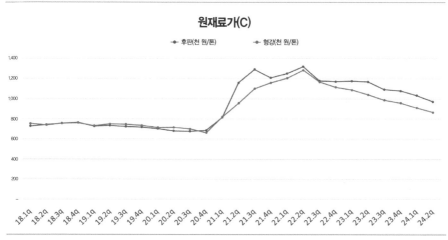

• 참조: DART 삼성중공업 24.2Q 반기보고서

원재료 후판과 형강 가격은 21년과 22년에 고점을 찍고 떨어지고 있다.

LNGC 제품가 / STEEL PLATE 원재료가 스프레드

→ LNGC 174,000CBM / STEEL PLATE(스프레드)

• 참조: DART 삼성중공업 24.2Q 반기보고서

LNGC 제품 가격과 원재료의 스프레드 비교를 해 보면 21년과 22년 원재료 가격이 높은 기간에 낮아졌다가 재차 상승하고 있다.

매출 및 수주 상황 정보

→ 삼성중공업 계약부채   → 수주잔고 계

• 참조: DART 삼성중공업 24.2Q 반기보고서

삼성중공업의 계약 부채와 수주잔고는 최근 5년간 지속 상승 중이다.

매출 및 수주 상황 정보

◆ 삼성중공업 계약부채　　◆ 삼성중공업 계약자산

• 참조: DART 삼성중공업 24.2Q 반기보고서

삼성중공업의 계약 부채와 계약 자산은 21년부터 상승 중이다.

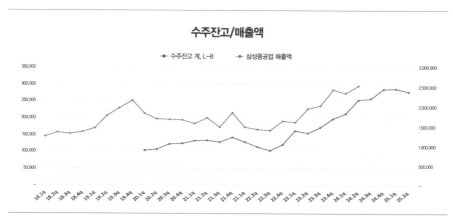

수주잔고/매출액

◆ 수주잔고 계, L-8　　◆ 삼성중공업 매출액

• 참조: DART 삼성중공업 24.2Q 반기보고서

삼성중공업 수주잔고를 8개 분기 레깅했을 때 매출액과 88.1%의 상관성을 보여 줬다.

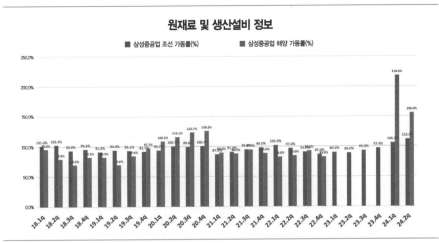

원재료 및 생산설비 정보

■ 삼성중공업 조선 가동률(%)　　■ 삼성중공업 해양 가동률(%)

• 참조: DART 삼성중공업 24.2Q 반기보고서

삼성중공업의 조선 부문 가동률은 90~100% 사이에서 움직이다가 24년에 들어서 110% 이상의 가동률을 보여 줬다. 해양 부문 가동률도 24년에 들어서 기존 대비 1.5배 이상의 가동률을 보여 줬다.

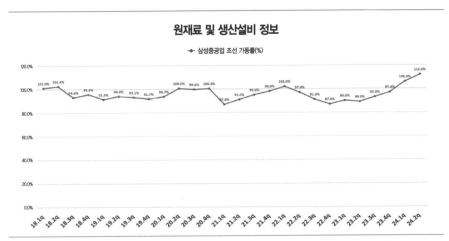

원재료 및 생산설비 정보

◆ 삼성중공업 조선 가동률(%)

• 참조: DART 삼성중공업 24.2Q 반기보고서

삼성중공업의 조선 부문만 떼어 놓고 보면 24년에 들어서 박스권 상단을 돌파한다.

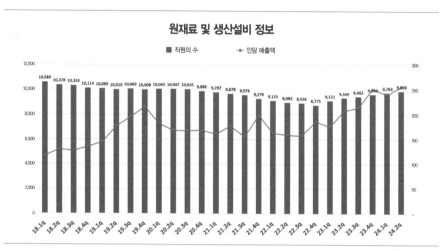

• 참조: DART 삼성중공업 24.2Q 반기보고서

삼성중공업의 직원 수는 22년 3분기까지 지속적으로 감소하다가 23년부터 증가 추세를 보이고 있다. 직원당 매출액은 계속해서 상승 중이다.

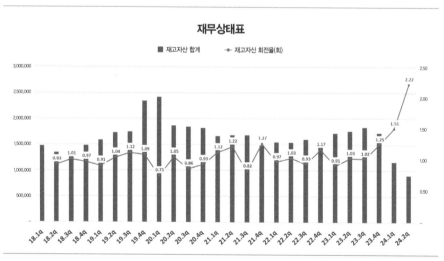

• 참조: DART 삼성중공업 24.2Q 반기보고서

삼성중공업의 재고자산은 23년 3분기부터 감소 추세를 보였고, 재고자산회전율은 최근에 상승하고 있다.

* 참조: DART 삼성중공업 24.2Q 반기보고서

삼성중공업의 매출채권은 22년 2분기부터 증가하고 있으며, 대손충당금설정률은 21년 3분기 이후 지속해서 감소한 결과 2%까지 떨어졌다.

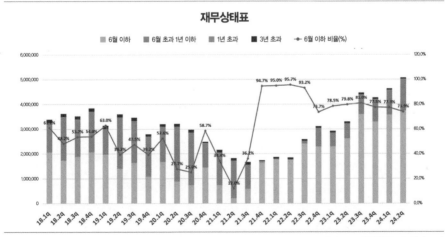

* 참조: DART 삼성중공업 24.2Q 반기보고서

삼성중공업의 대손충당금 중 6개월 이하 비율이 높아지면서 기업의 재무건전
성이 좋아진 모습을 확인할 수 있다.

1. 사업 성과

- 24년 2분기 기준 영업이익률이 5%대로, 매출과 영업이익이 동반 상승하고 있다.
- 조선 해양 매출이 전체 매출의 89.6%를 차지한다. 10.4%인 토건 부문도 매출과 영업이익률이 우상향하고 있다.

2. 사업 부문별 매출

- 조선 해양 부문 매출액이 증가 추세에 있으며, OPM은 23년 1분기 이후 흑자 전환했다.
- 토건 부문 매출액이 지속적으로 증가하고 있으며, 24년 2분기에 65%의 영업이익률을 보여 줬다.

3. 수익성 및 현금흐름

- LNG선의 제품 가격 개선세가 뚜렷하며, 다른 제품들도 동반 상승하고 있다.
- GPM이 지속 개선 중이며, 24년 2분기 기준 GPM이 9.2%로 비용 관리 면에서 괄목할 만한 모습을 보여 주고 있다.

4. 향후 전망

- 8개 분기 레깅 수주잔고와 매출 간의 높은 상관관계(88.1%)를 고려할 때 지속적으로 높은 매출을 유지할 수 있을 듯 보인다. 그 외 제품 가격/가동률의 상승 등을 고려할 때 실적 개선세 및 성장에 대한 기대감이 존재한다.

세진중공업

1. 기업 개요

사업 부문

(단위 : 백만 원)

구분		제 26기 반기		제 25기		제 24기	
		매출액	비중	매출액	비중	매출액	비중
조선	선실	107,122	64.2%	206,639	53.7%	189,173	46.1%
	선채	57,735	34.6%	174,102	45.2%	151,691	37.0%
플랜트	플랜트	–	0.0%	–	0.0%	63,396	15.5%
기타매출		2,059	1.2%	4,055	1.1%	5,794	1.4%
합계		166,916	100.0%	384,796	100.0%	410,054	100.0%

• 참조: DART 세진중공업 24.2Q 반기보고서

세진중공업은 선원들의 주거 공간으로 쓰이는 선실(46%)과 LPG 운반선에 탑재되는 LPG Tank 및 기타 블록을 제작하는 선체 부문(37%)에서 매출이 발생하고 있다.

2. 정량적 분석

제품별 매출액 현황

조선-선실 매출액 ━ 조선-선실 매출액 ━ 플랜트 매출액

• 참조: DART 세진중공업 24.2Q 반기보고서

비록 24년 매출이 23년에 비해 감소했지만 선실의 매출 규모가 꾸준히 우상향
하고 있다.

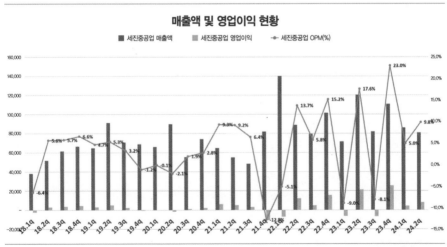

매출액 및 영업이익 현황

■ 세진중공업 매출액   ■ 세진중공업 영업이익   ━ 세진중공업 OPM(%)

• 참조: DART 세진중공업 24.2Q 반기보고서

22년부터 매출 규모가 증가했지만, 23년에 플랜트 매출이 빠지며 매출 규모가 감소했다. 22년부터 OPM이 13.7%를 시작으로 두 자릿수를 보여 주며 최대 23%를 달성했다. 앞서도 언급했듯이 24년이 되고 전 분기(QoQ) 대비 매출 규모가 감소했으나 영업이익은 증가했다.

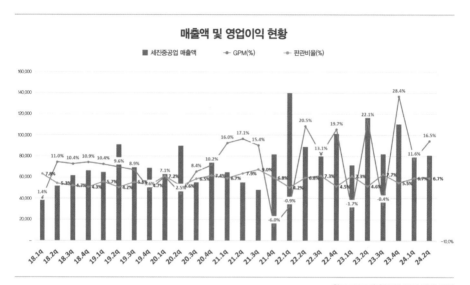

매출액 및 영업이익 현황

■ 세진중공업 매출액　　◆ GPM(%)　　● 판관비율(%)

* 참조: DART 세진중공업 24.2Q 반기보고서

22년부터 GPM이 20% 이상으로 높아졌다. 판관비율은 일정하게 유지하고 있다.

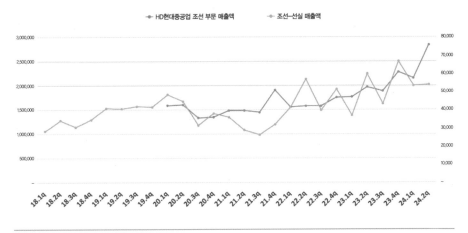

• 참조: DART 세진중공업 24.2Q 반기보고서

　　HD현대중공업 매출액과 세진중공업의 매출액 모두 증가 추세에 있으며, 상관계수 분석 결과는 61.7%이다.

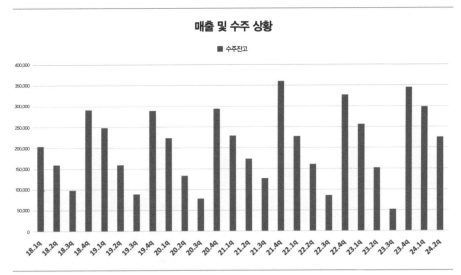

• 참조: DART 세진중공업 24.2Q 반기보고서

수주잔고가 전년(YoY) 대비 증가하고 있다. 앞서 보여 준 상관계수 분석 결과를 볼 때 매출 증대 측면에서 개연성이 존재한다. 수주잔고는 4분기에 당해 최대치를 보여 주는 계절성을 보인다.

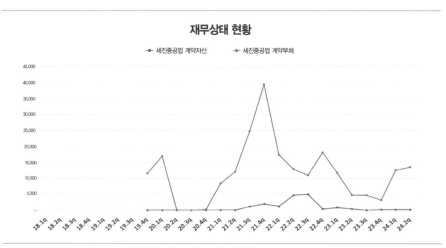

• 참조: DART 세진중공업 24.2Q 반기보고서

계약 부채(선수금)는 증가 추세이고, 계약 자산(청구권이 없는 매출채권)은 수치가 낮다.

• 참조: DART 세진중공업 24.2Q 반기보고서

원재료 PIPE Pc'S는 22년부터 높은 레벨을 유지하고 있다. 철의장은 22년에 고점을 찍고 조정 중이다.

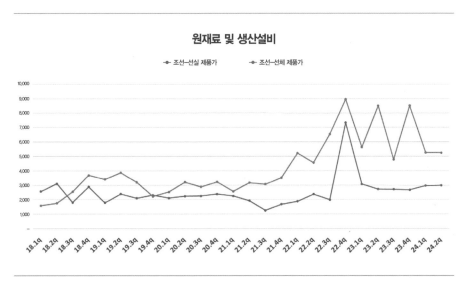

원재료 및 생산설비

━●━ 조선-선실 제품가   ━●━ 조선-선체 제품가

• 참조: DART 세진중공업 24.2Q 반기보고서

조선 선체는 21년 4분기부터 증가하다 22년 4분기에 신고가를 찍은 후 높은 레벨을 유지하고 있다. 조선 선실의 경우 21년 4분기에 신고가를 찍은 후 21년과 대비해서 나아진 가격대를 유지하고 있다.

생산 실적(Q)

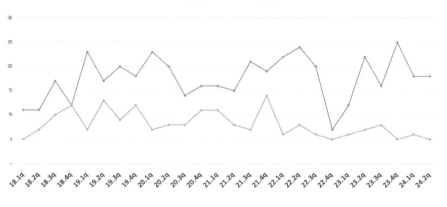

* 참조: DART 세진중공업 24.2Q 반기보고서

조선 선실의 생산실적은 22년 4분기를 제외하고 일정 금액대를 유지하고 있다. 반면 조선 선체의 생산실적은 22년 1분기 이후 하향 중이다.

재무상태표

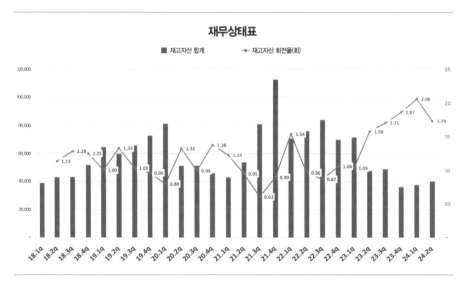

* 참조: DART 세진중공업 24.2Q 반기보고서

재고자산이 21년 4분기에 최대치를 찍은 후 지속적으로 감소하고 있다. 재고자
산회전율은 23년에 들어서면서 높아지고 있다.

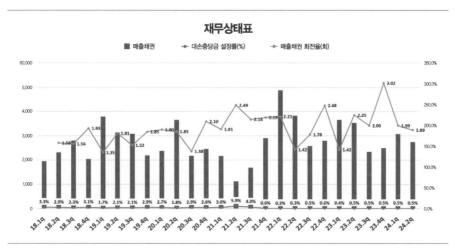

재무상태표

■ 매출채권   ─●─ 대손충당금 설정률(%)   ─●─ 매출채권 회전율(회)

• 참조: DART 세진중공업 24,2Q 반기보고서

매출채권회전율은 2% 내외를 유지 중이며, 대손충당금설정률은 21년 4분기 이
후 1% 이하로 매우 양호한 수치를 보이고 있다.

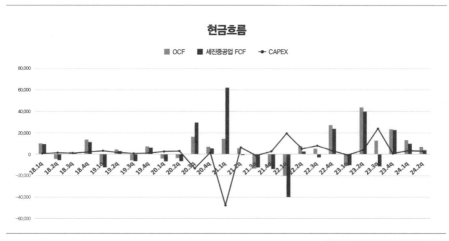

현금흐름

■ OCF   ■ 세진중공업 FCF   ─●─ CAPEX

• 참조: DART 세진중공업 24,2Q 반기보고서

22년 2분기 이후 양의 흐름을 보이던 OCF와 FCF가 최근 들어 감소하는 모습
이다.

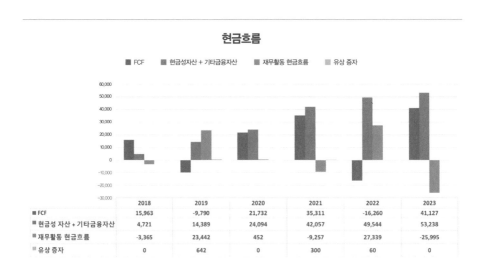

현금흐름

■ FCF　　■ 현금성자산 + 기타금융자산　　■ 재무활동 현금흐름　　■ 유상 증자

	2018	2019	2020	2021	2022	2023
■ FCF	15,963	-9,790	21,732	35,311	-16,260	41,127
■ 현금성 자산 + 기타금융자산	4,721	14,389	24,094	42,057	49,544	53,238
■ 재무활동 현금흐름	-3,365	23,442	452	-9,257	27,339	-25,995
■ 유상 증자	0	642	0	300	60	0

* 참조: DART 세진중공업 24.2Q 반기보고서

연도별로 보면 23년 FCF와 현금성 자산은 양호한 흐름을 보인 반면, 재무 활동
현금흐름은 음의 흐름으로 돌아섰다.

결론

1. 사업 성과
- 23년부터 과거보다 높은 레벨의 매출액 및 OPM을 달성하고 있다.
- 매출액 개선이 지속되고 있으며, 특히 선실 매출의 경우 HD현대중공업의 업황을 따라갈 가능성이 높다.

2. 제품별 매출 및 가격
- 지속적으로 높은 레벨을 유지 중인 선체 가격과 개선 중인 선실 가격도 P 관점에서 긍정적이다.

3. 수익성 및 현금흐름
- GPM 개선 및 판관비 유지가 지속되며 실적이 계속 호조를 보이고 있다.
- 23년부터 OCF와 FCF가 양의 흐름을 유지하며 양호한 모습을 보여 주고 있다.

4. 수주 및 시장 동향
- 24년도에 탱크 납품 감소로 매출액과 영업이익 규모가 감소했다. 하반기 납품 실적 추이를 지켜볼 필요가 있다.
- 23년 대비 높아진 수주잔고가 매출액의 개선을 기대하게 하나 상관성이 높지는 않다.

5. 향후 전망
세진중공업은 최근 높은 수준의 매출액과 영업이익률을 유지하며 긍정적인 실적 추세를 보이고 있고, 선체/선실 가격의 개선, 매출총이익률 상승, 양호한 현금흐름 등이 긍정적 요인으로 작용하고 있으나, 2024년 중 탱크 납품 감소로 인한 일시적 실적 하락과 수주잔고 증가에 따른 매출 개선 가능성을 주의 깊게 관찰할 필요가 있다. 물론 HD현대중공업의 업황과의 연관성을 고려할 때 조선업 전반의 호조와 함께 개선될 여지는 있다.

케이에스피

1. 기업 개요

사업 부문

(단위 : 백만 원)

사업부문	매출유형	품목	구체적 용도	제 25(당)반기		제 24(당)기		제 23(전)기	
				매출액	비율	매출액	비율	매출액	비율
엔진부품	제품	중형(중속) 엔진부품	선박 발전기용 엔진부품	7,162	17.1%	10,967	13.4%	5,535	8.7%
	제품	대형(저속) 엔진부품	선박 추진용 엔진부품	22,212	52.9%	42,984	52.7%	25,579	40.2%
	기타	스크랩, 고철 등 판매 外		901	2.1%	1,643	2.0%	844	1.3%
		엔진부품사업부 합계		30,275	72.2%	55,564	68.1%	31,958	50.2%
형단조	제품	프랜지外	산업기계부품	371	0.9%	812	1.0%	1,516	2.4%
		링기어外	건설장비부품	1,023	2.4%	2,209	2.7%	3,464	5.4%
		콘로드外	선박부품	2,988	7.1%	4,997	6.1%	6,328	9.9%
		유동암外	방산부품	3,316	7.9%	6,046	7.4%	2,316	3.6%
	기타	스크랩, 고철 등 판매 外		782	1.9%	502	0.6%	575	0.9%
		형단조사업부 합계		8,480	20.2%	14,566	17.8%	14,199	22.3%

기타	제품	파이프	–	96	0.2%	198	0.2%	–	–
	상품	수입상품外	–	3,101	7.4%	11,299	13.8%	17,454	27.4%
	임가공外	마찰, 용접	발전부품	–	–	–	–	58	0.1%
		기타사업부 합계		3,197	7.6%	11,497	14.1%	17,512	27.5%
		총 매출액 합계		41,952	100.0%	81,627	100.0%	63,669	100.0%

• 참조: DART 케이에스피 24.2Q 반기보고서

조선 엔진에 들어가는 배기밸브스핀들 및 밸브시트 등을 제조하는 엔진부품사업부(50.2%)와 각종 기계 부품에 들어가는 단조제품인 프랜지, 링기어, 스프라켓, 콘로드 등을 만드는 형단조사업부(22.3%)로 사업 부문이 나뉘어진다.

2. 정량적 분석

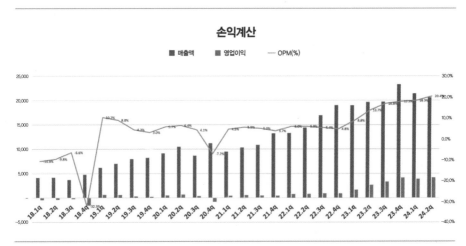

손익계산

• 참조: DART 케이에스피 24.2Q 반기보고서

매출과 영업이익이 우상향을 보이다가 24년 1분기에 잠시 주춤한 모습이다. 다만 OPM은 20%에 근접하며 역대 최대치를 찍었다.

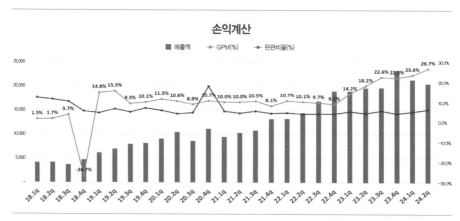

• 참조: DART 케이에스피 24.2Q 반기보고서

매출총이익률이 23년 1분기를 기점으로 지속 상승하고 있으며, 판관비율은 적정 비율(5% 내외)로 유지 중이다. 제품의 가격 상승, 매출 물량의 증가, 비용 감소가 매출총이익률의 긍정적인 면의 이유로 추론된다.

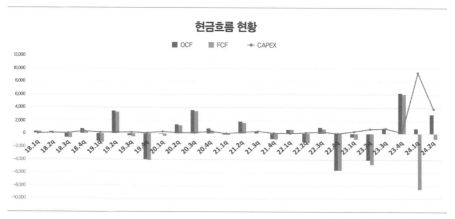

• 참조: DART 케이에스피 24.2Q 반기보고서

최근 몇 년간 영업활동 현금흐름이 음(-)이었다는 점에서 매출채권 및 재고자산의 급증 사유가 있는지 확인이 필요하다. 최근에 유형자산 취득을 통한 증설로 CAPEX 투자금이 늘어났다는 점은 확인할 수 있었다.

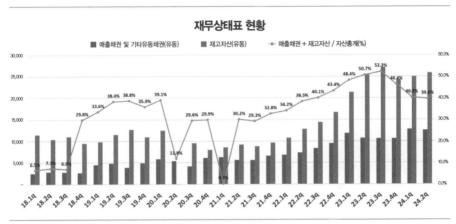

* 참조: DART 케이에스피 24.2Q 반기보고서

매출채권과 재고자산이 20년 4분기부터 지속적으로 상승했다. 영업활동 현금흐름이 음(-)이라는 점과 관계가 있어 보인다.

* 참조: DART 케이에스피 24.2Q 반기보고서

매입채무와 부채총계가 20년 4분기부터 지속 상승한 점이 영업활동 현금흐름의 음의 흐름과 관계있음이 확인 가능하다.

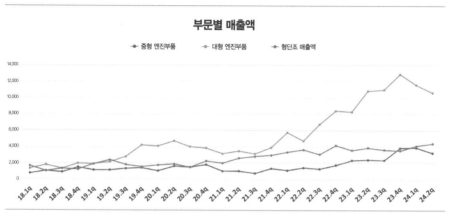

부문별 매출액 중 엔진부품 사업부, 형단조 사업부 모두 증액 중이다. 특히 대형 엔진부품 사업부의 매출액이 큰 폭으로 개선되었다.

대형 엔진부품의 매출 비중은 50%로 높은 상태를 유지하고 있다.

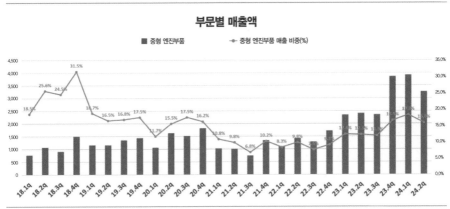

부문별 매출액

■ 중형 엔진부품　　─●─ 중형 엔진부품 매출 비중(%)

• 참조: DART 케이에스피 24.2Q 반기보고서

중형 엔진부품의 매출 비중은 15% 내외다.

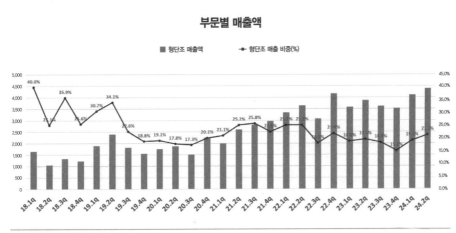

부문별 매출액

■ 형단조 매출액　　─●─ 형단조 매출 비중(%)

• 참조: DART 케이에스피 24.2Q 반기보고서

형단조 매출 비중이 높아지는 것을 확인할 수 있다. 이 중 어떤 제품이 고객사의 요청에 의해 높아지는지를 확인할 필요가 있다.

부문별 매출액

* 참조: DART 케이에스피 24.2Q 반기보고서

형단조 사업부 중 방산부품으로 쓰이는 유동암외 비중이 지속적으로 높아지고 있다. 이를 통해 방산 산업의 수혜를 받고 있다고 추론이 가능하다.

부문별 손익

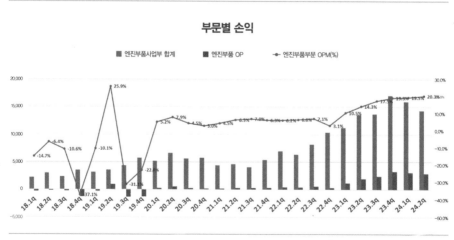

* 참조: DART 케이에스피 24.2Q 반기보고서

엔진부품사업부의 매출액 상승과 함께 OPM이 같이 오르며 개선된 모습을 보여 주고 있다.

부문별 손익

■ 형단조 매출액   ■ 형단조 OP   ◆ 형단조부문 OPM(%)

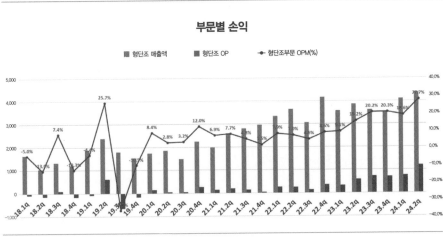

* 참조: DART 케이에스피 24.2Q 반기보고서

형단조 매출액 상승과 함께 OPM도 개선되고 있다.

수주잔고(금액)

■ 중형엔진부품   ■ 대형엔진부품   ■ 산업기계부품   ■ 건설장비부품   ■ 선박부품   ■ 방산부품

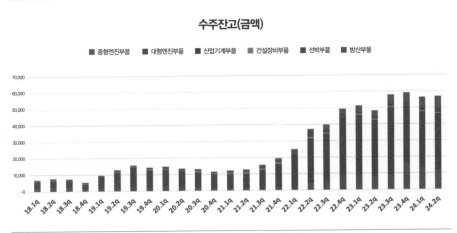

* 참조: DART 케이에스피 24.2Q 반기보고서

수주잔고도 21년 2분기 이후로 지속적으로 증가하여 24년 현재 높은 레벨을 유지 중이다. 방산부품 수주잔고가 과거 대비 큰 폭으로 증가했다.

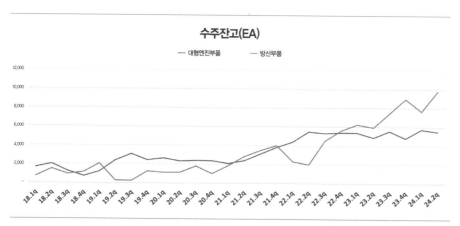

* 참조: DART 케이에스피 24,2Q 반기보고서

지속적으로 늘던 대형엔진부품의 수주잔고가 최근에 정체되고 있는 반면, 방산부품의 수주잔고는 지속적으로 상승하고 있다. 최근 분기 동안 본사의 OPM 개선에 방산부품이 긍정적인 영향을 줬을 가능성이 있다.

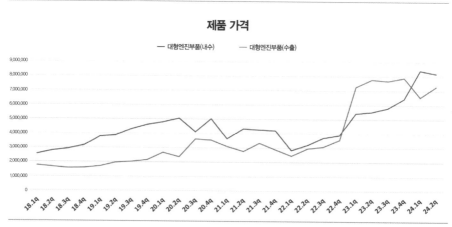

* 참조: DART 케이에스피 24,2Q 반기보고서

대형엔진부품의 가격도 지속적으로 상승하며 본사의 수익성을 개선하고 있다.

제품 가격

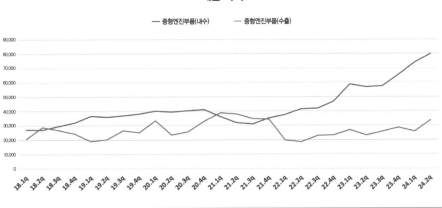

- — 중형엔진부품(내수) — 중형엔진부품(수출)

• 참조: DART 케이에스피 24.2Q 반기보고서

중형엔진부품의 가격도 지속 상승 중이다.

주요 제품 및 서비스 현황

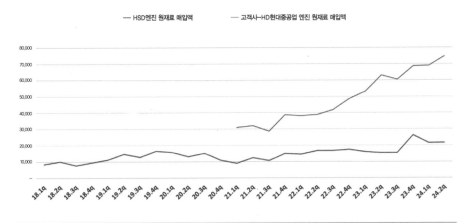

- — HSD엔진 원재료 매입액 — 고객사-HD현대중공업 엔진 원재료 매입액

• 참조: DART 케이에스피 24.2Q 반기보고서

본사의 고객사인 HD현대중공업의 원재료 매입액도 증가 추세에 있다. HSD엔진의 원재료 매입액은 HD현대중공업 대비 가파르진 않으나 증가하고 있다.

1. 사업 성과

- 22/23년에 과거보다 높은 레벨의 매출을 보였고, OPM은 최고치를 계속해서 갱신 중이다.
- 엔진사업부 전반적으로 개선되는 중이며, 방산 사업부도 OPM과 수주잔고를 갱신하고 있다.

2. 제품별 매출 및 가격

- 대형엔진부품과 중형엔진부품의 제품 가격이 높은 레벨에서 유지하고 있다는 게 가격(P) 관점에서 긍정적이다.

3. 수익성 및 현금흐름

- GPM 개선 및 판관비 유지가 지속되며, 실적 호조를 보이고 있다.
- 최근 집행된 CAPEX로 인해 현금흐름이 음의 흐름을 보이고 있다.

4. 수주 및 시장 동향

- 고객사인 HD현대중공업과 HSD엔진의 상승된 원재료 매입액으로, 지속적인 GPM 상승을 통한 성장을 기대해 볼 수 있다.
- 집행된 CAPEX를 활용한 유형자산 증설로 인해 매출단의 증가를 기대해 볼 수 있다.

5. 향후 전망

엔진부품 사업부와 형단조 사업부의 지속적인 매출 증가, 특히 대형 엔진부품과 방산부품의 수주 잔고 증가, 제품 가격 상승, 수익성 개선 그리고 최근 실행된 설비 투자를 통한 생산능력 확대로 인해 향후 안정적인 성장과 수익성 유지가 기대된다. 또한 주요 고객사인 HD현대중공업과 HSD엔진의 원재료 매입액 증가 추세가 회사의 지속적인 성장을 뒷받침할 것으로 보인다. 특히 방산부품 사업의 성장이 두드러지고 있어 이 부문에서의 추가적인 성과를 기대할 만하다.

PART 2

천연가스 미드스트림 및 피팅 & 밸브

성광벤드

1. 기업 개요

사업 부문

(단위 : 천 원)

사업부문	품목	구체적 용도	매출유형	주요상표 등	회사명	매출액	비율
관이음쇠 제조업	ELBOW TEE REDUCER 기타	배관자재	제품	SUNGKWANG BEND	(주)성광밴드	97,947,653	78.95%
			상품			11,224,701	9.05%
			기타매출			1,622,590	1.31%
			제품	HWAJINPF	(주)화진피에프	10,025,369	8.08%
			상품			6,032,456	4.87%
			기타매출			167,032	0.13%
			내부매출			−2,964,058	−2.39%
합계						124,055,744	100.00%

* 참조: DART 성광벤드 24.2Q 반기보고서 및 IR 자료

　　석유화학, 조선해양, 발전플랜트 등에 사용되는 금속관 이음쇠(산업용 피팅)를 생산/판매하는 회사다.

2. 정량적 분석

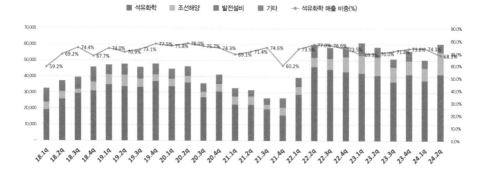

수요산업별 매출 현황

• 참조: DART 성광벤드 24.2Q 반기보고서 및 IR 자료

수요산업별 매출 비중은 석유화학 41.2%, 조선해양 13.9%, 발전설비 1.2%, 기타 4%로, 석유화학 비중이 가장 높다. 24년 2분기의 경우 전년 동기(YoY) 및 전분기(QoQ) 대비 감소한 상태다.

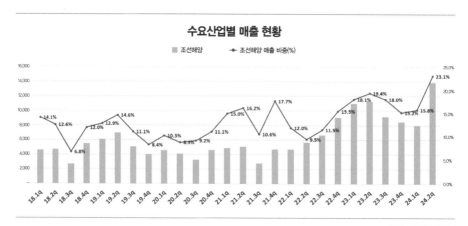

수요산업별 매출 현황

• 참조: 성광벤드 IR 자료

조선해양향 매출은 22년도부터 증가하고 있으며, 24년 2분기에는 전체 매출 대비 23.1%로 18년도 이후(분기) 가장 높은 매출액을 기록하고 있다. 이에 대한 사유는 24년 2분기 반기보고서(7. 기타 참고사항)의 '조선사의 LNG운반선과 컨테이너선 외 여러 선종의 수주가 당사로 연결되면서 작년부터 조선 부문에서 수주 회복이 실현되고 있다'는 문구에서 가늠할 수 있다.

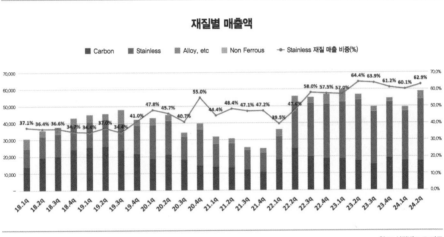

재질별 매출액

■ Carbon　■ Stainless　■ Alloy, etc　■ Non Ferrous　─●─ Stainless 재질 매출 비중(%)

• 참조: 성광벤드 IR 자료

재질별 매출액 비중은 Carbon 29%, Stainless 63%, Alloy & Etc. 7%, Non Ferrous 1%이며, 22년도 2분기부터 Stainless 매출액이 가장 높았다.

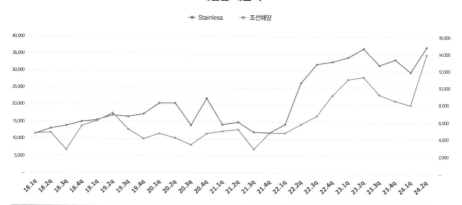

재질별 매출액

Stainless 제품 매출액과 조선해양 매출액은 86.3%의 높은 상관관계를 가지고 있으며, 이를 통해 조선해양쪽 Stainless 제품 매출 비중이 높음을 유추할 수 있다.

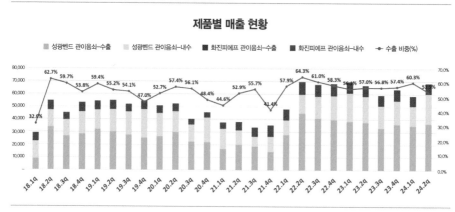

제품별 매출 현황

당사 및 자회사(화진피에프)의 매출 현황을 보면 22년 2분기 이후부터 수출 비중이 50% 이상이다.

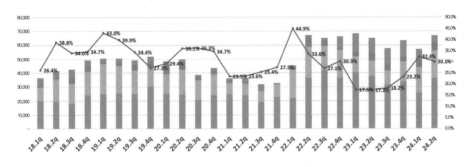

지역별 매출 비중

■ 한국 ■ 북미 ■ 유럽 ■ 기타 ━●━ 북미 매출 비중(%)

• 참조: DART 성광벤드 24.2Q 반기보고서 및 IR 자료

국가별 매출 비중을 보면 북미, 유럽 및 기타 지역으로 구분되어 매출이 발생하고 있다.

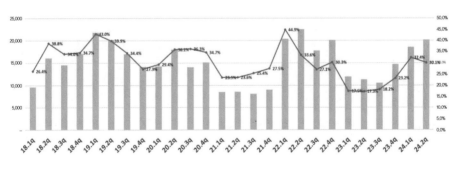

지역별 매출 비중

■ 북미 ━●━ 북미 매출 비중(%)

• 참조: DART 성광벤드 24.2Q 반기보고서 및 IR 자료

북미 물량은 23년 3분기에 저점을 찍고 4개 분기 연속 증가 추이를 보이고 있다.

분기별 손익

■ 매출액 ■ 영업이익 ─●─ OPM(%)

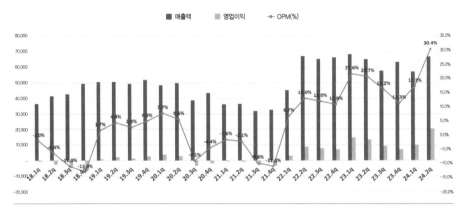

* 참조: DART 성광벤드 24.2Q 반기보고서 및 IR 자료

18년 이후 역대 분기 최대 영업이익/OPM(%)을 갱신했다.

분기별 손익

■ 매출액 ■ GPM(%) ─●─ 판관비율(%)

* 참조: DART 성광벤드 24.2Q 반기보고서 및 IR 자료

판매관리비는 하단 수준을 유지하고 있으며, GPM(%)은 22년도부터 상승하고 있다.

현금흐름

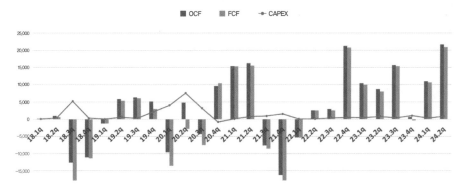

• 참조: DART 성광벤드 24,2Q 반기보고서 및 IR 자료

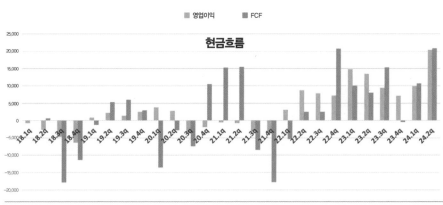

• 참조: DART 성광벤드 24,2Q 반기보고서 및 IR 자료

23년 4분기를 제외하고 22년 2분기부터 장기간 +OCF/FCF 현금 유입이 지속되는 우수한 모습을 보이고 있다.

수주잔고

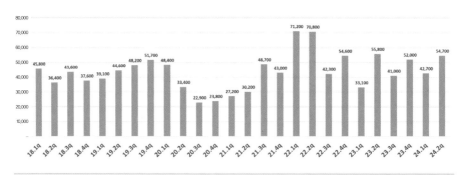

수주잔고는 547억 원으로 22년 1, 2분기에 고점을 기록한 이후 등락을 보이고 있다.

매출액/수주잔고

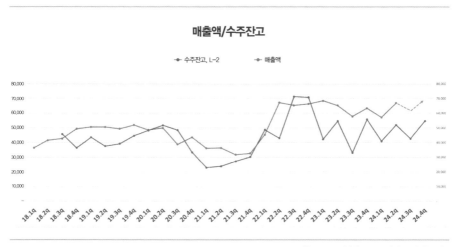

매출액과 수주잔고 금액 2개 분기 레깅 간 상관관계는 67.4%로 어느 정도 유

사한 추이를 보여 주고 있다.

매출액/국제유가

◆ 매출액　　◆ 국제 유가 WTI, L-3

* 참조: DART 성광벤드 24.2Q 반기보고서 및 IR 자료

　　산업용 피팅의 전방산업인 석유화학 플랜트산업이 유가에 영향을 많이 받는 다는 것을 고려할 때, 국제유가(WTI) 추이가 성광벤드의 매출액과 연관성이 높음을 유추할 수 있다. 성광벤드의 매출액과 국제유가(WTI) 3분기 레깅 간 상관관계는 84.2%로, 장기간 유사한 추이를 보임을 확인할 수 있다.

결론

1. 사업 성과
- 24년 2분기 기준으로 역대 분기 최대 영업이익 및 OPM(%)을 달성했다.
- 주력 사업인 석유화학 부문 매출은 감소했으나, 조선해양 부문 매출이 크게 증가하며 전체 실적을 견인했다.

2. 제품 및 지역별 매출
- Stainless 제품이 가장 매출 비중이 높았으며(63%), 이는 조선해양 부문과 높은 상관관계를 보였다.
- 수출 비중이 50% 이상을 유지하고 있으며, 특히 북미 지역 매출이 증가 추세를 보였다.

3. 수익성 및 현금흐름
- GPM(%)이 22년도 이후 상승 추세를 보이며 수익성이 개선되고 있다.
- 22년 2분기 이후 대부분의 기간 동안 양(+)의 OCF와 FCF를 유지하며 우수한 현금흐름을 보여주었다.

4. 수주 및 시장 동향
- 수주잔고는 22년 고점 이후 등락을 반복하고 있고, 이는 매출액과 일정 수준의 상관관계를 유지하고 있다.
- 국제유가(WTI)와 매출액 간에는 높은 상관관계(84.2%)를 보이며, 이는 석유화학 플랜트산업의 특성을 반영한다.

5. 향후 전망
- 성광벤드는 조선해양 부문의 성장과 Stainless 제품의 강세를 바탕으로 안정적인 실적을 보이고 있다. 특히 수출 비중 증가와 북미 시장에서의 성장은 긍정적인 요인이다. 다만 주력 사업인 석유화학 부문의 변동성과 국제유가 변동에 따른 영향을 주의 깊게 모니터링할 필요가 있다. 전반적으로 수익성 개선과 우수한 현금흐름을 바탕으로 안정적인 재무 상태를 유지하고 있으며, 조선해양 부문의 성장이 지속될 경우 향후 실적 개선이 기대된다.

태광

1. 기업 개요

사업 부문

(단위: 백만 원)

사업부문	회사명	주요제품(서비스)	매출
플랜트용 기자재	(주)태광	관이음쇠류	121,604
부동산 임대 외	파운드리서울(주)	점포임대, 전시기획	798
2차전지 기자재	(주)에이치와이티씨	2차 전지 생산설비부품	16,502

* 참조: DART 태광 24.2Q 반기보고서 및 IR 자료

1982년 8월 1일에 태광벤드공업주식회사로 설립되었으며, 1994년 9월 7일 코스닥시장에 상장했다. 2001년 3월에 지금의 상호로 변경했다. 동사가 영위하는 목적 사업으로는 산업용 각종 배관자재, 관이음쇠류 제조 판매업 등이 있다. 종속회사로는 파운드리서울㈜과 ㈜에이치와이티씨를 두고 있다.

2. 정량적 분석

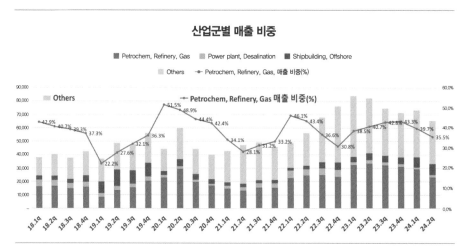

산업군별 매출 비중

* 참조: 태광 IR 자료

산업군별 매출 비중은 정유화학(Petrochem, Refinery, Gas) 35.5%, 발전소 및 담수화(Power Plant, Desalination) 2.7%, 조선해양(Shipbuilding, Offshore) 12.4%, Others(기타) 49.4%다. 이 중 정유화학 비중이 가장 높으며, 24년 2분기 해당 부분 매출액은 전년 동기(YoY) 및 전 분기(QoQ) 대비 감소했다.

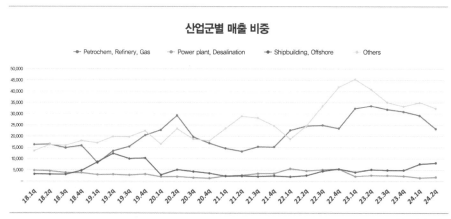

산업군별 매출 비중

* 참조: 태광 IR 자료

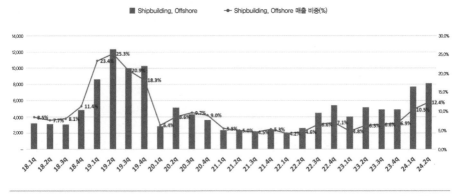

산업군별 매출 비중

* 참조: 태광 IR 자료

조선해양은 두 번째로 비중이 높으며, 20년 1분기 이후 가장 높은 분기 매출액 및 매출 비중을 기록했다.

재질별 매출액 현황

* 참조: 태광 IR 자료

재질별 매출액 비중은 Carbon 60.4%, Stainless 30.0%, Alloy & Etc. 9.7%이며, Carbon 매출액이 가장 높다.

재질별 매출액 현황

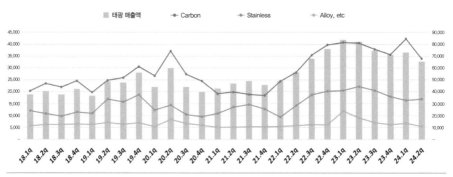

• 참조: 태광 IR 자료

　　24년 2분기 Carbon 소재 매출액은 전 분기 대비 감소했다. 원인은 총매출액이 감소한 데서 찾을 수 있을 듯싶다.

제품별 매출액 현황

• 참조: DART 태광 24.2Q 반기보고서 및 IR 자료

　　전체 매출액 중 수출 비중은 60~80%(18년 1분기~24년 2분기)이며, 24년 2분기는 69.4%로 전년 동기 및 전 분기 대비 감소했다. 주된 사유는 매출 비중이 높은 플랜트용 기자재 수출액이 감소한 것으로 추측할 수 있다.

지역별 매출액 현황

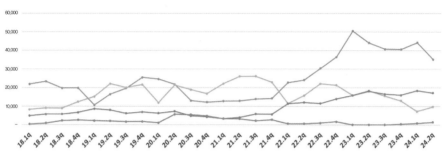

* 참조: DART 태광 24.2Q 반기보고서 및 IR 자료

지역별로 보면 중동 52.85%, 아시아 14.89%, 아메리카 26.25%, 유럽 2.27%의 비중으로 매출이 발생하고 있다. 가장 높은 비중인 중동의 매출액은 전년 동기 및 전 분기 대비 감소했는데, 이는 24년 2분기 총매출액이 감소한 데 따른 듯 보인다.

지역별 매출액 현황

* 참조: DART 태광 24.2Q 반기보고서 및 IR 자료

아메리카 매출액은 18년 1분기 이후 가장 높은 분기 매출액 레벨을 유지 중이다.

지역별 매출액 현황

* 참조: DART 태광 24.2Q 반기보고서 및 IR 자료

특히 22년 3분기 이후 매출액 비중이 8개 분기 연속 상승 중이다. 24년 2분기에는 역대 분기 가장 높은 매출 비중을 기록했다.

분기별 손익 현황

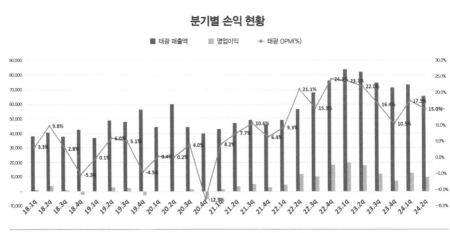

* 참조: DART 태광 24.2Q 반기보고서 및 IR 자료

24년도 2분기 매출액, 영업이익, OPM(%) 각각 전년 동기 및 전 분기 대비 감소했다.

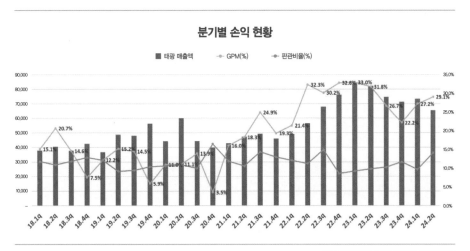

분기별 손익 현황

■ 태광 매출액 ── GPM(%) ── 판관비율(%)

• 참조: DART 태광 24.2Q 반기보고서 및 IR 자료

24년 2분기 OPM(%)의 감소는 판관비율(%)의 상승에 따른 듯 보인다. 원재료와 연계되는 GPM(%)은 23년 4분기에 저점을 찍고 2개 분기 연속 상승했다. 22년 2분기 OPM(%) 감소 사유였던 판관비율은 비슷한 매출을 기록했던 22년 3분기에서도 거의 비슷한 것을 확인할 수 있다. 이를 통해 판관비의 고정비 성향을 확인할 수 있는데, 만약 다음 분기 매출액 증가 및 GPM(%)의 추세가 유지될 경우, 영업 레버리지 효과로 OPM(%)도 동반 상승할 듯 보인다.

연도별 손익 현황

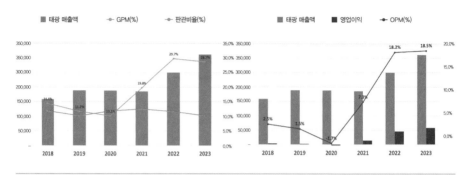

• 참조: DART 태광 24.2Q 반기보고서 및 IR 자료

21년도부터 판매관리비는 하단 수준을 유지하는 가운데 GPM(%)은 상승했고, 그 결과 23년도는 역대 최대 영업이익 및 OPM(%)을 갱신했다.

현금흐름

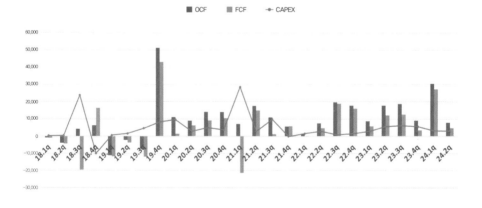

• 참조: DART 태광 24.2Q 반기보고서 및 IR 자료

현금흐름

• 참조: DART 태광 24.2Q 반기보고서 및 IR 자료

21년 1분기를 제외하고 19년 4분기부터 장기간 + OCF/FCF 현금이 유입되는 모습이다.

수주잔고

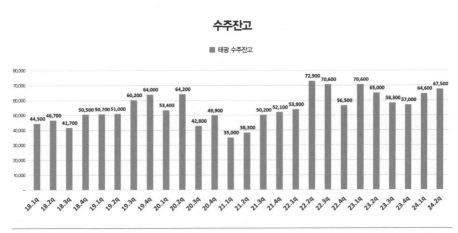

• 참조: DART 태광 24.2Q 반기보고서 및 IR 자료

수주잔고는 675억 원으로 23년 4분기(570억 원)에 저점을 찍고 3개 분기 연속 증가하고 있다.

매출액/수주잔고

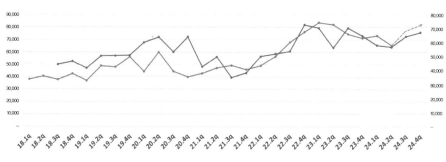

• 참조: DART 태광 24.2Q 반기보고서 및 IR 자료

매출액과 수주잔고 금액 2개 분기 레깅 간 상관관계는 68.1%로 장기간 유사한 추이를 보이고 있다.

매출액/국제유가

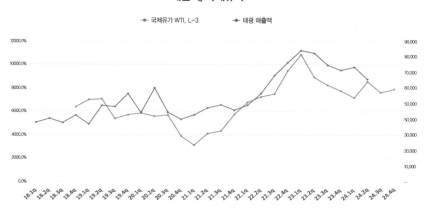

• 참조: DART 태광 24.2Q 반기보고서 및 IR 자료

산업용 피팅의 전방산업인 석유화학 플랜트산업이 유가에 영향을 많이 받음을 고려할 때, 국제유가(WTI) 추이가 태광의 매출액과 연관성이 높음을 유추할 수 있다. 이를 토대로 살펴보니 태광의 매출액과 국제유가의 3분기 레깅 간 상관관계는 79.3%로, 장기간 유사한 추이를 보이고 있다.

1. 사업 구조 및 성과
- 주력 사업은 정유화학(Petrochem, Refinery, Gas) 부문으로, 전체 매출의 35.5%를 차지한다.
- 조선해양(Shipbuilding, Offshore) 부문이 12.4%로 그다음 비중이며, 20년 1분기 이후 가장 높은 분기 매출액 및 매출 비중을 기록했다.

2. 제품 및 지역별 매출
- 재질별로는 Carbon 제품이 60.4%로 가장 높은 비중을 차지한다.
- 수출 비중이 60~80% 수준으로 높으며, 24년 2분기 기준으로 69.4%다.
- 지역별로는 중동(52.85%), 아메리카(26.25%), 아시아(14.89%)순으로 매출 비중이 높다.

3. 재무 성과
- 24년 2분기 기준 매출액, 영업이익, OPM(%) 모두 전년 동기 및 전 분기 대비 감소했다.
- GPM(%)은 23년 4분기에 저점을 찍고 2개 분기 연속 상승하고 있다.
- 23년도에 역대 최대 영업이익 및 OPM(%)을 경신했다.

4. 현금흐름 및 수주
- 19년 4분기 이후 대부분의 기간 동안 양(+)의 OCF와 FCF를 유지하며 우수한 현금흐름을 보여줬다.
- 수주잔고는 23년 4분기에 저점을 찍고 3개 분기 연속 증가했다.

5. 시장 동향
- 매출액과 국제유가(WTI) 간 3분기 지연 상관관계가 79.3%로 높아, 유가 변동이 실적에 영향을 미치는 것으로 유추할 수 있다.

6. 향후 전망
- 태광은 정유화학 및 조선해양 부문을 중심으로 안정적인 성장을 보이고 있으며, 특히 조선해양 부문의 성장이 두드러진다. 높은 수출 비중과 중동 시장 의존도가 두드러지며, 최근 아메리카 시장에서의 성장 역시 눈에 띈다. 안정적인 현금흐름을 유지하고 있으나, 최근 실적 감소에 대한 모니터링이 필요하다. 국제유가 변동에 따른 실적 변화에도 주의를 기울일 필요가 있다.

Williams Companies Inc
(WMB: NYSE)

1. 기업 개요(참조: 10-K Annual Report)

사업 부문

	Regulated Interstate Transportation & Storage	Gulf of Mexico Midstream & Storage	Northeast Midstream	West Midstream	Gas & NGL Marketing Services	Other	Eliminations	Total
Three Months Ended June 30, 2024								
Revenues from contracts with customers								
Serice revenues								
Regulated interstate natueal gas transportation and storage	$846	–	–	–	–	–	$(20)	$826
Gathering, processing, transportation, fractionation, and storage								
Monetary consideration	–	158	431	401	–	–	(37)	953
Commodity consideration	–	5	(5)	18	–	–	–	18
Other	5	6	23	5	–	–	(4)	35
Total service revenues	851	169	449	424	–	–	(61)	1,832
Product sales	22	19	23	191	922	86	(248)	1,015
Total service from contracrs withcustomers	873	188	472	615	922	86	(309)	2,847
Other revenues (1)	5	3	11	6	337	2	(1)	363
Other adjustments (2)	–	–	–	–	(968)	–	94	(874)
Total revenues	$878	$191	$483	$621	$291	$88	$(216)	$2,336

• 참조: 24년 2분기 기준, 10-Q

Williams Companies, Inc.는 에너지 회사로 주요 사업 부문은 송전 및 멕시코만(Transmission & Gulf of Mexico), 북동부 G&P(Northeast G&P), 서부(West), 가스 및 NGL 마케팅 서비스(Gas & NGL Marketing Services)로 구분된다.

송전 및 멕시코만 부문은 주(State) 간 천연가스 파이프라인, Transco 및 Northwest 파이프라인과 걸프 연안 지역의 천연가스 채집 및 처리, 원유 생상 취급 및 운송 자산으로 구성되며, 북동부 G&P 부분은 마르셀러스(Marcellus) 셰일 지역과 오하이오 동부 유티카 셰일 지역의 미드스트림 채집/처리/분별 사업으로 구성된다. 서부 부분은 콜로라도와 와이오미의 록키 마운틴 지역, 텍사스 중북부의 바넷 셰일 지역, 텍사스 남부의 이글 포드 셰일 지역, 헤인즈빌 셰일 지역, 미드 컨티넌트 지역의 가스 채집/처리/처리 운영으로 구성된다. 가스 및 NGL 마케팅 서비스 부문에서는 천연가스 액체(NGL) 및 천연가스 마케팅 서비스가 포함된다.

2. 정량적 분석(참조: 24.2Q, 10-K, 10-Q Reports 및 IR Materials)

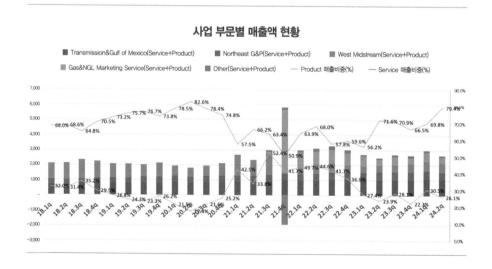

사업 부문별 매출액 현황

사업 부문은 Service, Product 매출로 구분할 수 있다.

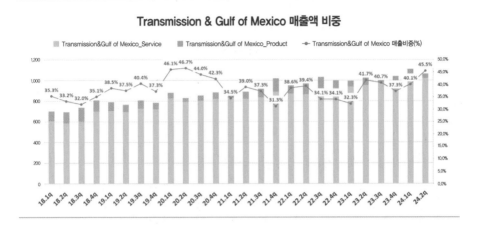

Transmission & Gulf of Mexico 매출액 비중

Transmission & Gulf of Mexico 매출액(45.5%, 24년 2분기)의 비중이 가장 높다. 해당 부문의 대부분을 차지하는 Service 매출액은 장기간 증가 추세를 보이고 있다.

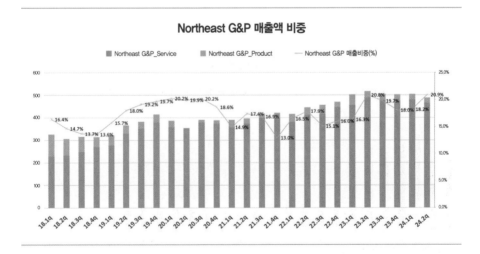

Northeast G&P 매출액 비중

Northeast G&P 매출액 비중은 20.9%(24년 2분기)로, Service 매출액이 대부분을 차지한다. 23년 2분기에 매출이 최고점을 찍고 소폭 하락했다.

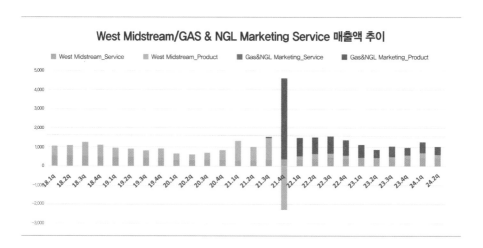

West Midstream과 GAS & NGL Marketing Service를 합산한 매출액 추이를 보면 Product 매출이 50% 이상임을 확인할 수 있다. 매출액은 21년 3분기에서 22년 3분기까지 상승한 후 하락한 상태다.

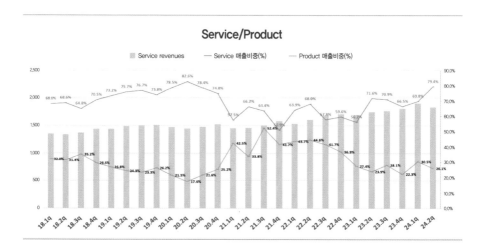

주요 사업 부문에서 Service 매출이 장기간 성장해 왔음을 유추할 수 있다.

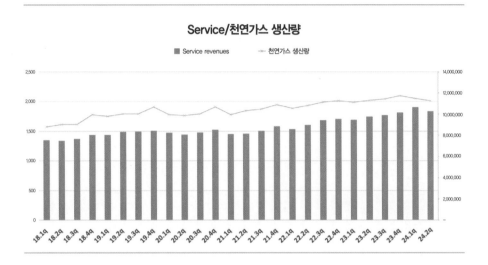

해당 Service 매출과 미국 천연가스 생산량 간 상관관계는 92.6%로 매우 높은 연관성을 지닌다.

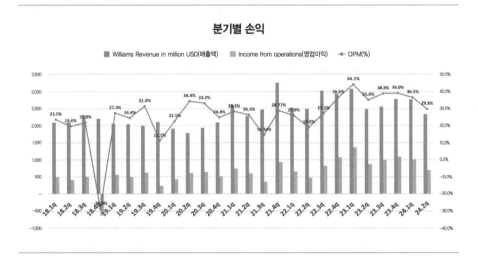

특정 분기(18년 4분기)를 제외하고 장기간 (+)의 영업이익을 기록했다. OPM(%)은 특정 분기를 제외하면 20% 이상에 머무르고 있으며, 23년 1분기에는 44.1%를 기록했다. 24년 2분기에는 29.8%을 기록했다.

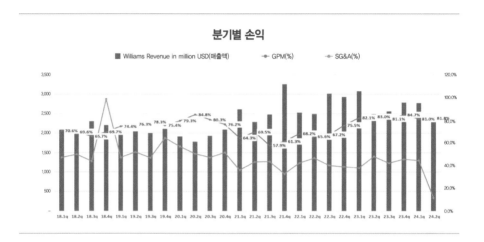

GPM은 23년 1분기 이후로 80%대를 유지하고 있다. 24년 2분기의 SG&A(%)의 하락에 대해서는 일시적인지 여부에 대해 모니터링을 해 봐야 한다.

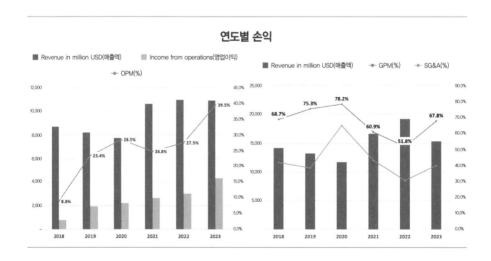

매출액은 21년도에 상승한 이후 일정 수준을 유지하고 있다. 23년도 영업이익 및 OPM(%)은 일시적 현상으로 보인다. SG&A(%)는 21년도에 한 차례 하락한 후 그 수준을 유지하고 있다.

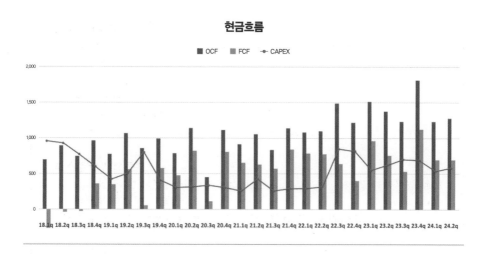

18년 4분기 이후 장기간 (+) OCF & (+) FCF 현금 유입이 지속되고 있다.

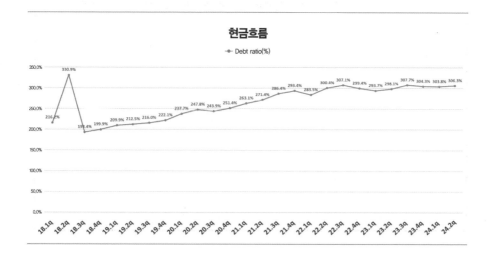

부채비율은 18년 3분기부터 꾸준히 상승하다가 22년 2분기 이후 300% 수준을 유지 중이다. 부채비율이 높은 만큼 모니터링이 필요하다.

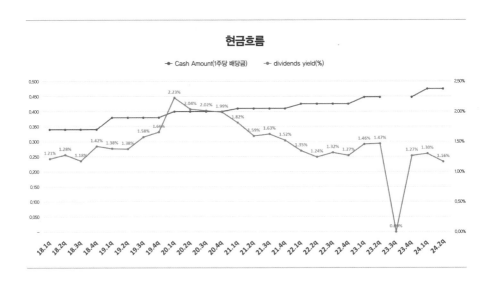

높은 부채비율의 주된 원인은 분기 배당을 위한 차입금 증가로 유추할 수 있다.

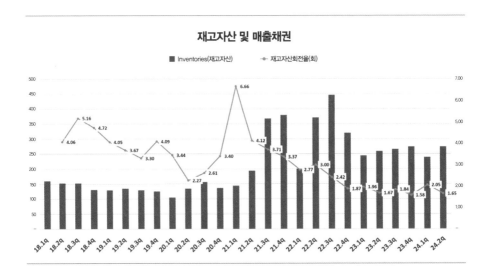

재고자산은 22년도 이후 일정 수준을 유지하고 있으며, 회전율은 하락 추세를 보이고 있다.

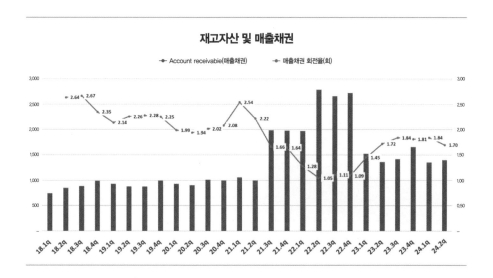

재고자산 및 매출채권

매출채권회전율은 23년 2분기 이후 일정 수준을 유지하고 있다.

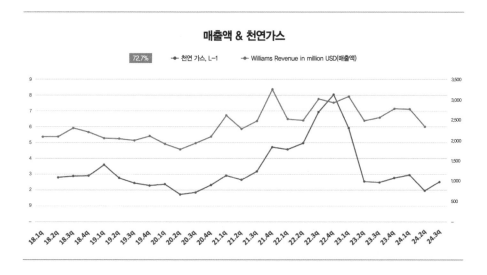

매출액 & 천연가스

Williams Companies의 총매출액과 천연가스 가격을 1분기 레깅한 값 간의 상
관관계는 72.2%를 보인다. 천연가스 가격 변동에 의한 차이만큼은 아니지만 방향
성은 유사하다.

결론

1. 주요 재무 및 운영 특징

- 송전 및 멕시코만 부문의 매출 비중(45.5%, 24년 2분기 기준)이 가장 높다.
- 대부분의 사업 부문에서 서비스 매출이 장기적으로 성장세를 보이고 있다.
- 영업이익률(OPM)은 평균 20%대이며, 23년 1분기에는 44.1%로 최고치를 기록했다.
- 18년 4분기 이후 지속적으로 양(+)의 영업현금흐름(OCF)과 잉여현금흐름(FCF)을 기록하고 있다.
- 부채비율은 300% 수준으로 높은 편인데, 분기 배당을 위한 차입금 증가 때문으로 추정된다.
- 회사의 총매출액은 천연가스 가격과 72.2%의 상관관계를 보인다.

2. 향후 전망

- Williams Companies는 안정적인 서비스 매출과 현금흐름을 바탕으로 성장하고 있지만, 높은 부채비율에 대한 모니터링은 필요하다.

Cheniere Energy

(LNG: NYSE)

1. 기업 개요(참조: 10-K Annual Report)

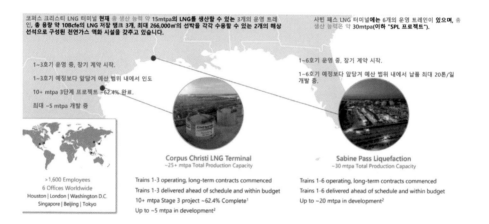

코퍼스 크리스티 LNG 터미널 현재 총 생산 능력 약 15mtpa의 LNG를 생산할 수 있는 3개의 운영 트레인, 총 용량 약 10Bcfe의 LNG 저장 탱크 3개, 최대 266,000㎥의 선박을 각각 수용할 수 있는 2개의 해상 선석으로 구성된 천연가스 액화 시설을 갖추고 있습니다.

사빈 패스 LNG 터미널에는 6개의 운영 트레인이 있으며, 총 생산 능력은 약 30mtpa(이하 "SPL 프로젝트").

1~3호기 운영 중, 장기 계약 시작.

1~3호기 예정보다 앞당겨 예산 범위 내에서 인도

10+ mtpa 3단계 프로젝트 ~62.4% 완료.

최대 ~5 mtpa 개발 중

1~6호기 운영 중, 장기 계약 시작.

1~6호기 예정보다 앞당겨 예산 범위 내에서 납품 최대 20톤/일 개발 중.

> 1,600 Employees
6 Offices Worldwide
Houston | London | Washington D.C.
Singapore | Beijing | Tokyo

Corpus Christi LNG Terminal
~25+ mtpa Total Production Capacity

Trains 1-3 operating, long-term contracts commenced
Trains 1-3 delivered ahead of schedule and within budget
10+ mtpa Stage 3 project ~62.4% Complete[1]
Up to ~5 mtpa in development[2]

Sabine Pass Liquefaction
~30 mtpa Total Production Capacity

Trains 1-6 operating, long-term contracts commenced
Trains 1-6 delivered ahead of schedule and within budget
Up to ~20 mtpa in development[2]

Cheniere Energy, Inc.(Cheniere)는 주로 액화천연가스(LNG) 관련 사업에 종사하는 에너지 인프라 회사다. 전 세계 통합 에너지 회사, 유틸리티 및 에너지 거래 회사에 LNG를 제공하며, 사빈 패스 LNG 터미널(Sabine Pass LNG Terminal) 및 코퍼스 크리스티 LNG 터미널(Corpus Christi LNG Terminal)에서 두 개의 천연가스 액화/수출 시설을 소유하고 운영한다. 루이지애나주 카메론 패리시에 위치한 사빈 패스 LNG

터미널은 연간 3,000만 톤(mtpa) 이상의 LNG 생산 능력을 갖춘, 천연가스 액화 열차로 구성된 천연가스 액화 시설을 보유하고 있으며, 텍사스주 코퍼스 크리스티 인근의 코퍼스 크리스티 LNG 터미널은 총생산 능력 약 15mtpa의 LNG를 생산할 수 있는 3대의 트레인을 소유/운영하고 있다. 또한 회사는 코퍼스 크리스티 LNG 터미널을 여러 주(state) 간 및 주(state) 내 천연가스 파이프라인과 상호 연결하는 21.5마일의 천연가스 공급 파이프라인을 운영하고 있다.

2. 정량적 분석(참조: 24.2Q, 10-K, 10-Q Reports 및 IR Materials)

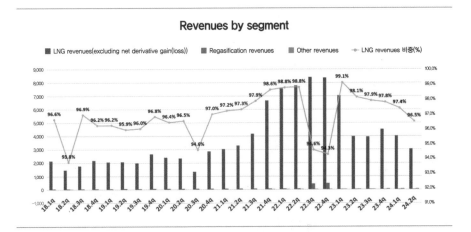

사업 부문별 매출액 현황

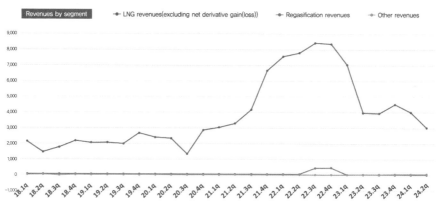

사업 부문별 매출은 LNG, 재기화(Regasification), 기타로 나누어져 있다. 이 중 LNG이 90% 이상으로 가장 비중이 높다.

지역별 매출액

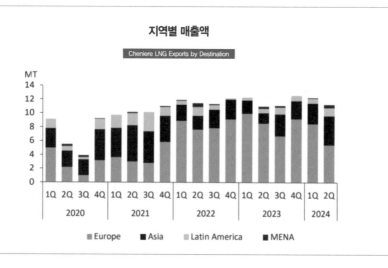

22년도부터 유럽향 매출이 증가했다. 이는 러시아-우크라이나 전쟁으로 인해

유럽이 러시아산 천연가스의존도를 낮추는 한편, 미국산 LNG에 대한 수요가 증가한 것에 따른 듯 보인다.

지역별 매출액

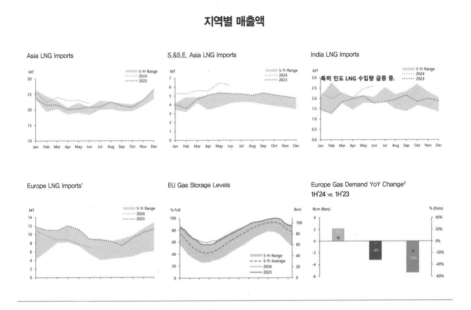

유럽의 LNG 수입 물량은 급감했으나 아시아 지역의 LNG 수입 물량이 강세를 보였다. 남아시아/동남아시아의 수입 물량이 상승 추세를 그리고 있는데, 특히 인도의 물량이 급증 중이다.

지역별 매출액

2020년까지 아시아 및 유럽으로의 LNG 수입예측

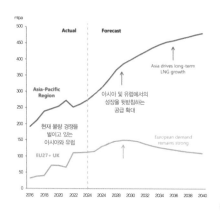

LNG 지역별 수요 성장률 예측(2023~2040년)

- 인도 등 남아시아 지역과 베트남/인도네시아 등 동남아시아가 향후 LNG 수요 핵심지역으로 자리매김할 것

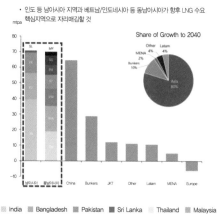

2040년까지 인도 등 남아시아 지역과 베트남 및 인도네시아가 포함된 동남아시아 지역의 LNG 수요가 늘어날 것으로 예상한다.

분기별 손익

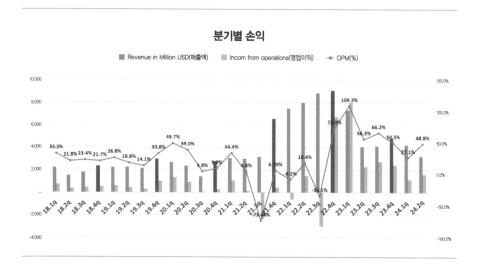

장기간 평균 20%대의 OPM(%)을 보여 주고 있으며, 매해 4분기에 해당 연도 가장 높은 매출액을 기록하고 있다.

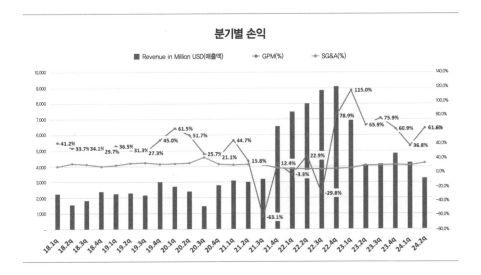

SG&A은 일정 수준을 유지하고 있으며, GPM(%)은 21년부터 큰 등락을 보이고 있다.

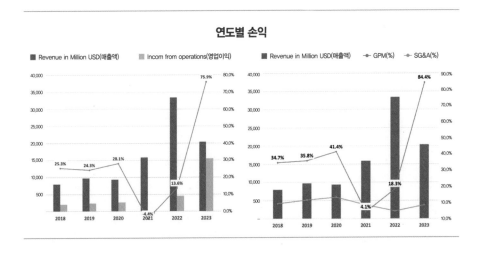

21년도 영업이익 적자, 22년도 매출액 급등, 23년도 영업이익 급등 등 최근 연도별 변동이 급격하다. 이는 앞서 유추한 것처럼 천연가스 가격의 급격한 변동에 따른 것으로 판단된다.

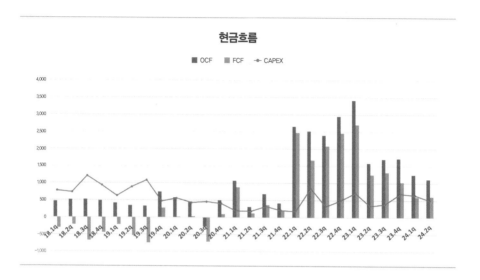

20년 4분기부터 (+)OCF 및 (+)FCF로 현금 유입이 지속적으로 이뤄지고 있다.

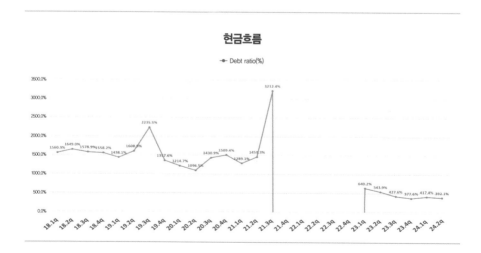

매출 급등 이후 23년 1분기부터 부채비율은 하락 추세에 있으며, 24년 2분기 기준 부채비율은 392%다.

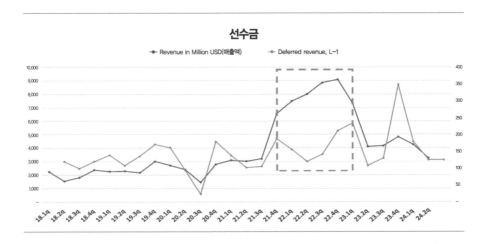

선수금

천연가스 가격 상승과 함께 매출이 급등했던 기간을 제외하면, 선수금(Deferred Revenue)을 1분기 레깅한 금액과 매출액 간의 방향성이 유사함을 확인할 수 있다.

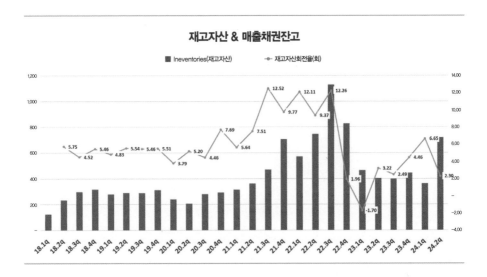

재고자산 & 매출채권잔고

24년 2분기 기준 재고자산은 급증한 반면 회전율은 급락하여 모니터링이 필요하다.

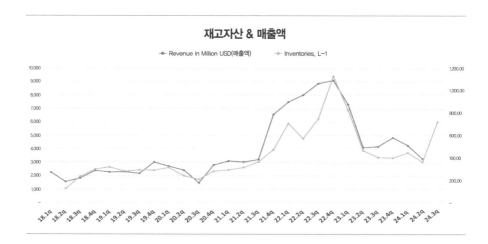

재고자산 & 매출액

재고자산을 1분기 레깅한 금액과 매출액 간의 상관관계는 92.2%로 높은 연관성을 보였다.

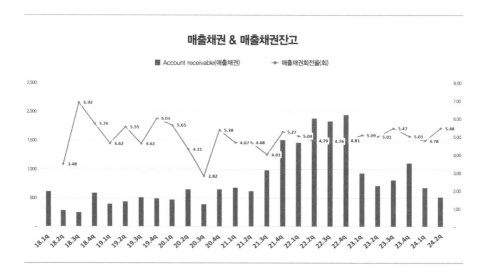

매출채권 & 매출채권잔고

매출채권회전율은 일정 수준을 유지 중이며, 매출채권 금액은 감소추세를 보였다.

수주잔고

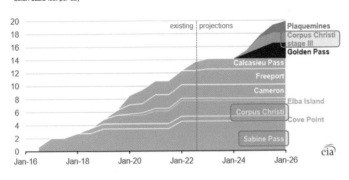

U.S. liquefied natural gas export projects: existing and under construction(2016–2025
billion cubic feet per day

당사는 SPA 및 IPM 계약을 통해 2030년대 중반까지 SPL(Sabine Pass LNG) Project 및 CCL(Corpus Christi LNG) Project에서 예상되는 총생산량의 약 95%를 계약하여 안정적인 매출을 확보한 상태다.

☑ **SPA**(LNG Sales and Purchase Agreement)
고객이 LNG 화물의 인도를 취소하거나 중단하는 선택에 관계없이 일반적으로 계약된 물량에 대해 고정 수수료를 지불

☑ **IPM**
가스 생산자가 글로벌 LNG 또는 천연가스 지수 가격에서 고정 액화 수수료, 운송 및 기타 비용을 뺀 가격으로 당사에 천연가스를 판매

이를 통해 25년 말로 예정된 Corpus Christi Stage 3 Terminal의 산업 가동이 되는 시점부터 매출 레벨 상승을 예상할 수 있다.

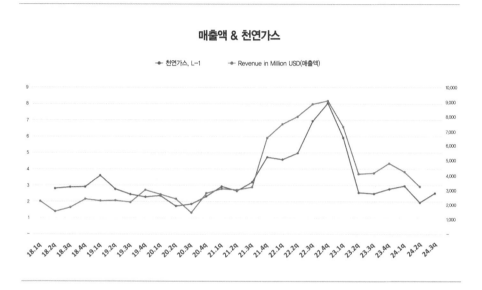

매출액 & 천연가스

천연가스 가격을 1분기 레깅한 금액과 매출액 간의 상관관계는 88.4%의 연관성을 보였다. 21년 4분기부터 23년 1분기까지 매출액이 급증한 데는 천연가스 가격 상승이라는 이유가 있을 것으로 유추할 수 있다.

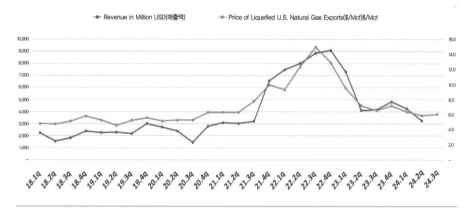

매출액 & 천연가스

EIA(U.S. Energy Information Administration)의 미국 LNG 수출 가격(Price of Liquefied U.S. Natural Gas Exports)과 동사 매출액 간의 상관관계는 94.8%의 높은 연관성을 보였다.

1. 매출 구조
- LNG 매출이 전체 매출의 90% 이상을 차지한다.
- 최근 유럽향 매출이 증가했으며, 이는 러시아-우크라이나 전쟁으로 인한 유럽의 미국산 LNG 수요 증가 때문으로 보인다.

2. 수익성
- 장기간 평균 20% 이상의 영업이익률(OPM)을 유지하고 있다.
- 매년 4분기에 가장 높은 매출액을 기록하는 경향이 있다.

3. 현금흐름
- 2020년 4분기 이후 지속적으로 양(+)의 영업현금흐름(OCF) 및 잉여현금흐름(FCF)을 기록하고 있다.

4. 부채 관리
- 24년 2분기 기준 부채비율은 392%다.
- 23년 1분기부터 부채비율이 하락하고 있다.

5. 시장 전망 및 전략
- 장기 계약 기반: SPA(LNG Sales and Purchase Agreement) 및 IPM(Integrated Production Marketing) 계약을 통해 2030년대 중반까지 예상 총생산량의 약 95%를 계약하여 안정적인 매출을 확보한 상태다.
- 신규 터미널: 2025년 말 Corpus Christi Stage 3 Terminal의 산업 가동이 예정되어 있어, 이 시점부터 매출 상승이 예상된다.
- 지역별 전망: 아시아/유럽의 LNG 수입 물량 확대가 예상된다. 2040년까지 인도 등 남아시아 지역과 베트남 및 인도네시아가 포함된 동남아시아 지역의 LNG 수요가 늘어날 것으로 전망한다.

6. 주요 특징
- 천연가스 가격과의 연관성: 천연가스 가격과 매출액 간의 상관관계는 88.4%로 매우 높다. EIA의 미국 LNG 수출 가격과 Cheniere Energy의 매출액 간 상관관계는 94.8%로 더욱 높다.
- 재고 관리: 24년 2분기 기준 재고자산이 급증한 반면 재고자산회전율은 급락하여 모니터링이 필요한 상황이다.
- Cheniere Energy는 안정적인 장기 계약과 전략적인 시설 확장을 통해 글로벌 LNG 시장에서 강세를 보이고 있으며, 향후 에너지 수요 변화에 따른 성장 가능성이 높은 기업으로 평가된다.

Kinder Morgan
(KMI: NYSE)

1. 기업 개요(참조: 10-K Annual Report)

사업 부문별 매출 현황

	Three Months Ended September 30,		Nine Months Ended September 30,	
	2024	2023	2024	2023
Revenues	(In Millions)			
Natural from external Customers				
Revenues from external Customers	$2,173	$2,268	$6,496	$6,718
Intersegment revenues	3	5	9	12
Products Piplines	711	862	2,215	2,265
Terminals				
Revenues from external Customers	496	483	1,498	1,420
Intersegment revenues	2	1	5	3
CO_2				
Revenues from external Customers	319	294	904	893
Intersegment revenues	–	3	1	3
Coeporate and intersegment eliminations	(5)	(9)	(15)	(18)
Total consolidated revenues	$3,699	$3,907	$11,113	$11,296

* 24.3Q 10-Q Report 기준

북미에서 가장 큰 에너지 인프라 회사 중 하나로, 23년 12월 31일 기준 약 82,000마일의 파이프라인, 139개의 터미널, 702Bcf의 천연가스 저장 용량에 대한 지분을 소유/운영하고 있으며, 연간 총생산량 약 6.1Bcf의 RNG 발전 용량을 보유하고 있다.

천연가스 파이프라인 사업 부문(Natural Gas Pipeline)에는 주(State) 간 및 주(State) 내 파이프라인, 지하 저장시설, 액화천연가스(LNG) 액화 및 터미널시설, NGL 분별 시설이, 제품 파이프라인 사업 부문(Products Pipelines)은 정제 석유 제품, 원유 및 Condensate Pipeline 및 관련 터미널, 남동부 터미널, Condensate 처리 시설, 트랜스믹스 처리 시설이, 터미널 사업 부문(Terminals)에는 정제 석유 제품, 화학, 재생 연료 및 기타 액체 터미널 시설과 모든 석유, 금속 및 광석 시설이 포함된다. 이산화탄소 사업 부문(CO2)은 성숙한 유전에서 원유를 회수하기 위한 홍수 매체로써 강화된 석유 회수 프로젝트에 사용하기 위해 이산화탄소를 생산/운송/판매한다.

2. 정량적 분석(24. 3Q 기준, 참조: 10-K, 10-Q Reports 및 IR Materials)

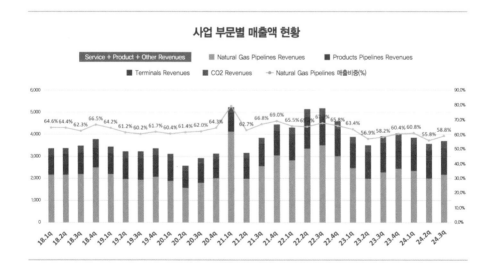

사업 부문별 매출액 현황

Natural Gas Pipeline의 비중이 가장 높다. 24년 2분기만 해도 55.8%로 18년 1분기 이후 가장 낮은 매출 비중을 기록했는데, 24년 3분기 매출액 상승과 함께 58.8%로 상승했다.

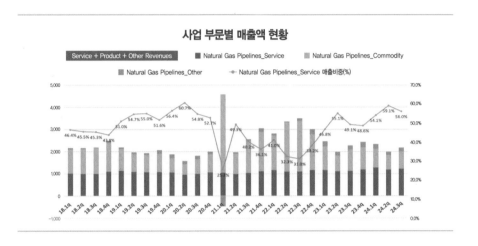

사업 부문별 매출액 현황

Natural Gas Pipeline의 매출액은 전 분기(QoQ) 대비 9% 상승한 반면 전년 동기 대비(YoY) 4% 하락했다. 해당 사업 부문 내 Service 부분은 56.0%의 매출 비중을 기록했다. 22년 3분기 이후 해당 매출 비중은 상승 추세를 보이고 있다.

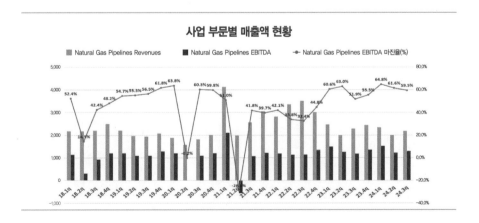

사업 부문별 매출액 현황

Natural Gas Pipeline의 마진률은 22년 4분기 이후 50% 이상을 유지하고 있다.

사업 부문별 매출액 현황

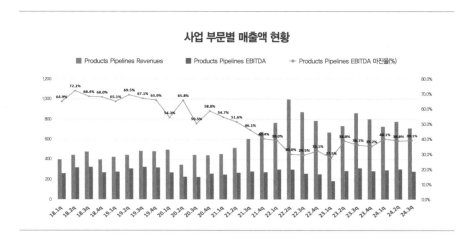

두 번째로 매출 비중이 높은 사업 부문은 Products Pipeline이며, 24년 3분기 기준 19.2%다. 매출액은 21년부터 상승하여 22년에도 이전 대비 높은 매출액을 유지했지만, 매출액 상승 대비 EBITDA는 상승하지 않았다. EBITDA 마진률은 23년 1분기까지 하락하다가 27.5%에서 저점을 찍고 상승하여 24년 3분기에 39.1%를 기록했다.

사업 부문별 매출액 현황

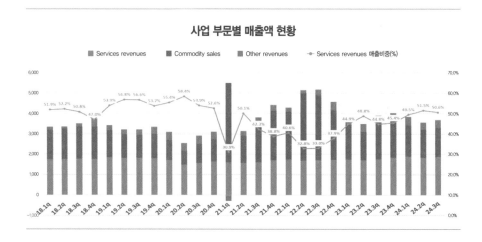

전체 매출 중 Service 매출은 21년도부터 하락세를 보이다가 22년 3분기에 추세 전환하여 24년 3분기에 50.6%를 기록했다.

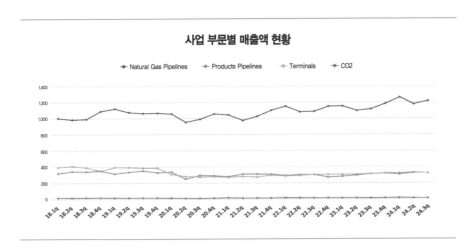

사업 부문별 매출액 현황

Service 매출 중 Natural Gas Pipeline은 큰 폭의 상승은 없지만 장기간 우상향하고 있다.

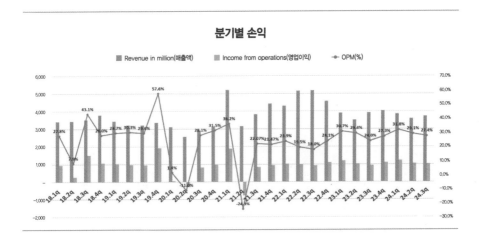

분기별 손익

24년 3분기 매출액은 전년 동기(YoY) 대비해서는 5% 증가, 전 분기(QoQ) 대비해서는 4% 감소했다. 이익률은 전 분기 대비 감소해서 27.4%를 기록했다. 22년도 이후 연도별 1분기에 최대 OPM(%), 3분기에 최저 OPM(%)을 보여 주고 있다.

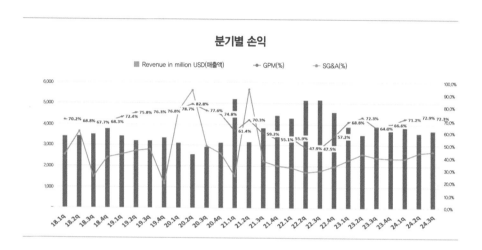

SG&A 비율은 급등락했던 일부 기간을 제외하고 일정 수준을 유지하는 편이며, GPM(%)은 22년 3분기에 저점을 찍고 상승하여 24년 3분기에는 72.3%를 기록했다.

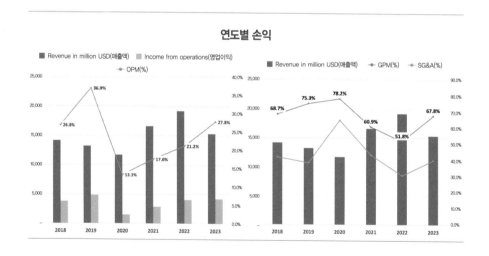

2020년도 SG&A으로 인하여 영업이익이 크게 감소했다. 이후에 영업이익 및 OPM(%)이 상승하여 23년도 기준 OPM(%)이 27.8%을 기록했다.

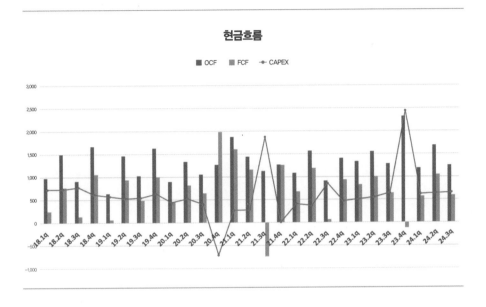

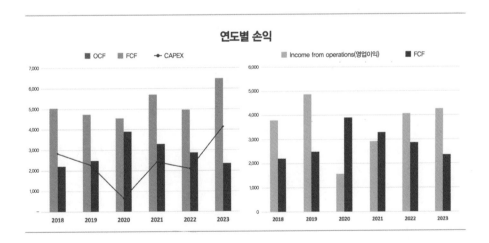

CAPEX 증가로 인한 특정 분기를 제외하고는 장기간 (+)OCF 및 (+)FCF를 유지 중이다.

현금흐름

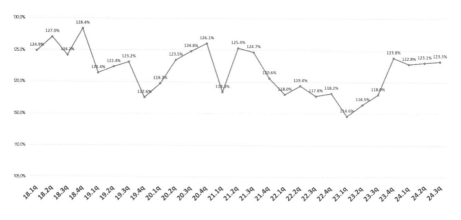

부채비율은 23년 1분기에 저점을 찍은 후 상승한 결과 23년 4분기부터 120%대를 유지 중이다. 동종 업계(Williams Companies, Cheniere Energy) 대비 낮은 부채비율을 보여 주고 있다.

수주잔고

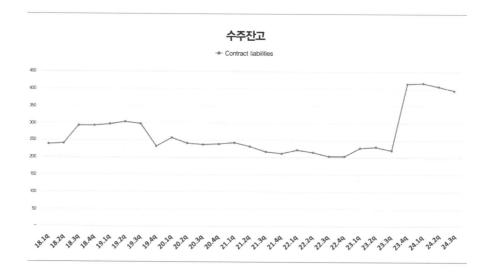

동사의 계약은 대부분 장기 계약이다. 23년 4분기 계약 때 부채금액이 급증했다.

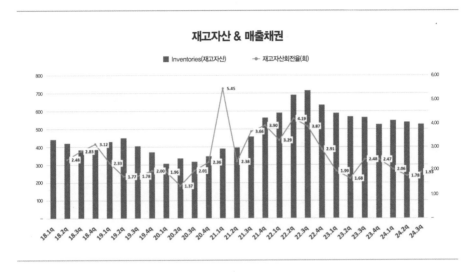

재고자산 & 매출채권

■ Inventories(재고자산) → 재고자산회전율(회)

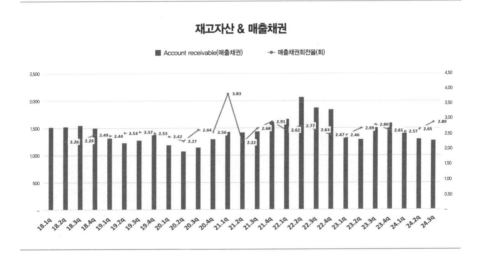

재고자산 & 매출채권

■ Account receivable(매출채권) → 매출채권회전율(회)

재고자산 및 매출채권 면에서는 특이 사항이 없다.

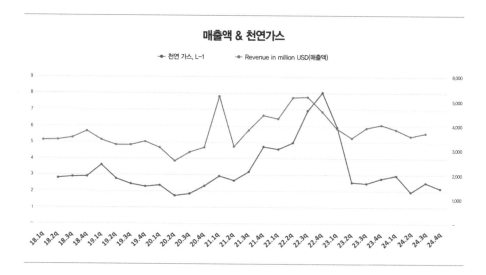

매출액 & 천연가스

Kinder Morgan의 매출액과 천연가스 가격을 1분기 레깅한 금액 간 상관관계는 69.2%의 연관성을 보인다.

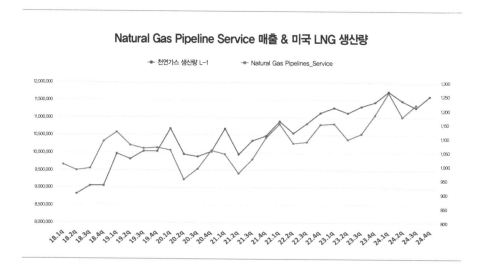

Natural Gas Pipeline Service 매출 & 미국 LNG 생산량

주요 사업 부문인 Natural Gas Pipeline의 Service 매출과 미국 LNG 생산량을

1분기 레깅한 값 간의 상관관계는 76.1%의 연관성을 보인다. 미국 내 천연가스 생산량이 증가할 경우 매출액 상승으로 이어질 수 있을 듯 보인다.

1. 사업 부문별 매출 현황(24.3Q 기준)

① Natural Gas Pipeline
- 전체 매출의 58.8% 차지한다.
- 전 분기 대비 9% 상승, 전년 동기 대비 4% 하락했다.
- Service 부분이 해당 사업 부문 내 56.0%를 차지한다.
- 마진율은 50% 이상을 유지 중이다.

② Products Pipeline
- 전체 매출의 19.2% 차지한다.
- 2021년부터 상승세를 유지하고 있다.
- EBITDA 마진율은 39.1%이다(24.3Q).

2. 전체 매출 및 이익률
- 24.3Q 매출액: 전년 동기 대비 5% 증가, 전 분기 대비 4% 감소
- 영업이익률(OPM): 27.4%(24.3Q 기준)
- 매출 총이익률(GPM): 72.3%(24.3Q 기준)

3. 현금흐름 및 부채
- 대부분의 기간 동안 영업현금흐름(OCF) 및 잉여현금흐름(FCF)이 양(+)의 값을 유지했다.
- 부채비율: 120%대를 유지했다(동종 업계 대비 낮은 수준).

4. 시장 동향 및 전망
- Kinder Morgan의 매출액과 천연가스 가격(1분기 지연) 간 69.2%의 상관관계를 보였다.
- Natural Gas Pipeline의 Service 매출과 미국 LNG 생산량(1분기 지연) 간 76.1%의 상관관계를 보였다.
- 이러한 분석을 바탕으로 Kinder Morgan은 북미 최대 천연가스 파이프라인 업체로서 미국 내 천연가스 생산량 증가에 따른 매출 상승 가능성이 높은 것으로 보인다. 안정적인 장기 계약 기반의 사업 모델과 함께 천연가스 시장의 성장에 따른 수혜가 예상되는 기업이다.

PART 3

2차전지
EV. HEV. PHEV
자동차부품

Tesla

1. 기업 개요(참조: Tesla 10-Q Quarterly report(2024-07-24))

Telsa Inc.는 2003년에 설립된 미국의 전기차 및 지속 가능한 에너지를 위한 기술회사로, 고성능 전기차, 태양광에너지 생성 시스템, 에너지저장 시스템을 설계/개발/제조/판매하고 있다. 자동차 부문(매출 비중 88%)은 주로 전기차 판매 및 관련 서비스 그리고 자동차 리스와 규제 크레딧 수익으로 구성되어 있고, 주요 차량 모델로는 Model S, Model X, Model 3, Model Y, Cybertruck이 있다. 에너지 생성 및 저장 부문(매출 비중 12%)은 Megapack과 같은 에너지저장 제품과 태양광 에너지 생성 시스템을 포함한다.

2. 정량적 분석(참조: Tesla 10-Q Quarterly report(2024-07-24))

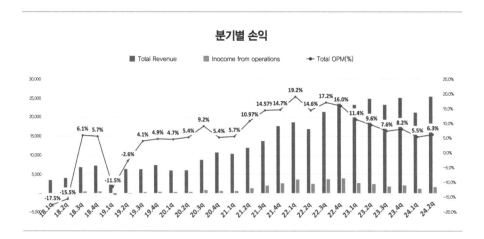

매출액은 $30,040 million(YoY +2%, QoQ +20%)이며, 영업이익은 전년 동기 대비 -33%, 전 분기 대비 +37%를 기록했다. 18년 이후 역대 분기 최대 매출액/영업이익을 달성했다. OPM(%) 전 분기 대비 소폭 반등했다.

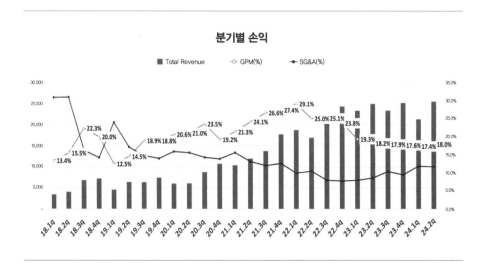

판관비율(Navy)은 11.7%로 전 분기 대비 소폭 하락한 반면, GPM(Green)은 18%로 전 분기 대비 소폭 상승했다.

연도별 손익

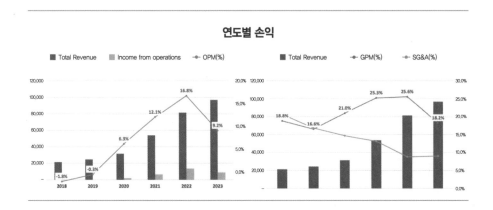

연도별로는 OPM, GPM이 22년도까지 상승세를 보이다가 23년도부터 꺾였다.

영업활동 현금흐름

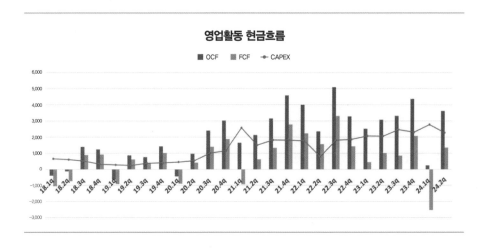

영업활동 현금흐름은 20년 2분기부터 (+)를 유지 중이며, CAPEX는 22년 3분기부터 꾸준히 집행 중이다.

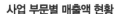

사업 부문별 매출액 현황

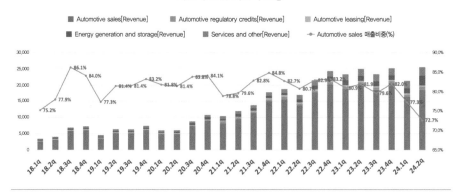

18년 이후 처음으로 자동차 판매 부문(Automotive sales)의 비중이 70% 초반대로 내려왔다. 반면 매출액은 18년 이후 최고치를 찍었다.

자동차 판매 부문 매출액 현황

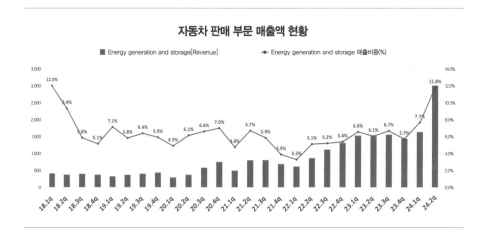

자동차 판매 부문의 매출액 비중 감소는 에너지 생성 및 저장 부문의 매출액 급증으로 인한 것으로 확인된다.

자동차 판매 부문 매출액 현황

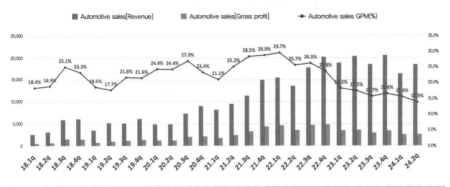

자동차 판매 부문의 GPM은 21년 4분기에 고점을 찍고 하락 중이다. 매출액은 전 분기 대비 증가했다.

에너지 생성/저장 부문 매출액 현황

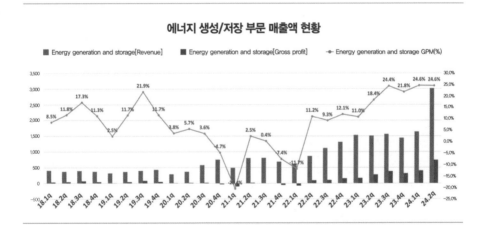

에너지 생성 및 저장 부문의 매출액은 전 분기 대비 급증했다. GPM 또한 18년도 이후 최고치를 찍었다.

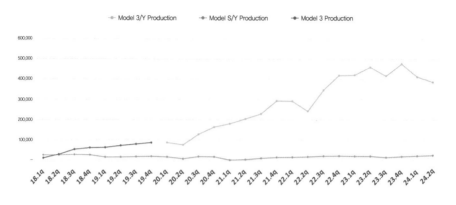

자동차 판매 부문의 주요 제품인 모델 3/Y의 생산 대수는 우상향하고 있다.

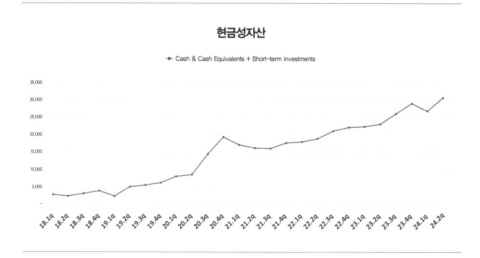

Cash & Cash Equivalents(현금 및 현금성자산)+Short-term investments(단기 투자)의 합은 역대 최대치를 갱신했다.

부채비율

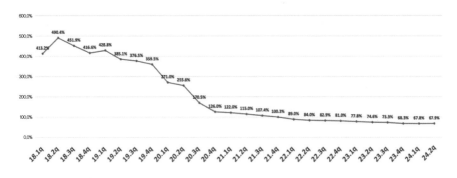

부채비율(Debt ratio)은 역대 최저치를 유지 중이다.

재고자산

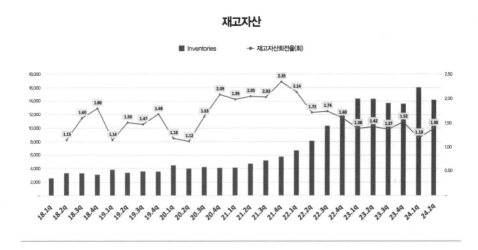

재고자산은 전 분기 대비 소폭 감소했지만, 재고자산회전율은 박스권에 있으므로 양호하다.

매출채권

매출채권도 전 분기 대비 소폭 감소했지만, 매출채권회전율은 박스권에 있으므로 양호하다.

매출액/선수금

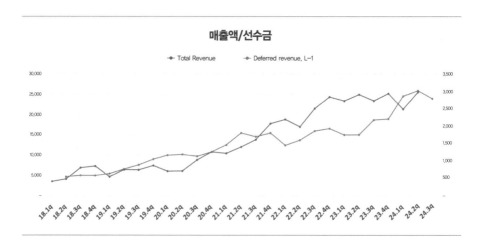

매출액과 선수금을 1분기 레깅한 값 간의 상관관계는 97%로 매우 유의미하다. 다음 분기에 매출액이 소폭 감소할 가능성이 있다.

1. 재무 성과

- 24년 2분기 기준 역대 최대 매출액인 $30,040 million을 달성했다(YoY +2%, QoQ +20%).
- 영업이익은 전년 동기 대비 33% 감소했으나, 전 분기 대비 37% 증가하여 반등의 조짐을 보였다.
- 영업이익률(OPM)은 전 분기 대비 소폭 반등했으나, 연도별로는 22년부터 하락 추세에 있다.

2. 사업 부문별 성과

- 자동차 판매 부문(매출 비중 88%)의 GPM은 하락 추세이나, 매출액은 전 분기 대비 증가했다.
- 에너지 생성 및 저장 부문(매출 비중 12%)의 매출액과 GPM이 급증하여 전체 실적 개선에 기여했다.
- Model 3/Y의 생산 대수는 증가 추세에 있다.

3. 재무 건전성

- 현금 및 현금성자산과 단기 투자의 합이 역대 최대치를 갱신했다.
- 부채비율은 역대 최저치를 유지 중이다.
- 영업활동 현금흐름은 2020년 2분기 이후 지속적으로 양(+)의 흐름을 유지하고 있다.

4. 운영 효율성

- 재고자산회전율과 매출채권회전율은 안정적인 수준을 유지하고 있다.
- CAPEX는 22년 3분기 이후 꾸준히 집행 중이다.

5. 향후 전망

- 선수금과 매출액 간의 높은 상관관계(97%)를 고려할 때 다음 분기 매출액이 소폭 감소할 가능성이 있다.
- 에너지 생성 및 저장 부문의 성장이 전체 실적 개선에 긍정적인 영향을 미칠 것으로 예상된다.
- 종합적으로 Tesla는 자동차 부문의 수익성 하락에도 불구하고 에너지 부문의 성장과 안정적인 재무구조를 바탕으로 지속적인 성장을 이어 갈 것으로 전망된다.

코리아에프티

1. 기업 개요

사업 부문

(단위 : 백만 원, %)

구분		품목	주요상표	제15기 반기 매출액	비율
지배회사	코리아에프티 (국내법인)	CANISTER	자사	108,665	28%
		FILLER NECK	자사	39,066	10%
		의장부품	자사	23,709	6%
		기타	자사	1,978	1%
종속회사	BKFTC (중국)	CANISTER	자사	16,925	4%
		FILLER NECK	자사	4,228	1%
		의장부품	자사	7,912	2%
		기타	자사	–	0%
	KFTI (인도)	CANISTER	자사	6,704	2%
		FILLER NECK	자사	14,453	4%
		의장부품	자사	2,068	1%
		기타	자사	169	0%

종속회사	KFTP (폴란드)	의장부품	자사	121,625	31%
		FILLER NECK	자사	10,847	3%
		CANISTER	자사	10,845	3%
		기타	자사	8,799	2%
	KFTA(미국)	CANISTER	자사	10,714	2%
합계				388,707	100%

* 참조: DART 코리아에프티 24.2Q 반기보고서

　당사는 카본 캐니스터, 플라스틱 필러넥 등 자동차 연료계통 부품과 실내외 의장부품 등을 생산하고 있으며, 연결대상 종속회사에 해당하는 회사가 영위하는 사업 또한 같다.

2. 정량적 분석

주요 제품별 매출액

* 참조: DART 코리아에프티 24.2Q 반기보고서

제품별 매출 비중은 캐니스터 38%, 필러넥 17%, 의장부품 39%다.

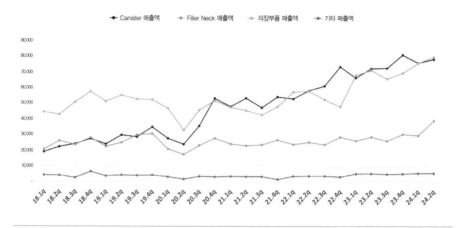

주요 제품별 매출액

• 참조: DART 코리아에프티 24.2Q 반기보고서

캐니스터의 매출은 18년부터 꾸준히 성장하여 24년 2분기에는 의장부품의 매출과 비등할 정도가 되었다. 카본 캐니스터는 연료 탱크 내에서 발생하는 증발가스를 활성탄으로 흡착해, 엔진 작동 시 엔진으로 환원/연소시킴으로써 증발가스가 외부에 유출되지 않도록 하는 친환경 자동차부품이다. 친환경 자동차의 선호도가 높아짐에 따라 매출 성장을 보이고 있다.

주요 제품별 매출액

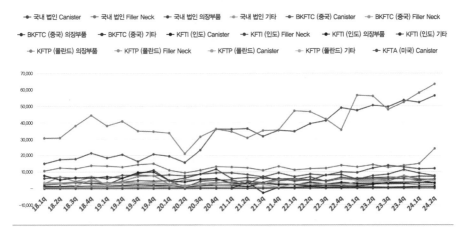

● 국내 법인 Canister ● 국내 법인 Filler Neck ● 국내 법인 의장부품 ● 국내 법인 기타 ● BKFTC (중국) Canister ● BKFTC (중국) Filler Neck
● BKFTC (중국) 의장부품 ● BKFTC (중국) 기타 ● KFTI (인도) Canister ● KFTI (인도) Filler Neck ● KFTI (인도) 의장부품 ● KFTI (인도) 기타
● KFTP (폴란드) 의장부품 ● KFTP (폴란드) Filler Neck ● KFTP (폴란드) Canister ● KFTP (폴란드) 기타 ● KFTA (미국) Canister

• 참조: DART 코리아에프티 24.2Q 반기보고서

법인별 매출을 보면 국내 법인 Canister, Filler Neck과 폴란드 법인의 의장부품이 매출 성장을 이끌고 있다.

주요 제품별 매출액

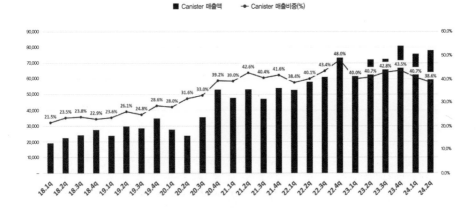

■ Canister 매출액 ● Canister 매출비중(%)

• 참조: DART 코리아에프티 24.2Q 반기보고서

Canister의 성장은 증가 추세에 있음을 확인할 수 있다. 매출액 비중은 38.6%다.

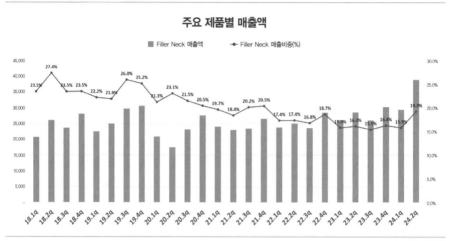

Filler Neck은 미미한 성장을 보이다 24년 2분기에 급격한 성장을 보였다. 매출액 비중은 19.3%다.

의장부품은 23년 1분기부터 우상향하고 있다. 매출액 비중은 39.4%다.

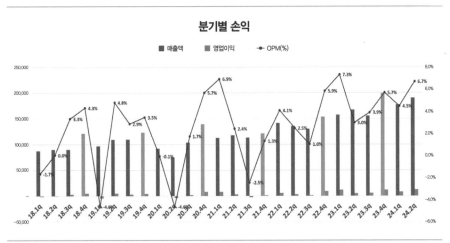

* 참조: DART 코리아에프티 24.2Q 반기보고서

24년 2분기에 최대 분기 매출액을 달성했다. 매출액은 1,905억(YoY +13.9%, QoQ +7.5%)을, 영업이익은 127억(YoY +156%, QoQ +60.8%)을, OPM은 6.7%를 달성했다. 4분기가 성수기다.

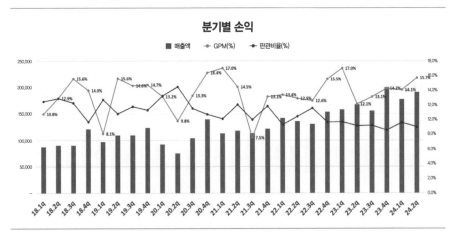

* 참조: DART 코리아에프티 24.2Q 반기보고서

GPM은 15.7%로 박스권 상단에 위치하고 있으며 상승 추세에 있다. 판관비율은 9.0%로 박스권 하단에 위치하며 하락 추세에 있다.

연도별 손익

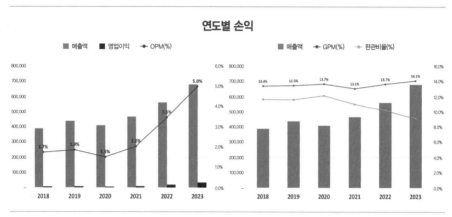

• 참조: DART 코리아에프티 24.2Q 반기보고서

연도별로 확인해 보면 매출액, GPM, OPM 모두 증가하고 있으며, 판관비율은 2020년 이후 하락 추세를 보이고 있다.

부문별 매출액

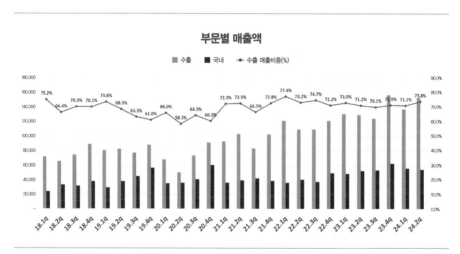

• 참조: DART 코리아에프티 24.2Q 반기보고서

수출 매출 비중이 73.8%로 수출 주도형 기업이다.

부문별 매출액

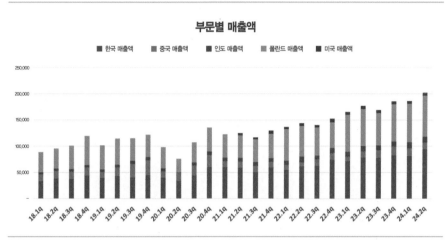

■ 한국 매출액　■ 중국 매출액　■ 인도 매출액　■ 폴란드 매출액　■ 미국 매출액

 참조: DART 코리아에프티 24.2Q 반기보고서

지역별 매출은 한국과 폴란드의 비중이 높고 성장 추세에 있다.

부문별 매출액

■ 한국 매출액　─●─ 한국 매출액 비중(%)

* 참조: DART 코리아에프티 24.2Q 반기보고서

한국 매출 비중은 46.2%이다.

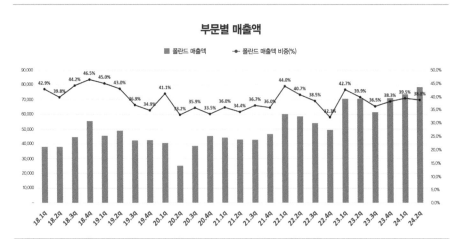

부문별 매출액

* 참조: DART 코리아에프티 24.2Q 반기보고서

폴란드 매출 비중은 38.8%이다.

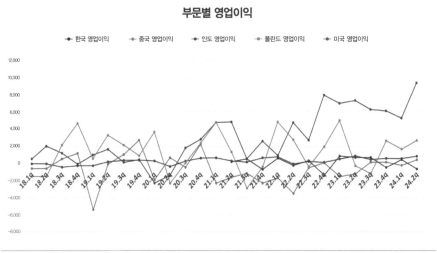

부문별 영업이익

* 참조: DART 코리아에프티 24.2Q 반기보고서

한국과 폴란드 법인의 영업이익이 높은 걸 확인할 수 있다. 한국의 경우 22년 3분기부터 가파르게 성장하고 있다.

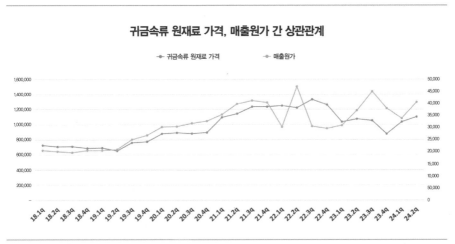

귀금속류 원재료 가격, 매출원가 간 상관관계

* 참조: DART 코리아에프티 24.2Q 반기보고서

주요 원재료에서 국내 활성탄과 RESIN의 가격이 상승 추세에 있다.

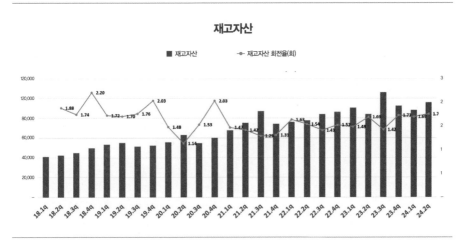

재고자산

* 참조: DART 코리아에프티 24.2Q 반기보고서

재고자산은 증가 추세에 있으며, 재고자산회전률 또한 상승 추세에 있다.

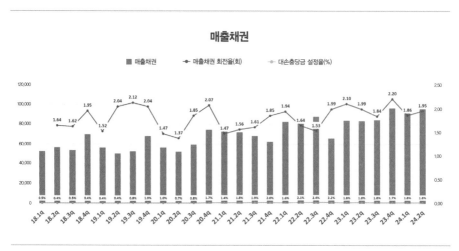

* 참조: DART 코리아에프티 24.2Q 반기보고서

매출채권 역시 증가 추세에 있으며 매출채권회전률은 박스권을 유지 중이다. 대손충당금은 1.8%로 안정된 모습을 보이고 있다.

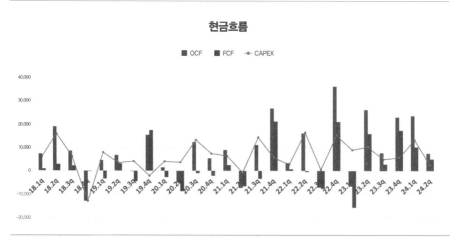

* 참조: DART 코리아에프티 24.2Q 반기보고서

현금흐름

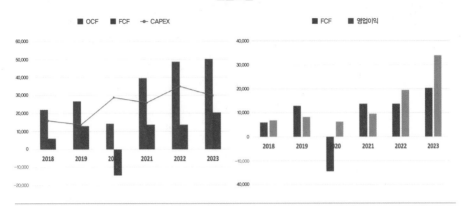

* 참조: DART 코리아에프티 24.2Q 반기보고서

    현금흐름에서 OCF, FCF는 양(+)의 흐름을 보이고 있고, CAPEX는 꾸준히 투자를 집행하고 있다.

결 론

1. 사업 성과
- 24년 2분기 기준으로 역대 최대 분기 매출액과 영업이익을 달성했다.
- 매출액은 1,905억 원(YoY +13.9%, QoQ +7.5%)을, 영업이익은 127억 원(YoY +156%, QoQ +60.8%)을, OPM은 6.7%를 기록했다.
- 주력 제품인 캐니스터와 의장부품의 매출 성장이 전체 실적 개선을 주도했다.

2. 제품별 매출
- 캐니스터 매출 비중이 38%로 가장 높으며, 18년부터 꾸준한 성장세를 보이고 있다.
- 의장부품 매출 비중은 39%로, 23년 1분기 이후 우상향하고 있다.
- 필러넥 매출 비중은 17%로, 24년 2분기에 급격한 성장을 보였다.

3. 해외 사업
- 수출 매출 비중이 73.8%로, 수출 주도형 기업의 특성을 보인다.
- 폴란드 법인의 의장부품 매출이 성장을 이끌고 있으며, 매출 비중은 38.8%를 차지한다.

4. 수익성
- GPM은 15.7%로 상승 추세에 있으며, 판관비율은 9.0%로 하락하고 있어 수익성이 개선되고 있다.
- 연도별로 매출액, GPM, OPM이 꾸준히 증가하고 있다.

5. 재무 상태
- 재고자산과 재고자산회전률이 동시에 상승하는 긍정적인 모습을 보이고 있다.
- 매출채권은 증가 추세이나, 대손충당금은 1.8%로 안정적인 수준을 유지하고 있다.
- OCF, FCF가 지속적으로 양(+)의 흐름을 보이며, CAPEX 투자도 꾸준히 증가하고 있다.

6. 향후 전망
- 코리아에프티는 친환경 자동차부품인 캐니스터를 중심으로 안정적인 성장을 이어 가고 있다. 수출 중심의 사업 구조와 폴란드 법인의 성장이 실적 개선에 크게 기여하고 있다. 수익성 개선과 함께 지속적인 설비 투자를 통해 미래 성장동력을 확보하고 있는 것으로 보인다. 다만 원재료 가격 상승과 재고 관리에 대해서는 지속적인 모니터링이 필요할 것으로 판단된다.

한국단자공업

1. 기업 개요

사업 부문

(단위 : 백만 원)

부문	사업부	매출액	비율(%)
자동차 및 전자부문	자동차용 커넥터, 전자모듈 등	855,693	115.1%
	전자용 커넥터 등	60,050	8.1%
	기타	101,100	13.6%
	부문 계	1,016,843	136.8%
내부매출 조정		(273,293)	(36.8%)
전체계		743,550	100.0%

• 참조: DART 한국단자공업 24.2Q 반기보고서

당사는 자동차, 전자/전기, 전장모듈 등의 제조에 사용되는 커넥터와 전장모듈, 친환경차의 고전압커넥터/모듈 등을 제조/판매/영위하고 있다.

2. 정량적 분석

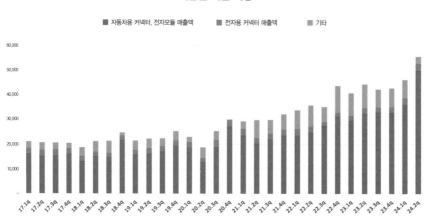

제품별 매출 비중

■ 자동차용 커넥터, 전자모듈 매출액   ■ 전자용 커넥터 매출액   ■ 기타

• 참조: DART 한국단자공업 24.2Q 반기보고서

매출 비중은 자동차용 커넥터/전자모듈 115.1%, 전자용 커넥터 8.1%, 기타 13.6%로 나뉜다.

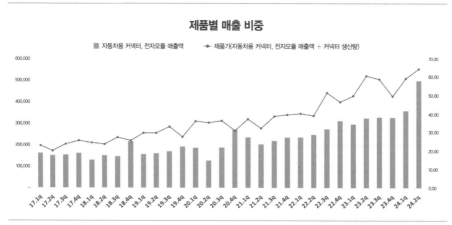

제품별 매출 비중

■ 자동차용 커넥터, 전자모듈 매출액   ●— 제품가(자동차용 커넥터, 전자모듈 매출액 ÷ 커넥터 생산량)

• 참조: DART 한국단자공업 24.2Q 반기보고서

동사의 매출 성장은 자동차용 커넥터/전자모듈에서 발생되고 있으며 제품의 가격(P)은 상승하고 있다.

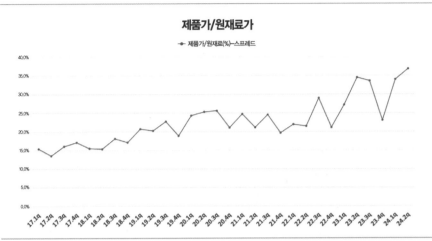

제품가/원재료가

• 참조: DART 한국단자공업 24.2Q 반기보고서

자동차용 커넥터 제품 가격(P)과 원재료(C) 간 스프레드는 역대 최고 레벨 상태다.

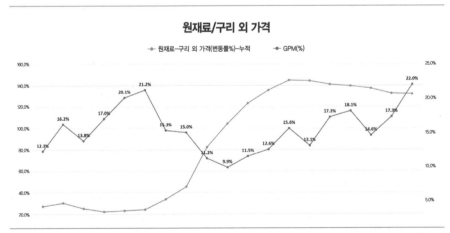

원재료/구리 외 가격

• 참조: DART 한국단자공업 24.2Q 반기보고서

구리 가격 상승은 GPM의 상승으로 이어진다. 구리 가격 상승 시 제품의 가격 전가가 가능한 것으로 추론된다.

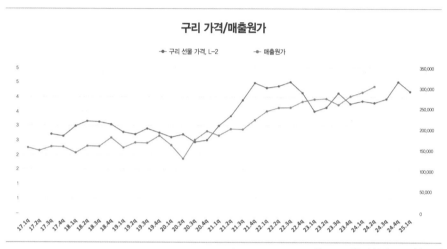

구리 가격/매출원가

구리 선물 가격, L-2 ─ 매출원가

* 참조: DART 한국단자공업 24.2Q 반기보고서

구리 가격은 매출원가에 2분기 레깅 시 76.7%라는 의미 있는 상관관계를 보이고 있다. 2분기 이후 원가에 전가가 가능할 것으로 추론된다.

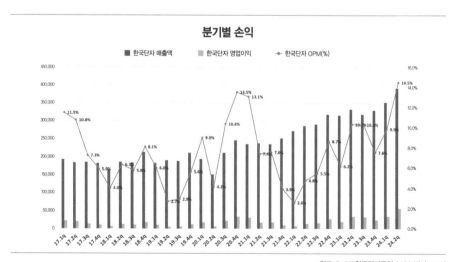

분기별 손익

■ 한국단자 매출액　　■ 한국단자 영업이익　　─ 한국단자 OPM(%)

* 참조: DART 한국단자공업 24.2Q 반기보고서

24년 2분기에 역대 최대 분기 매출액을 달성했다. 매출액은 3,914억(YoY +17.5%, QoQ +11.1%)이며, 영업이익은 568억(YoY +64.2%, QoQ +63.5%)이다. 그리고 OPM은 14.5%로 역시 역대 최대 OPM을 달성했다. 4분기에 성수기를 보이는 계절성이 있었으나, 22년 이후 계절성이 없어지면서 매 분기 최대 매출을 기록하고 있다.

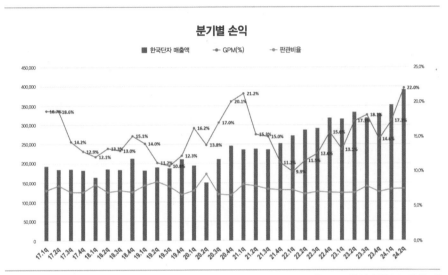

분기별 손익

■ 한국단자 매출액 ● GPM(%) ● 판관비율

* 참조: DART 한국단자공업 24.2Q 반기보고서

GPM은 22.0%로 역대 최대 GPM을 달성했고 상승 추세에 있다. 판관비율은 7.5%로 박스권을 유지하며 안정적인 모습을 보이고 있다.

분기별 손익

• 참조: DART 한국단자공업 24.2Q 반기보고서

해외매출 비중이 54.4%로 국내매출을 넘어섰으며, 이는 역대 최대 해외매출이기도 하다.

지역별 매출

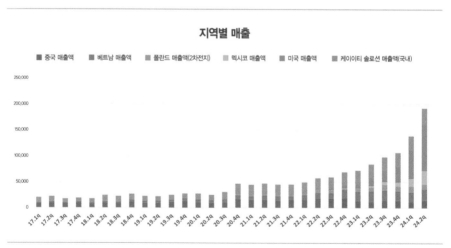

• 참조: DART 한국단자공업 24.2Q 반기보고서

지역별로 보면 미국과 멕시코에서 매출이 늘었다.

• 참조: DART 한국단자공업 24,2Q 반기보고서

미국 매출액은 22년 3분기부터 실적에 반영되고 있으며 분기순손익률은 7.9%다.

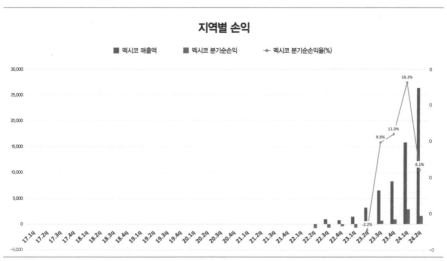

• 참조: DART 한국단자공업 24,2Q 반기보고서

멕시코 매출액은 22년 2분기부터 실적에 반영되고 있으며 분기순손익률은 6.1%다.

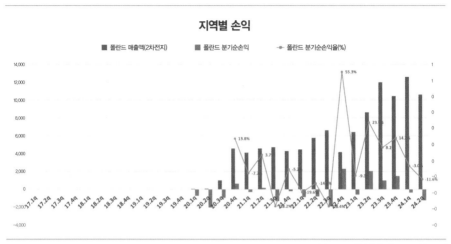

* 참조: DART 한국단자공업 24.2Q 반기보고서

폴란드 매출액(2차전지)은 20년 1분기부터 실적에 반영되고 있으며 분기순손이익률은 −11.6%로 적자다.

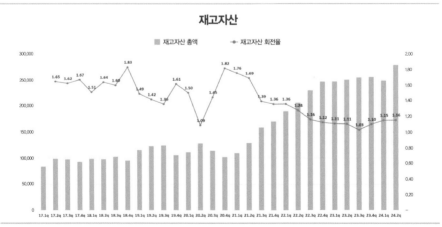

* 참조: DART 한국단자공업 24.2Q 반기보고서

재고자산은 증가 추세에 있으며, 재고자산회전율이 하락한 후 박스권을 유지하고 있다.

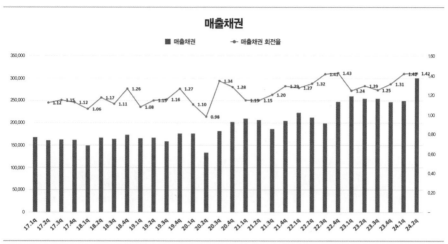

매출채권

■ 매출채권 ◆ 매출채권 회전율

• 참조: DART 한국단자공업 24.2Q 반기보고서

매출채권은 증가 추세에 있고, 매출채권회전률은 박스권을 유지 중이다.

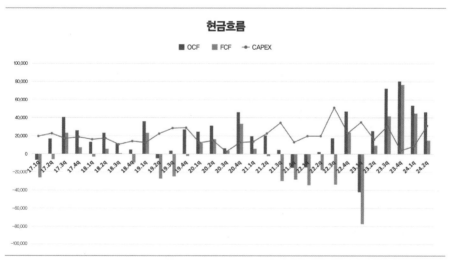

현금흐름

■ OCF ■ FCF ◆ CAPEX

• 참조: DART 한국단자공업 24.2Q 반기보고서

현금흐름에서 OCF, FCF는 양(+)의 흐름을 보이고 있고, CAPEX는 꾸준히 투자를 집행하고 있다.

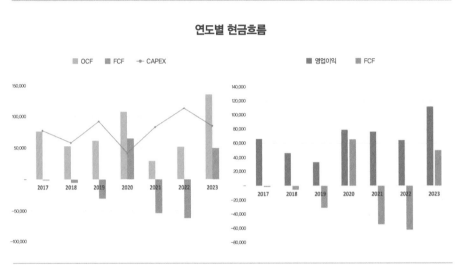

연도별 현금흐름

• 참조: DART 한국단자공업 24.2Q 반기보고서

연도별로 확인해 보면 21과 22년에는 대규모 CAPEX의 집행으로 OCF, FCF가 음(-)이었으나 23년에 이르러 양(+)으로 전환되는 긍정적인 모습을 보이고 있다.

결 론

1. 재무 성과
- 24년 2분기 기준 역대 최대 분기 매출액과 영업이익률을 달성했다.
- 매출액은 3,914억 원(전년 동기 대비 17.5% 증가, 전 분기 대비 11.1% 증가)을 기록했다.
- 영업이익은 568억 원(전년 동기 대비 64.2% 증가, 전 분기 대비 63.5% 증가)으로, 영업이익률은 14.5%에 달한다.

2. 제품 및 시장
- 자동차용 커넥터와 전자모듈이 주요 성장동력이며, 매출의 115.1%를 차지한다.
- 해외매출 비중이 54.4%로 국내매출을 초과하여 글로벌시장에서의 성장이 두드러진다.
- 미국과 멕시코 시장에서 특히 높은 성장세를 보이고 있다.

3. 수익성 및 효율성
- 매출총이익률(GPM)은 22.0%로, 역대 최고 수준이다.
- 판관비율은 7.5%로 안정적인 수준을 유지하고 있다.
- 재고자산과 매출채권 관리가 안정적으로 이루어지고 있다.

4. 현금흐름
- 영업현금흐름(OCF)과 잉여현금흐름(FCF)이 양(+)의 흐름을 보이며, 재무 건전성이 개선되고 있다.
- 지속적인 설비투자(CAPEX)를 통해 미래 성장을 위한 기반이 마련되고 있다.

5. 향후 전망
- 이러한 분석 결과를 종합해 볼 때 한국단자공업은 안정적인 성장세와 함께 수익성 개선, 글로벌 시장 확대 그리고 건전한 재무 상태를 유지하고 있어 지속적인 성장을 기대할 만하다.

대주전자재료

1. 기업 개요

사업 부문

(단위 : 백만 원)

사업부문	매출유형	품목	구체적용도	매출액	비율
전자재료	제품/상품	전도성 페이스트	– IT 모바일, 디스플레이, 자동차에 사용되는 전자부품용 전극재료	45,754	43.8%
		태양전지전극재료	– 태양전지의 전/후면 전극재료	1,833	1.8%
		고분자재료	– 전기, 전자부품의 소체를 코팅하여 외부환경으로부터 보호하는 재료	11,152	10.7%
		형광체재료	– LED용 Powder, PIG	18,000	17.2%
		나노재료	– 이차전지용 음극재	26,127	25.0%
		기타제품	– 금속분말 등	1,697	1.6%
합계				104,562	100.0%

• 참조: DART 대주전자재료 24.2Q 반기보고서

　　당사는 전도성페이스트, 태양전지전극재료, 고분자재료, 형광체재료, 2차전지용 음극재 등의 재료를 생산/판매한다.

2. 정량적 분석

분기별 손익

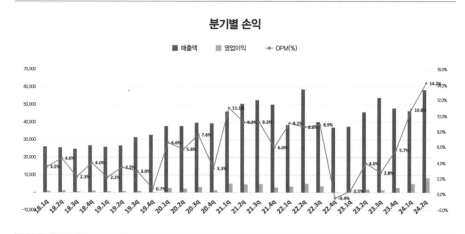

* 참조: DART 대주전자재료 24.2Q 반기보고서

22년 2분기에 최대 분기 매출액을 달성했다. 매출액은 582억(YoY +27.4%, QoQ +25.8%)이고, 영업이익은 82억(YoY +356%, QoQ +65%) 그리고 OPM은 역대 최대인 14.2%를 달성했다.

분기별 손익

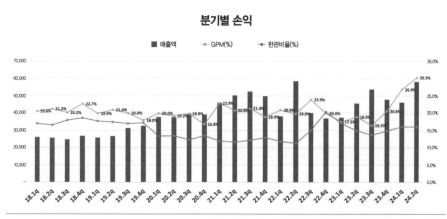

* 참조: DART 대주전자재료 24.2Q 반기보고서

GPM 또한 가장 높은 위치(30.3%)에 도달했으며, 판관비율은 16.1%로 박스권을 유지하고 있다.

연도별 손익

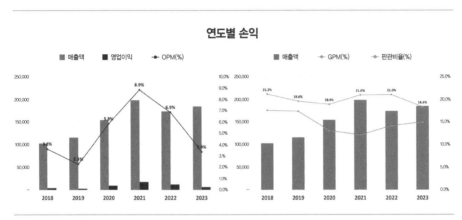

* 참조: DART 대주전자재료 24.2Q 반기보고서

연도별로 확인해 보면 22년 이후 매출액은 회복되는 반면 OPM, GPM은 하락 추세에 있다.

제품별 매출액

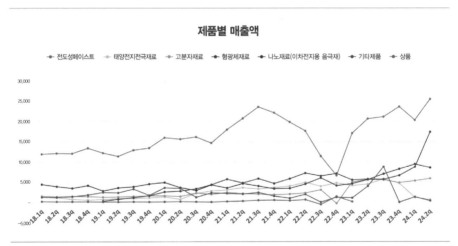

* 참조: DART 대주전자재료 24.2Q 반기보고서

전도성페이스트 43.8%, 나노재료 25.0%, 고분자재료 10.7%, 형광체재료 17.2%, 태양전지전극재료 1.8%, 기타 1.6%로 전도성페이스트/나노재료 품목에서 역대 분기 최대 매출액을 갱신했다.

제품별 매출액 현황

* 참조: DART 대주전자재료 24.2Q 반기보고서

전도성페이스트 부문의 매출 비중은 43.7%이며, 22년 4분기 이후 서서히 회복하여 24년 2분기에 최대 분기 실적을 달성했다.

제품별 매출 비중

* 참조: DART 대주전자재료 24.2Q 반기보고서

나노재료의 매출 비중은 29.9%이며, 24년 2분기 급격한 성장을 기록하며 역시 최대 분기 실적을 달성했다.

제품별 매출 비중

• 참조: DART 대주전자재료 24,2Q 반기보고서

나노재료 매출 비중은 1.3%(19년 1분기)에서 29.9%(24년 2분기)까지 높아졌다.

실리콘 음극재 매출/GPM

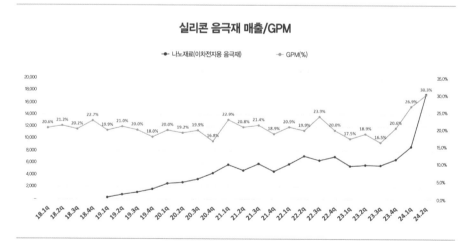

• 참조: DART 대주전자재료 24,2Q 반기보고서

나노재료 매출액과 GPM 간의 상관관계는 69.9%로 꽤나 유의미하다.

지역별 매출액

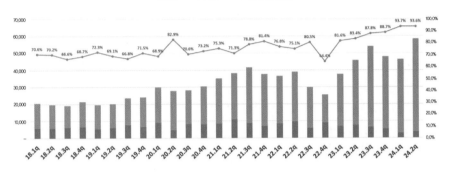

• 참조: DART 대주전자재료 24.2Q 반기보고서

수출 비중이 93.6%로 매우 높다.

전도성 페이스트 제품가/원재료가

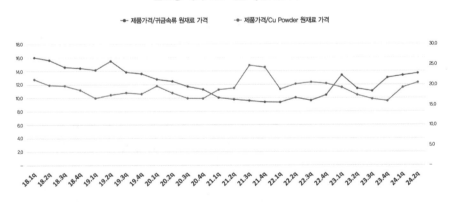

• 참조: DART 대주전자재료 24.2Q 반기보고서

전도성페이스트의 주요 원재료는 Silver, Pd, Pt 등의 귀금속이다. 이러한 귀금속의 원재료는 국제 시세에 따라 구매가 되며, 또한 제품의 판매 가격도 국제 시세를 반영하여 결정된다. 제품 가격과 원재료 간 스프레드는 벌어지고 있다.

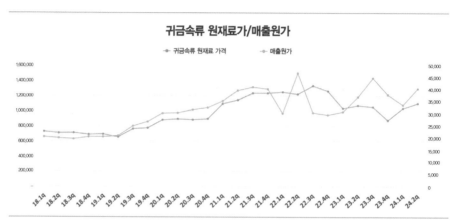

귀금속류 원재료 가격과 매출원가 간 상관관계는 74.0%다.

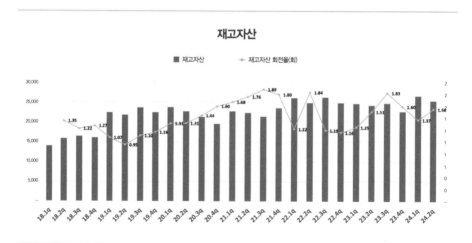

재고자산과 재고자산회전률 모두 박스권을 유지 중이기에 긍정적이라 할 수 있다.

* 참조: DART 대주전자재료 24,2Q 반기보고서

매출채권은 증가 추세에 있으며 매출채권회전률은 박스권을 유지 중이다. 대손충당금은 23년 1분기 이후 미세하지만 증가 추세에 있으며, 3.4%로 안정된 모습을 보이고 있다.

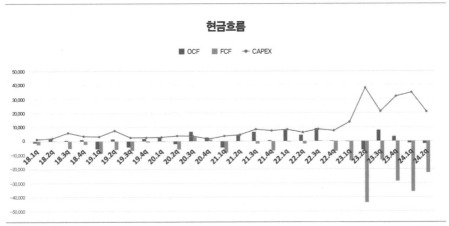

* 참조: DART 대주전자재료 24,2Q 반기보고서

현금흐름에서 OCF, FCF는 음(-)의 흐름을 보이고 있고, 23년 1분기부터 높은
CAPEX 투자를 집행 중이다.

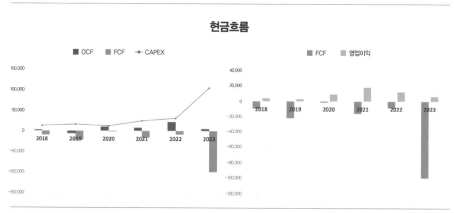

현금흐름

• 참조: DART 대주전자재료 24.2Q 반기보고서

연도별로 확인해 보면 23년 FCF는 큰 폭의 음(-)을 띠고 있으며, 18년 이후 최
대 CAPEX를 집행했음을 확인할 수 있다.

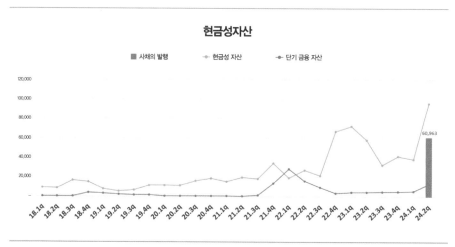

현금성자산

• 참조: DART 대주전자재료 24.2Q 반기보고서

현금조달을 위해 24년 2분기에 609억 원의 사채를 발행했다.

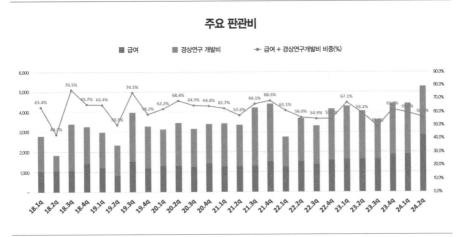

주요 판관비

■ 급여   ■ 경상연구 개발비   ◆ 급여 + 경상연구개발비 비중(%)

• 참조: DART 대주전자재료 24.2Q 반기보고서

주요 판관비 중 급여+경상연구개발비 비중은 56.3%이며, 급여 비중이 24년 2분기에 급격하게 높아졌다.

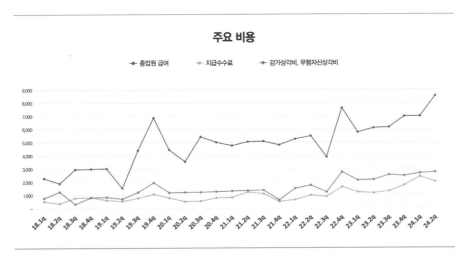

주요 비용

◆ 종업원 급여   ◆ 지급수수료   ◆ 감가상각비, 무형자산상각비

• 참조: DART 대주전자재료 24.2Q 반기보고서

주요 비용에서 종업원 급여가 가파르게 상승하고 있다.

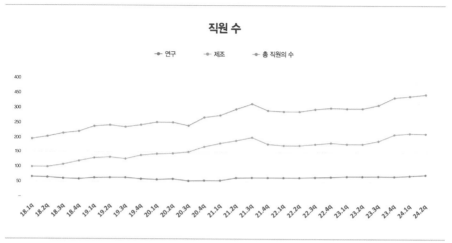

직원 수

●─ 연구   ●─ 제조   ●─ 총 직원의 수

• 참조: DART 대주전자재료 24.2Q 반기보고서

직원 수는 꾸준히 증가하고 있으며, 특히 제조 부문에서 가파르게 상승하고 있다.

결 론

1. 사업 성과
- 24년 2분기 기준 역대 최대 분기 매출액과 영업이익을 달성했다.
- 매출액은 582억 원(YoY+27.4%, QoQ+25.8%), 영업이익은 82억 원(YoY+356%, QoQ+65%) 그리고 OPM 은 역대 최대인 14.2%를 기록했다.
- GPM 또한 30.3%로 최대치를 달성했다.

2. 제품별 성과
- 전도성페이스트(매출 비중 43.8%)와 나노재료(매출 비중 25.0%) 부문에서 역대 분기 최대 매출액을 각 각 갱신했다.
- 특히 나노재료 부문의 성장이 두드러지며, 19년 1분기 1.3%에서 24년 2분기 29.9%까지 매출 비 중이 크게 증가했다.

3. 해외매출
- 수출 매출 비중이 93.6%로 매우 높다.

4. 원재료 및 수익성
- 주요 원재료인 귀금속(Silver, Pd, Pt 등) 가격과 제품 판매 가격 간 스프레드가 벌어지고 있어 수익 성에 긍정적인 영향을 미치고 있다.

5. 재무 상태
- 재고자산회전율은 박스권 상단을 유지하고 있다는 점에서 긍정적이다.
- 매출채권은 증가 추세이나 대손충당금은 3.4%로 안정적이다.

6. 투자 및 현금흐름
- 23년 1분기부터 높은 CAPEX 투자를 집행 중이며, 이로 인해 OCF와 FCF가 음(-)의 흐름을 보 이고 있다.
- 현금 조달을 위해 24년 2분기에 609억 원의 사채를 발행했다.

7. 향후 전망
- 대주전자재료는 전도성페이스트와 나노재료 부문의 성장을 바탕으로 실적이 크게 개선되고 있 다. 특히 나노재료 부문의 급격한 성장이 눈에 띄며, 이는 회사의 미래 성장동력으로 작용할 것 으로 보인다. 다만 높은 CAPEX 투자로 인한 현금흐름 악화와 이에 따른 부채 증가에 대해 모니 터링을 할 필요는 있다. 또한 수출 의존도가 높아 환율 변동 등 외부 요인에 대한 리스크 관리도 중요할 것으로 보인다.

현대오토에버

1. 기업 개요

사업 부문

(단위 : 백만 원)

사업부문	품목	2024년 반기(제25기)	
		매출액	비율
ITO 부문	IT시스템 운영 및 관리 등	695,108,256	42.14%
SI 부문	IT컨설팅, 시스템 설계 및 개발 등	567,321,264	34.40%
차량용 SW 부문	차량 SW 플랫폼, 내비게이션SW 등	386,959,851	23.46%
합계		1,649,389,371	100.00%

* 참조: DART 현대오토에버 24.2Q 반기보고서

기업의 정보시스템 구축(SI, System Integration), 고객 업무시스템을 운영/유지보수하는 IT 아웃소싱(ITO, IT Outsourcing), 차량 SW 플랫폼, 내비게이션 SW 등을 포함하는 차량용SW를 개발/공급하는 IT 서비스사다.

2. 정량적 분석

부문별 매출액

■ ITO매출　　■ SI매출　　■ 차량용 SW매출

• 참조: DART 현대오토에버 24.2Q 반기보고서

　　매출 구성은 ITO 부문 42.14%, SI 부문 34.4%, 차량용SW 부문 23.46%이다. 차량용SW 부문은 신규 사업으로 21년 2분기부터 실적에 반영된다.

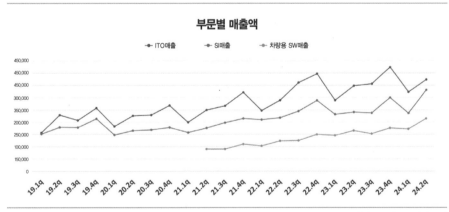

부문별 매출액

→ ITO매출　　→ SI매출　　→ 차량용 SW매출

• 참조: DART 현대오토에버 24.2Q 반기보고서

　　동사는 한 개의 사업에 집중되지 않고 ITO, SI, 차량용SW 부문에서 고른 성장을 보이고 있다.

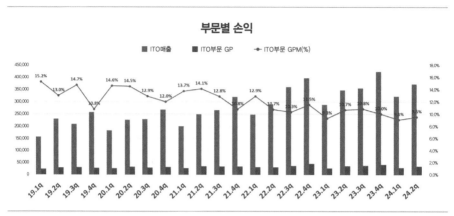

* 참조: DART 현대오토에버 24.2Q 반기보고서

ITO 부문의 GPM은 하향 추세에 있으며 24년 2분기 기준 GPM은 9.5%이다.

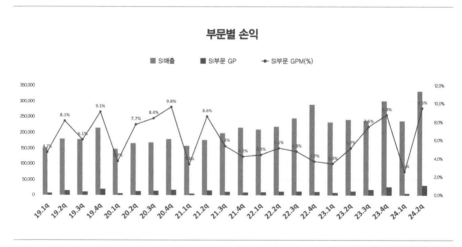

* 참조: DART 현대오토에버 24.2Q 반기보고서

SI 부문의 GPM은 상승 추세에 있으며 24년 2분기 기준 GPM은 9.5%이다.

부문별 손익

• 참조: DART 현대오토에버 24.2Q 반기보고서

차량용SW 부문의 GPM은 박스권을 유지 중이며, 24년 2분기 기준 GPM은 18.9%로 3개의 사업 중 가장 높다.

주요 매출처

• 참조: DART 현대오토에버 24.2Q 반기보고서

주요 매출처는 현대/기아차, 현대모비스이며, 현대모비스의 비중은 19년 2분기 이후 꾸준히 증가하고 있다.

주요 매출처

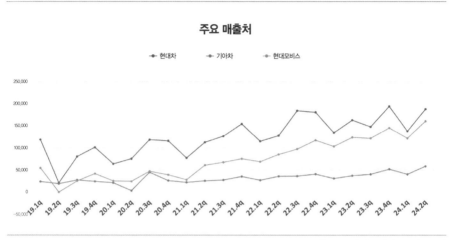

• 참조: DART 현대오토에버 24,2Q 반기보고서

현대차와 현대모비스로의 매출은 가파르게 우상향하고 있다.

분기별 손익

• 참조: DART 현대오토에버 24,2Q 반기보고서

5년 내 역대 최대 분기 매출액을 달성했다. 매출액은 9,180억(YoY +21.7%, QoQ +25.5%)이고, 영업이익은 685억(YoY +30.0%, QoQ +123%) 그리고 OPM은 7.5%로 역대 최대치를 기록했다. 4분기가 성수기임을 확인할 수 있다.

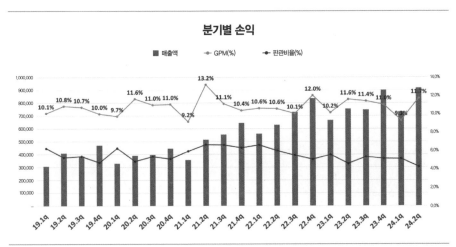

분기별 손익

* 참조: DART 현대오토에버 24.2Q 반기보고서

GPM은 11.7%로 박스권을 유지 중이며, 판관비율 역시 4.2%로 박스권 하단에 위치하고 있다. 하락 추세에 있지만 안정적인 모습이다.

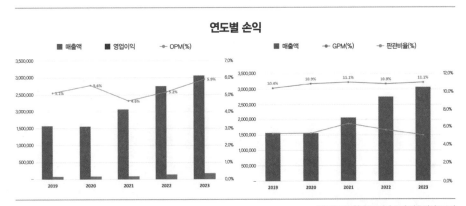

연도별 손익

* 참조: DART 현대오토에버 23년 기준 반기보고서

연도별로 확인하면 매출액은 증가하고 있고 GPM과 OPM은 박스권을 유지하고 있다. 판관비율은 2021년부터 하락하고 있다.

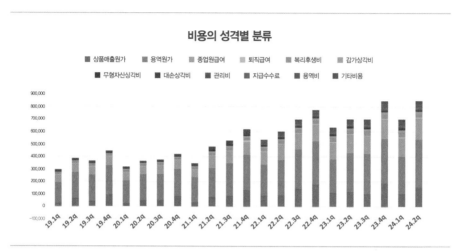

• 참조: DART 현대오토에버 24.2Q 반기보고서

낮은 GPM으로 고정비형 기업으로 판단되며, 용역원가, 상품매출원가, 종업원급여가 주요 비용으로 발생한다.

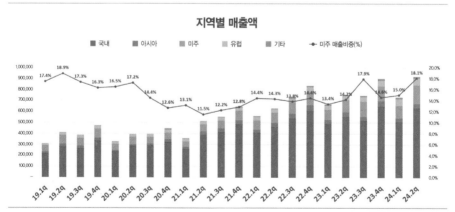

• 참조: DART 현대오토에버 24.2Q 반기보고서

지역별로 보면 국내 비중이 높으며, 해외매출은 미주가 18.1%로 가장 크다.

지역별 매출액

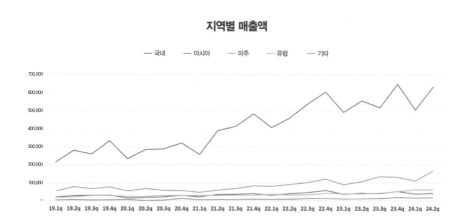

— 국내　— 아시아　— 미주　— 유럽　— 기타

• 참조: DART 현대오토에버 24.2Q 반기보고서

국내 매출이 가파르게 오르고 있으며, 미주 매출도 우상향 추세에 있다.

재고자산

■ 상품　–●– 재산자산 회전율

• 참조: DART 현대오토에버 24.2Q 반기보고서

재고자산은 하락 추세에 있으며, 재고자산회전률 또한 상승 추세로 긍정적인 모습을 보이고 있다.

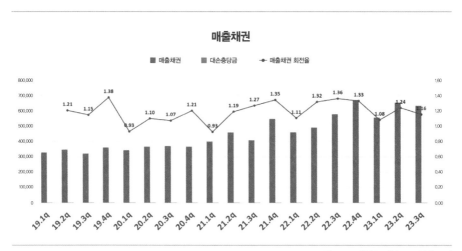

• 참조: DART 현대오토에버 24,2Q 반기보고서

매출채권은 증가 추세에 있으며 매출채권회전률은 박스권을 유지 중이다. 대손충당금은 0.1%로 안정적인 모습을 보이고 있다.

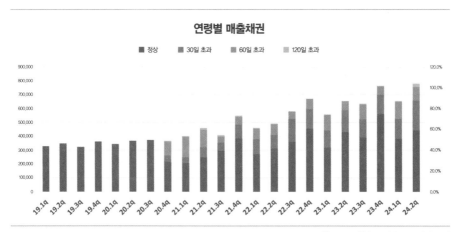

• 참조: DART 현대오토에버 24,2Q 반기보고서

연령별로 확인하면 정상+30일+60일 초과의 비중이 96% 이상으로 안정적이다.

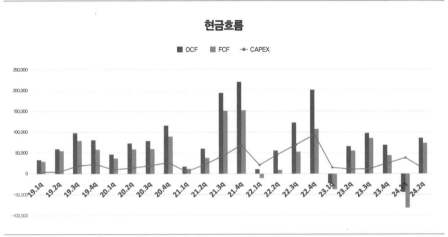

현금흐름

• 참조: DART 현대오토에버 24.2Q 반기보고서

현금흐름에서 OCF, FCF는 양(+)의 흐름을 보이고 있고, CAPEX는 꾸준히 투자를 집행하고 있다.

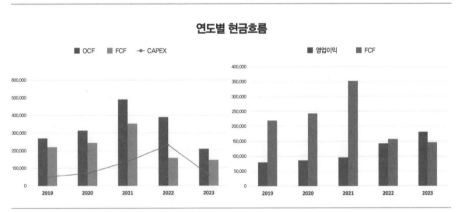

연도별 현금흐름

• 참조: DART 현대오토에버 23년 기준 반기보고서

연도별로 확인하면 OCF, FCF는 양(+)의 흐름을 보이고 있으나 하락 추세에 있으며, CAPEX 또한 하락하고 있다.

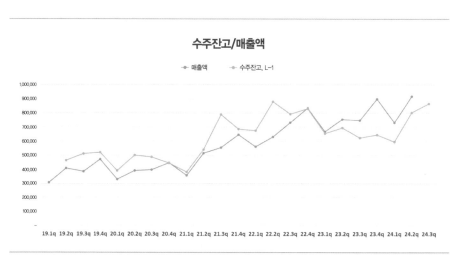

* 참조: DART 현대오토에버 24.2Q 반기보고서

수주잔고는 상향 추세에 있으며 1분기 레깅 시 76.3%의 높은 상관관계를 보인다.

결론

1. 사업 구조
- 현대오토에버는 ITO(IT Outsourcing), SI(System Integration), 차량용SW 부문이 주요 사업 부문이다. 24년 2분기 기준 매출 구성은 ITO 42.14%, SI 34.4%, 차량용SW 23.46%이다.

2. 재무 성과
- 24년 2분기 기준 역대 최대 분기 매출액과 영업이익을 달성했다.
- 매출액은 9,180억 원(YoY+21.7%, QoQ+25.5%), 영업이익은 685억 원(YoY+30.0%, QoQ+123%)을 기록했다.
- 영업이익률(OPM)은 7.5%로 역대 최대를 달성했다.

3. 부문별 성과
- ITO, SI, 차량용SW 부문 모두 고르게 성장하고 있다.
- 차량용SW 부문의 GPM이 18.9%로 가장 높다.
- 구글클라우드 부문의 매출 비중이 지속적으로 증가하고 있다.

4. 주요 고객사 동향
- 현대/기아차, 현대모비스가 주요 매출처다.
- 현대모비스의 매출 비중이 19년 2분기 이후 꾸준히 증가하고 있다.
- 현대차와 현대모비스로의 매출이 가파른 상승세를 보이고 있다.

5. 수익성 및 비용 구조
- GPM은 11.7%로 박스권을 유지 중이며, 판관비율은 4.2%로 하락 추세에 있다.
- 용역원가, 상품매출원가, 종업원 급여가 주요 비용으로 발생하고 있다.

6. 현금흐름 및 재무 건전성
- OCF, FCF는 양(+)의 흐름을 보이고 있으나 하락 추세에 있다.
- CAPEX는 꾸준히 투자를 집행 중이나 하락하고 있다.
- 재고자산은 하락 추세에, 재고자산회전률은 상승 추세에 있다.
- 매출채권은 증가하고 있으나 대손충당금은 0.1%로 안정적이다.

7. 향후 전망
- 현대오토에버는 ITO, SI, 차량용SW 부문에서 고르게 성장하며 안정적인 실적을 달성하고 있다. 특히 차량용SW 부문의 높은 수익성과 주요 고객사와의 안정적인 관계가 강점으로 작용하고 있다. 다만 현금흐름의 하락 추세와 CAPEX 감소는 주의 깊게 모니터링할 필요가 있다. 향후 차량용SW 부문의 성장과 신규 고객 확보를 통한 매출 다각화가 중요한 과제가 될 것으로 보인다.

PART 4

반도체 및

빅테크

(데이터센터)

SK하이닉스

1. 기업 개요(참조: SK하이닉스 24년 2분기 반기보고서)

주력 제품은 DRAM 및 NAND를 중심으로 하는 메모리반도체이며, 일부 Fab(S1, M10 일부)을 활용하여 시스템반도체인 CIS(CMOS Image Sensor) 생산과 파운드리(Foundry) 사업도 병행하고 있다. 휘발성메모리인 DRAM과 비휘발성메모리인 NAND Flash를 주력 생산하고 있다.

생산시설로 국내에는 DRAM을 생산하는 M16, M14, M10(이천)과 NAND를 생산하는 M11, M12, M15(청주) 및 M14(이천)이 있다. 중국에 소재한 Fab으로는 DRAM을 생산하는 C2, C2F(중국 장쑤성 우시)와 파운드리를 하는 S1이 있다. 또한 NAND를 생산하는 중국 다롄에 위치한 Dalian Fab이 있다. 또한 AI가속기에 탑재되는 주요 제품인 HBM(High Bandwidth Memory)은 여러 개의 D램을 수직으로 연결해 데이터 처리 속도를 혁신적으로 끌어올린 제품으로 초당 1.18TB 이상 데이터를 처리한다.

2. 정량적 분석

분기별 손익

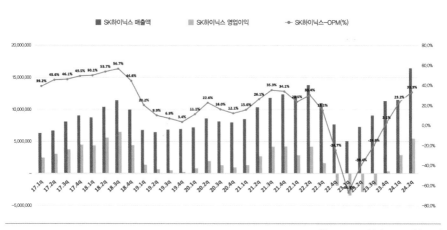

• 참조: DART SK하이닉스 24,2Q 반기보고서

분기별 손익

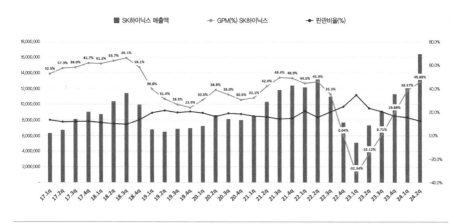

• 참조: DART SK하이닉스 24,2Q 반기보고서

23년 이후 매출액/영업이익/OPM(%) 모두 지속 상승했다. 이는 17년 이후 최대 매출이다.

연도별 손익

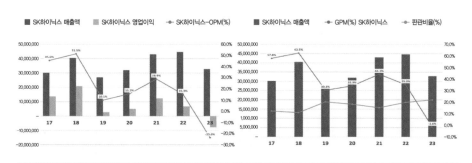

* 참조: DART SK하이닉스 23년 기준

23년에 영업이익이 적자로 돌아섰으며 GPM은 마이너스를 기록했다.

현금흐름

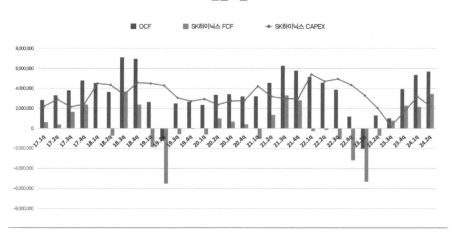

* 참조: DART SK하이닉스 24.2Q 반기보고서

23년 1분기에 OCF/FCF 모두 크게 감소했으나 23년 3분기에 OCF/FCF 현금이 유입된 걸 확인할 수 있다.

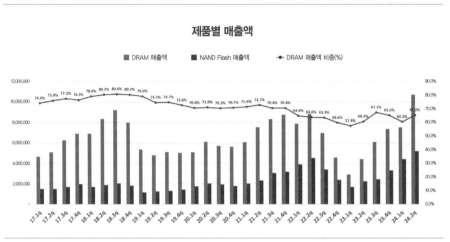

제품별 매출액

• 참조: DART SK하이닉스 24.2Q 반기보고서

DRAM, NAND 매출액이 24년 2분기에 가장 크게 증가했다. 수량 및 가격 변화를 확인할 필요가 있다.

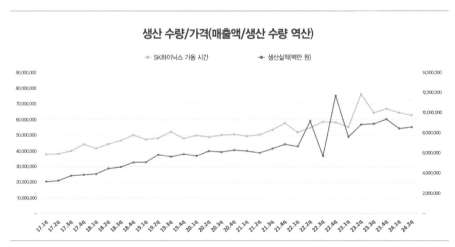

생산 수량/가격(매출액/생산 수량 역산)

• 참조: DART SK하이닉스 24.2Q 반기보고서

가동 시간과 생산 실적은 최근 분기에 큰 변화가 없다.

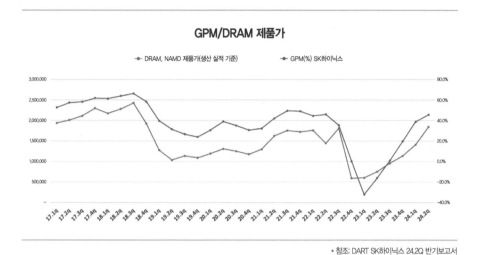

GPM/DRAM 제품가

— DRAM, NAMD 제품가(생산 실적 기준) — GPM(%) SK하이닉스

* 참조: DART SK하이닉스 24.2Q 반기보고서

가격은 매출액 변화와 동일하게 감소했다가 증가했다. 이를 통해 상호 영향을 받는다는 걸 확인할 수 있다. 또한 가격은 GPM과의 상관관계가 90%로, SK하이닉스 매출/수익성은 제품 가격을 기준으로 판단해야 한다.

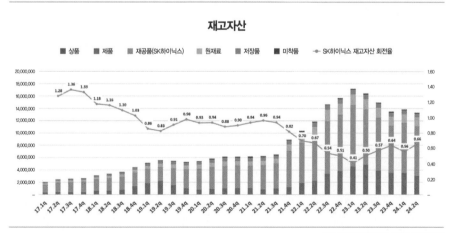

재고자산

■ 상품 ■ 제품 ■ 재공품(SK하이닉스) ■ 원재료 ■ 저장품 ■ 미착품 — SK하이닉스 재고자산 회전율

* 참조: DART SK하이닉스 24.2Q 반기보고서

23년 1분기에 생산 실적은 지속적으로 유지되었으나 수요 감소로 인한 가격 하락으로 재고자산은 최대로 증가했다. 최근까지 가격 상승, 재고자산의 감소를 볼 때 수요 증가 상황으로 판단된다.

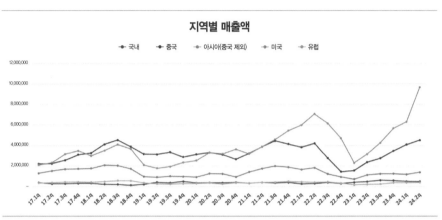

• 참조: DART SK하이닉스 24.2Q 반기보고서

미국과 중국 매출액이 증가하고 있다.

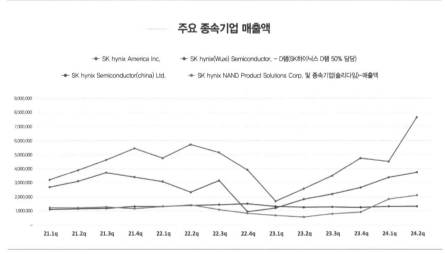

• 참조: DART SK하이닉스 24.2Q 반기보고서

SK하이닉스 아메리카는 미국 빅테크 기업을 고객으로 하여 HBM을 포함해 메모리 제품 매출액이 크게 증가했다. 중국 우시, 솔리다임 매출액도 늘고 있다.

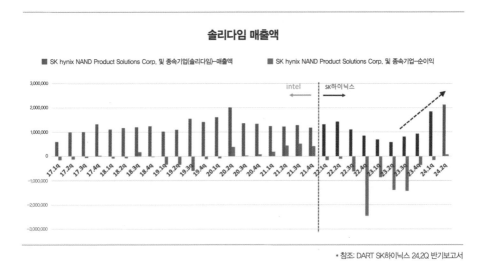

솔리다임 매출액

* 참조: DART SK하이닉스 24.2Q 반기보고서

특히 솔리다임은 SK하이닉스 인수 후 매출 감소 및 적자가 지속되었으나 최근 매출이 증가하면서 흑자로 전환되는 좋은 모습을 보여 주었다.

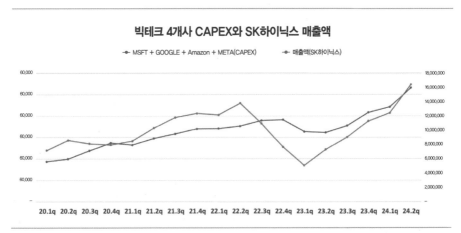

빅테크 4개사 CAPEX와 SK하이닉스 매출액

* 참조: DART SK하이닉스 24.2Q 반기보고서

주요 고객인 빅테크 4개사 CAPEX와 SK하이닉스 매출액의 방향성이 같다는 걸 확인할 수 있다.

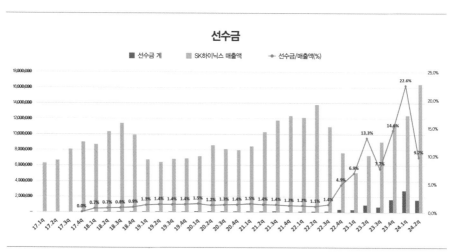

* 참조: DART SK하이닉스 24.2Q 반기보고서

22년 4분기부터 선수금이 증가했으며 고객사 CAPEX 시점과 유사하다.

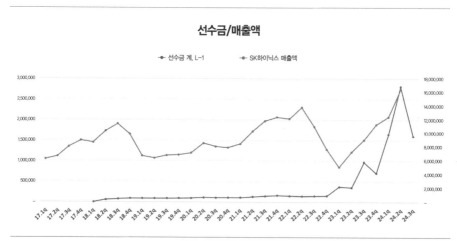

* 참조: DART SK하이닉스 24.2Q 반기보고서

23년 1분기 이후 선수금과 매출액 간 상관관계는 높은 수준을 보이고 있다.

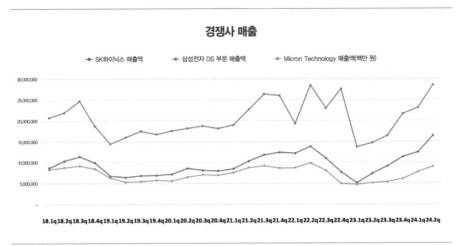

경쟁사 매출

• SK하이닉스 매출액 ◆ 삼성전자 DS 부문 매출액 ◆ Micron Technology 매출액(백만 원)

• 참조: DART SK하이닉스 24.2Q 반기보고서

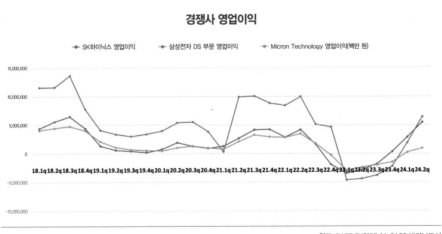

경쟁사 영업이익

• SK하이닉스 영업이익 ◆ 삼성전자 DS 부문 영업이익 ◆ Micron Technology 영업이익(백만 원)

• 참조: DART SK하이닉스 24.2Q 반기보고서

경쟁사 매출/영업이익도 증가 추세에 있다. 산업 환경이 나쁘지 않다고 판단된다.

1. 사업 성과
- 24년 2분기 기준으로 매출액과 영업이익이 지속적으로 상승하여 17년 이후 최대 매출을 경신했다.
- DRAM과 NAND 매출액이 24년 2분기에 역대 최대로 증가했다.

2. 제품 동향
- DRAM과 NAND 매출액 증가는 주로 가격 상승에 기인한다.
- 생산 수량은 최근 분기에는 큰 변화가 없으나, 가격 상승으로 인해 매출과 수익성이 개선되었다.

3. 지역별 매출
- 미국과 중국 매출액이 증가하고 있다.
- SK하이닉스 아메리카의 매출이 크게 증가하여 미국 빅테크 기업 대상 HBM을 포함한 메모리 제품 판매가 호조를 보이고 있다.

4. 수요 및 재고 상황
- 23년 1분기 이후 가격 상승과 재고자산 감소로 수요가 증가할 것으로 판단된다.
- 재고자산 평가손실도 가격 변화에 따라 정상화되고 있다.

5. 주요 고객사 동향
- 빅테크 4개사의 CAPEX와 SK하이닉스 매출액이 유사한 방향성을 보인다.
- 22년 4분기부터 선수금이 증가했으며, 이는 고객사 CAPEX 시점과 유사하다.

6. 경쟁사 비교
- 경쟁사(삼성전자 DS 부문, 마이크론)도 매출과 영업이익이 증가하고 있다. 이는 전반적인 산업 환경이 개선되고 있음을 시사한다.

7. 향후 전망
- SK하이닉스는 반도체메모리 가격 상승에 힘입어 매출액이 지속적으로 증가하고 있으며, 특히 미국 지역의 매출과 HBM 제품의 경쟁력이 실적 개선에 크게 기여하고 있다. 빅테크 기업들의 CAPEX 증가와 선수금 증가는 향후 실적에 긍정적인 영향을 미칠 것으로 예상된다. HBM 제품에서의 경쟁력 우위가 지속된다면 경쟁사 대비 높은 영업이익을 유지할 수 있을 것으로 전망된다.

Micron Technology

1. 기업 개요(참조: Micron Technology 10-K Annual report(2024-10-04))

(단위: million USD)

제품별 사업 부문	매출액	비중
DRAM	5,326	68.7%
NAND Flash	2,365	30.5%
Other	59	0.8%

(단위: million USD)

제품별 사업 부문	매출액	비중
CNBU(Compute and Networking Business Unit)	3,017	38.9%
MBU(Mobile Business Unit)	1,875	24.2%
SBU(Storage Business Unit)	1,703	22.0%
EBU(Embedded Businesss Unit)	1,150	14.8%
All Other	4	0.1%

Micron은 메모리/스토리지 솔루션 분야에서 선도적인 기업으로, DRAM/

NAND/NOR 제품을 통해 정보 활용 방식을 혁신했다. Micron과 Crucial 브랜드로 제품을 제공하며, 데이터 경제를 지원하는 인공지능(AI) 및 고성능 응용 프로그램을 위한 메모리를 개발한다.

2. 정량적 분석(참조: Micron Technology 10-K Annual report(2024-10-04))

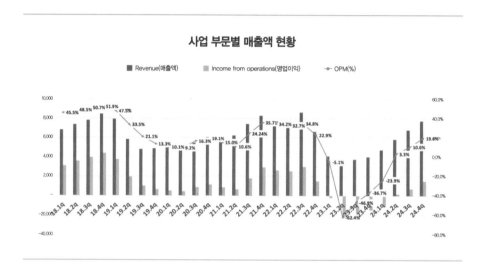

매출액은 $7,750 million(YoY +93%, QoQ +14%), 영업이익은 $1,522 million(YoY 흑자 전환, QoQ +112%)이다. 23년 2분기부터 손익이 빠르게 회복되고 있다.

사업 부문별 매출액 현황

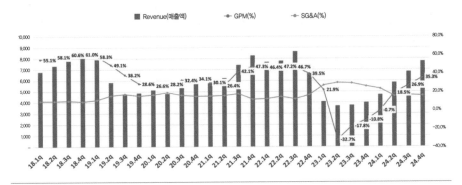

GPM은 35.3%로 직전 최고치인 47.2%에 다가가고 있다. 판관비율은 15.7%로 전 분기 대비 더 낮아졌다.

연도별 손익

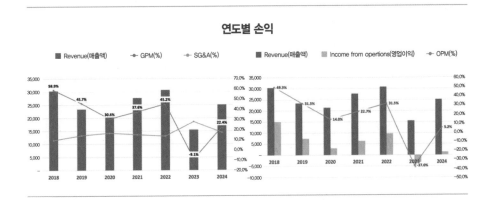

연도별로 확인해 보면 23년도에 적자가 크게 발생하면서 OPM, GPM이 음(-)으로 전환되었지만 24년도에 크게 반등하는 모습이다.

현금흐름

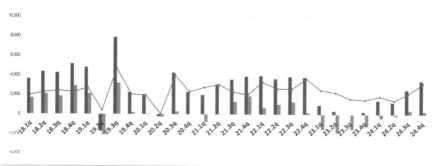

영업현금흐름은 23년 4분기부터 지속적인 개선세를 보여 주고 있고, 잉여현금흐름 또한 24년 3분기부터 흑자로 전환했다.

현금흐름

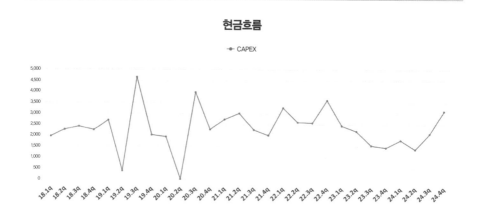

CAPEX 투자 또한 24년 2분기부터 큰 폭으로 증가하고 있다.

제품별 매출액

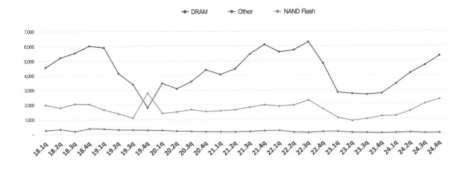

제품별 매출액을 보면 DRAM이 반등하고 있고, NAND Flash 또한 상승세를 보이고 있다.

제품별 매출액

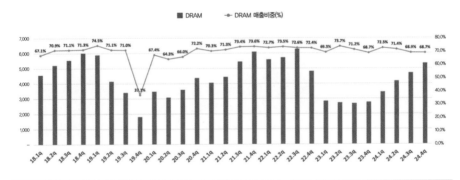

DRAM의 매출액은 올라오고 있지만, 매출 비중으로 보면 24년 1분기부터 하락 중이다.

제품별 매출액

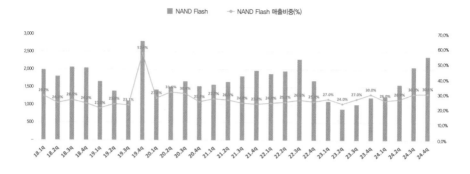

NAND Flash는 매출액이 23년 2분기를 기점으로 상승 추세로 돌아섰고, 매출 비중도 24년 1분기부터 상승세다. DRAM의 비중으로 보건대 NAND Flash의 매출 성장 속도가 더 빠른 것으로 보인다.

부문별 매출액

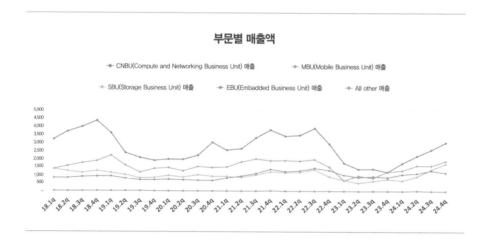

부문별 매출액을 보면 CNBU 부문에서 24년 1분기부터 큰 폭의 반등이 나오고 있고, EBU를 제외하곤 전 부문에서 전 분기 대비 매출액이 증가했다.

부문별 매출액

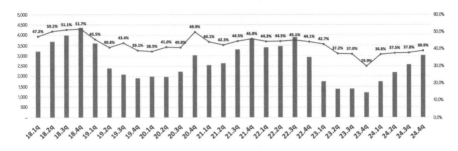

매출 비중이 가장 높은 CNBU 부문은 24년도에 조금씩 올라가는 게 보인다.

부문별 매출액

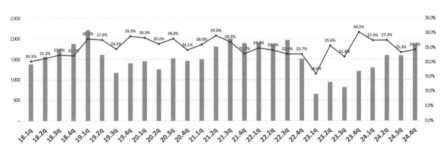

두 번째로 매출 비중이 높은 MBU 부문은 23년 4분기를 기점으로 하향 추세에 있다.

부문별 매출액

세 번째로 매출 비중이 높은 SBU 부문은 24년도에 빠르게 매출액이 상승하고 있다. 비중 또한 3분기 만에 13.8% 에서 22%까지 올라왔다.

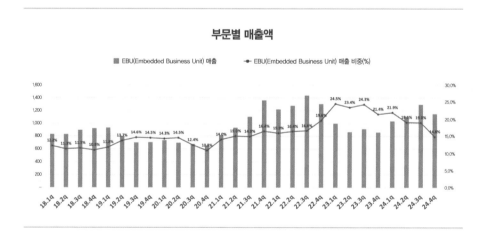

부문별 매출액

마지막으로 EBU 부문은 23년 3분기부터 비중이 하향 추세에 있다.

부문별 영업이익

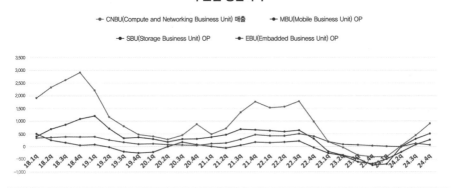

부문별로 영업이익을 보면 24년 3분기를 기준으로 영업이익이 전 부문 흑자로 전환했다. 24년 4분기에도 흑자를 유지하고 있다.

부문별 영업이익률

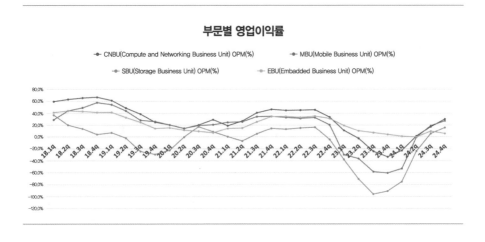

부문별 영업이익률을 보면 CNBU(30.1%), MBU(27.1%), SBU(15.8%), EBU(5.7%)순이다.

연도별 국가 매출액

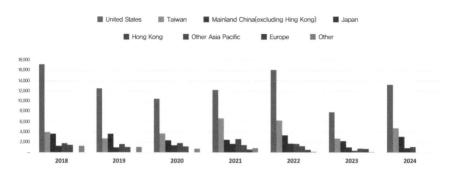

연도별 국가 매출액을 보면 미국(52%), 대만(19%), 중국(12%)순이다.

재고자산회전율

재고자산회전율은 박스권에 위치하며 양호한 모습을 보이고 있다.

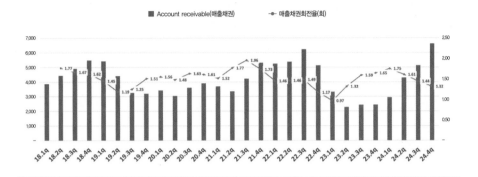

매출채권회전율

■ Account receivable(매출채권) ◆ 매출채권회전율(회)

매출채권회전율 또한 박스권에 위치하며 양호한 모습을 보이고 있다.

결 론

1. 재무 성과
- 24년 4분기를 기준으로 매출액과 영업이익이 크게 개선되었다. 매출액은 전년 대비 93% 증가한 77억 5,000만 달러를 기록했으며, 영업이익은 흑자 전환에 성공했다.
- 총이익률(GPM)은 35.3%로 상승하여 이전 최고치인 47.2%에 근접해 있다.
- 23년에 적자를 기록했지만, 24년에는 큰 폭으로 반등하고 있다.

2. 제품 및 부문별 성과
- DRAM과 NAND Flash 모두 매출이 증가 추세에 있으며, 특히 NAND Flash의 성장 속도가 더 빠르다.
- 부문별로는 CNBU가 24년 1분기부터 큰 폭의 반등을 보이고 있으며, EBU를 제외한 모든 부문에서 전 분기 대비 매출이 증가했다.
- 24년 3분기부터 모든 사업 부문에서 영업이익이 흑자로 전환했다.

3. 시장 및 전략
- 주요 시장은 미국(52%), 대만(19%), 중국(12%)순이다.
- 자본 지출(CAPEX)이 24년 2분기부터 큰 폭으로 증가하고 있어, 미래 성장을 위한 투자가 활발히 이루어지고 있음을 알 수 있다.

4. 운영 효율성
- 재고자산회전율과 매출채권회전율이 안정적인 박스권에 위치하고 있어 운영 효율성이 양호한 것으로 판단된다.

5. 향후 전망
Micron Technology는 23년의 어려움을 극복하고 24년에 강한 회복세를 보이고 있다. 특히 NAND Flash 시장에서의 성장이 두드러진다. 모든 사업 부문에서의 흑자 전환과 지속적인 투자는 회사의 미래 성장 잠재력을 시사한다.

Nvidia

1. 기업 개요(참조: Nvidia Corp 10-Q Quarterly report(2024-08-28))

NVIDIA Corporation은 고성능 GPU와 AI 기술을 개발하는 글로벌 반도체 회사로, Compute & Networking과 Graphics 부문을 운영한다. Compute & Networking은 데이터센터, AI 플랫폼, 자율주행, 로봇 솔루션을 포함해 DGX Cloud와 같은 클라우드컴퓨팅 서비스를 제공하고, Graphics는 GeForce GPU, GeForce NOW 게임 스트리밍, 기업용 RTX GPU, Omniverse와 같은 3D 인터넷 소프트웨어 등으로 구성되어 있다.

(단위: million USD)

제품별 사업 부문	매출액	비중
Compute & Networking	26,446	88%
Graphics	3,594	12%

2. 정량적 분석(참조: Nvidia Corp 10-Q Quarterly report(2024-08-28))

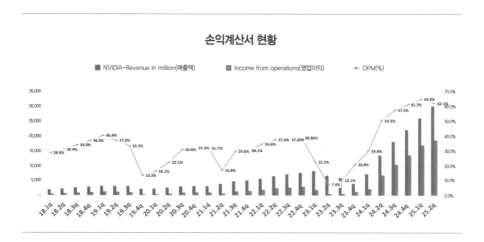

매출액은 $30,040 million(YoY +122%, QoQ +15%), 영업이익은 $18,642 million(YoY +174%, QoQ +10%)로 강력한 매출 성장을 보여 주고 있다.

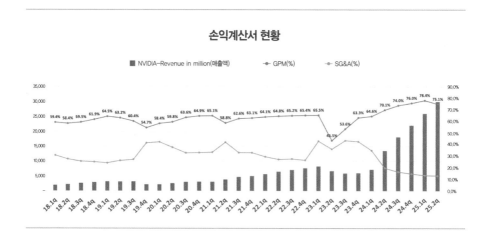

GPM은 75.1%라는 높은 수치를 달성했지만, 전 분기 대비해서는 꺾였다. 판관

비율은 13.1%로 18년 이후 최저치를 갱신했다.

손익계산서 현황

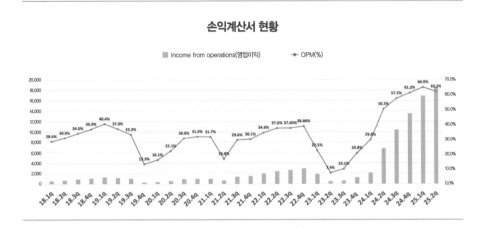

영업이익률 역시 전 분기 대비해서는 꺾였다.

연도별 손익

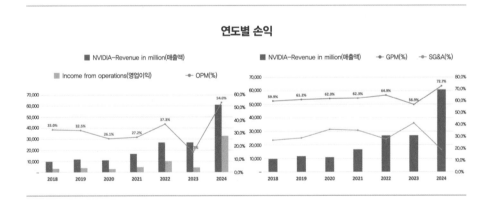

연도별로 확인해 보면 18년 이후 OPM/GPM은 최고치이고, 판관비율(SG&A)
은 최저치다.

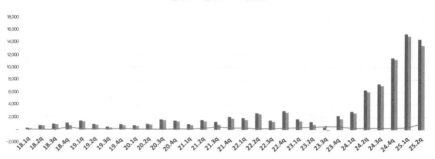

현금흐름은 장기간 우수한 모습을 보이고 있고, 24년 2분기부터 큰 폭으로 성
장했다.

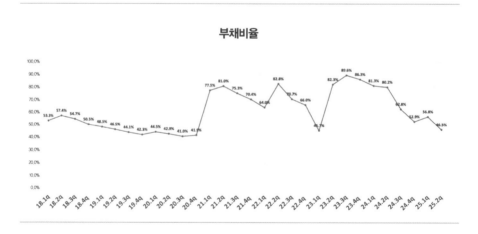

부채비율은 23년 3분기 이후로 하향 추세에 있다.

제품별 매출액

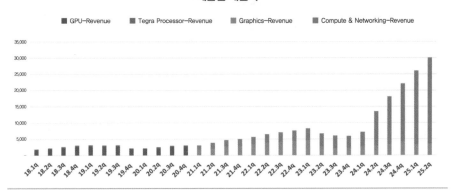

제품별 매출액을 보면 Compute & Networking 제품에서 역대 최대 매출액을 갱신했다.

제품별 영업이익

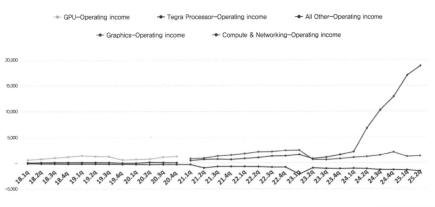

제품별 영업이익 역시 Compute & Networking 제품에서 역대 최대 매출액을 갱신했다.

제품별 영업이익률

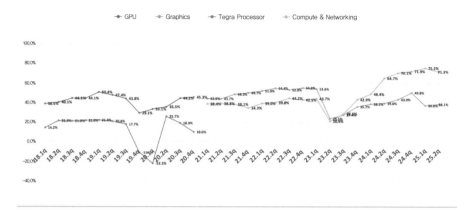

제품별 영업이익률을 보면 Compute & Networking 부분이 71.3%, Graphics 부분이 38.1%로 Compute & Networking 부분이 실적 성장을 이끈다는 것을 확인할 수 있다.

지역별 매출액

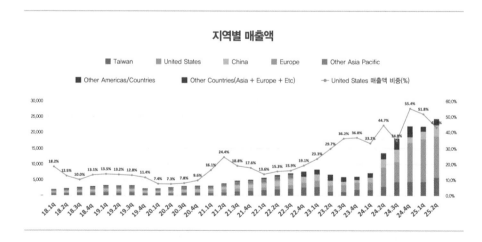

지역별 매출액을 보면 미국이 최대 매출 국가이고, 두 번째는 대만이다. 최근

매출액은 성장하는 반면, 미국 매출 비중은 감소 중이다.

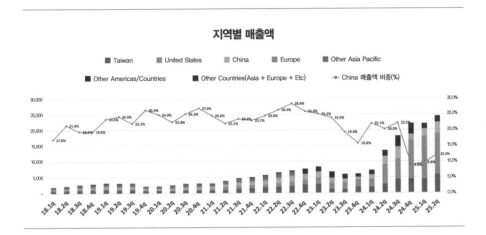

지역별 매출액

중국의 매출 비중은 24년 3분기에 큰 폭으로 감소한 뒤 회복 추세에 있다.

지역별 매출액

중국의 매출 비중이 줄어드는 것과 반대로 싱가포르 매출액은 25년 1분기부터 급증했다.

선수금/매출액

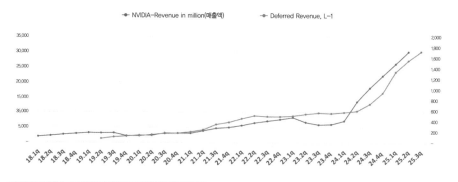

선수금을 한 개 분기 레깅한 값과 매출액 간의 상관관계는 95.2%다. 따라서 다음 분기에 매출액이 증가할 가능성이 있다.

선수금/매출액

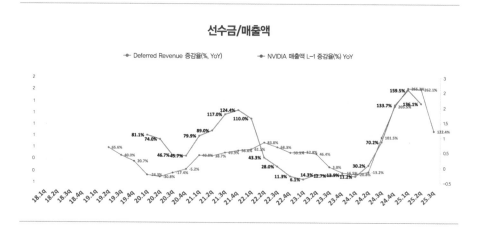

선수금 증감률과 매출액을 한 개 분기 레깅한 값의 증감률은 유사한 흐름을 보인다. 따라서 다음 분기에 매출액 증감률이 낮아질 가능성이 있다.

재고자산회전율

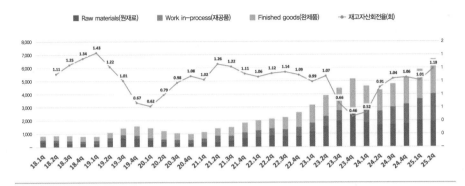

재고자산회전율은 안정적인 모습을 보이고 있다.

매출채권회전율

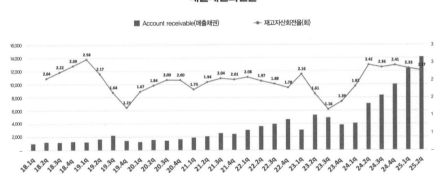

매출채권회전율 또한 안정적인 모습을 보이고 있다.

1. 재무 성과

- 24년 2분기 기준 역대 최대 매출액인 $30,040 million을 달성했다(YoY +122%, QoQ +15%).
- 영업이익은 $18,642 million으로 전년 대비 +174%, 전 분기 대비 +10% 증가했다.
- GPM은 75.1%로 높은 수준이나 전 분기 대비 소폭 하락했다.

2. 수익성 및 효율성

- 판관비율은 13.1%로 18년 이후 최저치를 기록했다.
- 연도별로 볼 때 24년도는 18년 이후 OPM과 GPM이 최고치, 판관비율은 최저치를 기록했다.

3. 재무 건전성

- 장기간 우수한 모습을 보이던 현금흐름은 24년 2분기부터 큰 폭의 성장을 보이고 있다.
- 부채비율은 23년 3분기 이후로 하향 추세에 있다.

4. 제품 및 사업 부문

- Compute & Networking 부문이 역대 최대 매출액과 영업이익을 갱신했다.
- Compute & Networking 부문의 영업이익률은 71.3%, Graphics 부문은 38.1%로, Compute & Networking 부문이 실적 성장을 주도하고 있다.

5. 지역별 성과

- 미국이 최대 매출 국가이며, 그 뒤를 대만이 잇고 있다.
- 중국의 매출 비중은 24년 3분기에 큰 폭으로 감소한 후 회복 추세에 있다.
- 싱가포르의 매출액이 2025년 1분기부터 급증하고 있다.

6. 향후 전망

- 선수금과 매출액의 높은 상관관계(95.2%)를 고려할 때 다음 분기에 매출액이 증가할 가능성이 있다.
- 그러나 선수금 증감률 추이로 볼 때 다음 분기에 매출액 증가율이 낮아질 가능성도 존재한다.
- 종합적으로 Nvidia는 Compute & Networking 부문의 강력한 성장과 높은 수익성을 바탕으로 지속적인 실적 개선을 보이고 있으며, 재무 건전성도 개선되고 있어 향후에도 AI와 데이터센터 시장에서의 선도적 위치를 유지할 것으로 전망된다.

Lam Research

1. 기업 개요(참조: Lam Research 10-K Annual report(2024-08-29))

Lam Research Corporation는 반도체산업을 위한 첨단 웨이퍼 제작 장비와 서비스를 제공하는 글로벌 기업이다. 주로 다양한 전자기기에서 사용할 수 있는 고성능 반도체를 만드는 데 필요한 장비를 공급한다. 메모리, 파운드리, 통합 장치 제조업체(IDM)와 같은 반도체 제조 고객을 대상으로 한다.

(단위: million USD)

부문별 사업 부문	매출액	비중
DRAM	735	19%
NVM(NAND)	658	17%
파운드리	1,669	43%
LOGIC/OTHER	455	21%

2. 정량적 분석<small>(참조: Lam Research 10-K Annual report(2024-08-29))</small>

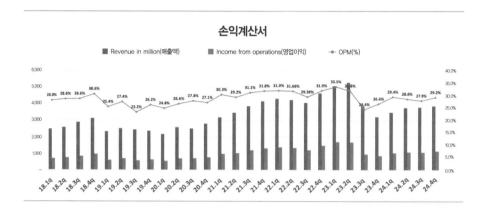

매출액은 $3,871 million(YoY +21%, QoQ +2%), 영업이익은 $1,132 million(YoY +7%, QoQ +33%)으로 23년 4분기부터 회복 중이다.

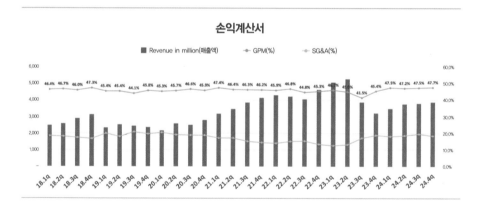

GPM은 47.7%로 18년 이후 최고치이고, 판관비율은 18.4%로 전 분기 대비 감소했다.

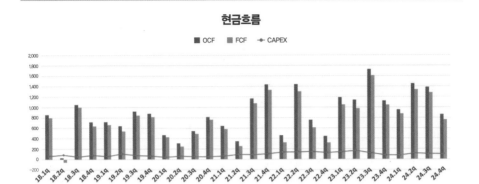

현금흐름

영업이익현금흐름/잉여현금흐름은 CAPEX가 꾸준히 집행되고 있음에도 불구하고 18년 3분기부터 마이너스로 돌아선 적이 없다.

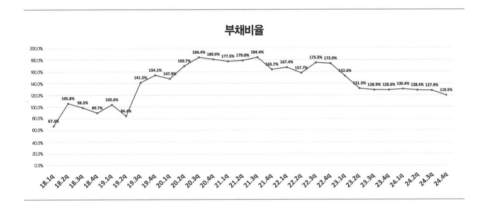

부채비율

부채비율은 19년 3분기 이후 처음으로 110%대에 진입했으며 우하향하고 있다.

연도별 손익계산서

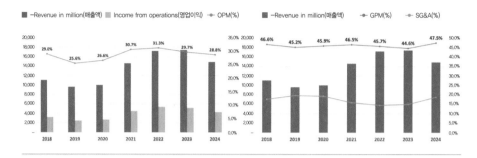

연도별로 확인해 보면 OPM은 22년도부터, 매출액은 23년 피크 이후 꺾였다.

부문별 매출액

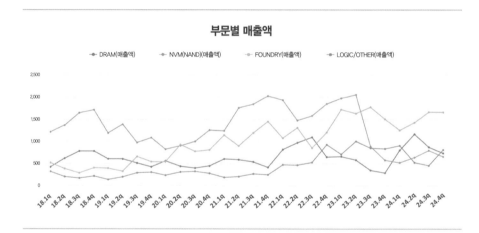

부문별 매출액을 보면 전 분기 대비 증가한 부문은 LOGIC/OTHER이 유일하다. 나머지 부문들은 감소했다.

244

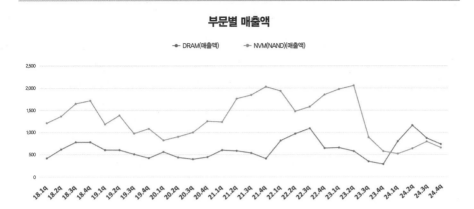

DRAM 부문과 NVM 부문만 보면 아직 매출액이 상승 추세로 돌아서지 못했다.

반면 파운드리 부문과 LOGIC/OTHER 부문은 매출액이 터닝하기 시작했다.

부문별 매출액

매출 비중 1위인 파운드리 부문은 매출 비중이 우상향하고 있다.

부문별 매출액

LOGIC/OTHER 부문은 매출액이 전 분기 대비 크게 늘면서 매출 비중도 4위에서 2위로 올라갔다. 18년부터 매출액 비중은 높아지고 있다.

부문별 매출액

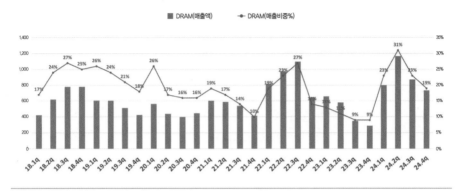

DRAM 부문은 24년 2분기 이후 전 분기 대비 매출액이 하락하고 있다.

부문별 매출액

NVM 부문은 한때 매출 비중이 57%까지 올라갔으나, 23년 3분기부터 매출액 회복을 못하고 있다.

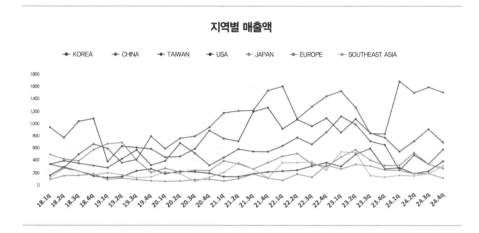

지역별 매출액

지역별 매출액을 보면 중국, 한국, 대만이 매출액의 대부분을 차지한다.

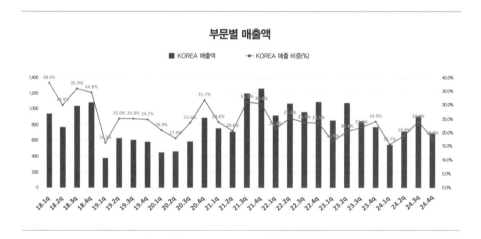

부문별 매출액

한국의 매출 비중은 하향 추세에 있다. 전 분기 대비해서도 하락했다.

지역별 매출액

중국의 매출 비중은 상승 추세에 있다. 24년 1분기에는 50% 가까이 비중이 높아졌다.

지역별 매출액

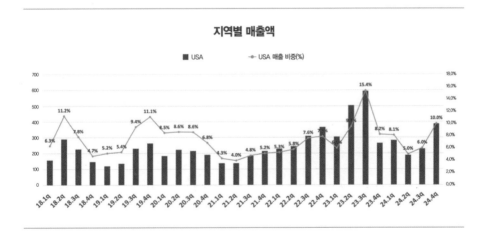

미국의 매출 비중은 24년 2분기부터 반등 중이다.

매출액/선수금

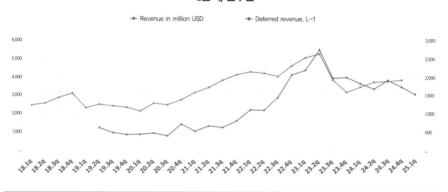

매출액과 선수금을 한 개 분기 레깅시킨 값의 상관관계는 76.2%다. 따라서 다음 분기에 매출액이 하락할 가능성이 있다.

매출채권회전율

매출채권회전율은 안정적인 흐름을 보여 주고 있다.

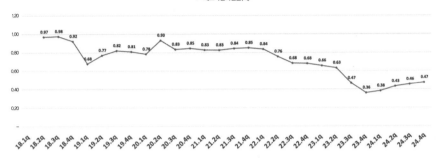

재고자산회전율

━●━ 재고자산회전율(회)

재고자산회전율은 24년 1분기에 바닥을 찍고 오르는 중이다.

1. 재무 성과

- Lam Research는 최근 분기에 긍정적인 재무 성과를 보여 주고 있다. 24년 4분기 기준으로 매출액은 전년 대비 21% 증가한 $3,871 million을 기록했으며, 영업이익은 전년 대비 7% 증가한 $1,132 million을 달성했다. 이는 23년 4분기에 저점을 찍고 회복 중임을 나타낸다.

2. 수익성 개선

- GPM은 47.7%로 18년 이후 최고치를 기록했으며, 판관비율은 18.4%로 전 분기 대비 감소했다. 이는 회사의 수익성이 개선되고 있음을 보여 준다.

3. 부문별 성과

- 파운드리 부문이 매출 비중 1위를 차지하며 우상향 추세에 있다.
- LOGIC/OTHER 부문은 매출액이 크게 증가하며 매출 비중이 4위에서 2위로 상승했다.
- DRAM과 NVM(NAND) 부문은 매출액 회복이 더딘 상황이다.

4. 지역별 매출

- 중국의 매출 비중이 상승 추세에 있으며, 24년 1분기에는 50%에 가까운 비중을 차지하고 있다.
- 한국의 매출 비중은 하향 추세에 있다.
- 미국의 매출 비중은 24년 2분기부터 반등하고 있다.

5. 현금흐름 및 재무 건전성

- 영업현금흐름과 잉여현금흐름은 18년 3분기 이후 지속적으로 양(+)의 값을 유지하고 있다. 부채비율은 19년 3분기 이후 처음으로 110%대에 진입하며 개선되고 있다.

6. 향후 전망

- Lam Research는 최근 분기들에서 실적 개선을 보이고 있다. 파운드리와 LOGIC/OTHER 부문의 성장이 두드러지며, 중국 시장에서의 매출 비중이 증가하고 있다. 다만 DRAM과 NVM 부문의 회복이 더딘 점과 한국 시장에서의 매출 비중 감소는 주의 깊게 지켜볼 필요가 있다. 재무 건전성이 개선되고 있는 점은 긍정적이나 다음 분기에 매출액 하락 가능성이 있으니 주의가 필요하다.

TSMC

1. 기업 개요(참조: TSMC 6-K Report of foreign issuer(2024-08-14))

TSMC(Taiwan Semiconductor Manufacturing Company Limited)는 대만의 반도체 제조 전문 기업으로 세계에서 가장 큰 반도체 파운드리이기도 하다. 다양한 전자 장치와 시스템에 사용되는 고성능 반도체 칩을 설계/생산한다.

(단위: million NTD(New Taiwan Dollars))

주요 웨이퍼 공정 부문	매출액	비중
3nm	101,027	15%
5nm	235,729	35%
7nm	114,497	17%

사용 플랫폼별	매출액	비중
High Performance Computing	350,225	52%
Smartphone	222,258	33%
Internet of Things	40,411	6%
Automotive	33,676	5%
Digital Consumer Electronics	13,470	2%
Others	13,470	2%

2. 정량적 분석(참조: TSMC 6-K Report of foreign issuer(2024-08-14))

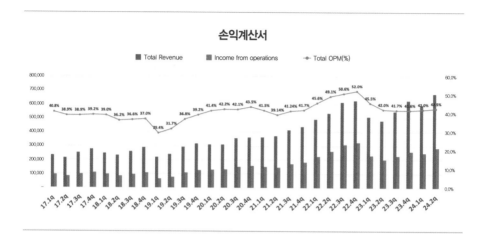

매출액은 673,510 million NTD(YoY +40%, QoQ +14%)이고, 영업이익은 286,556 million NTD(YoY +42%, QoQ +15%)로 역대 최대 매출액을 갱신했다.

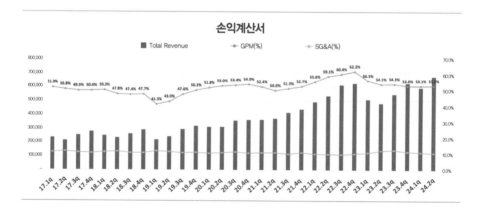

GPM은 53.2%로 22년 4분기 이후, 판관비율은 10.6%로 23년 3분기(12.5%) 이후 하락 추세에 있다.

손익계산서

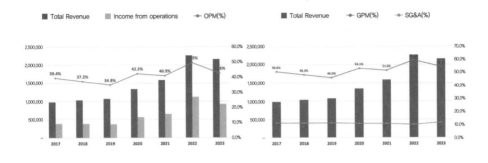

연도별로 보면 매출액과 영업이익은 우상향하고 있다.

현금흐름

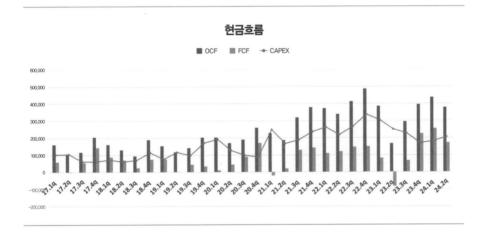

영업현금흐름은 장기간 +를 유지 중이고, 큰 흐름에서 상승 추세에 있다.

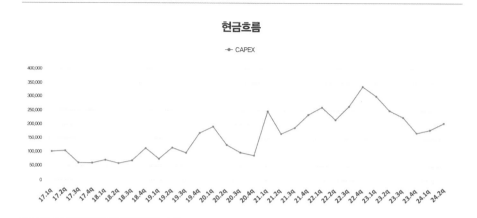

현금흐름

CAPEX 집행은 23년 4분기 이후로 반등하고 있다.

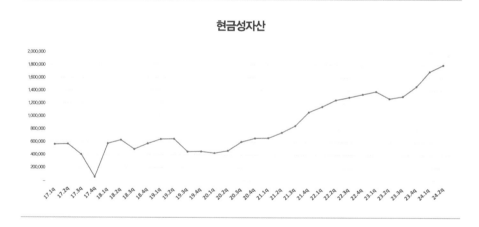

현금성자산

현금성자산은 역대 최대치를 갱신했다.

부채비율

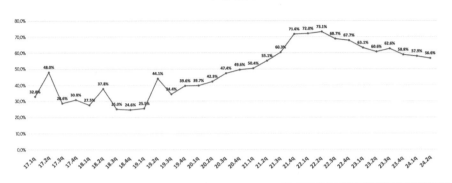

부채비율은 22년 2분기 이후로 하락하고 있다.

공정별 매출액

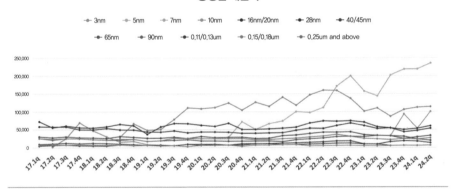

웨이퍼를 제조할 때 사용하는 공정 노드 크기(나노미터)별 매출액 추이다.

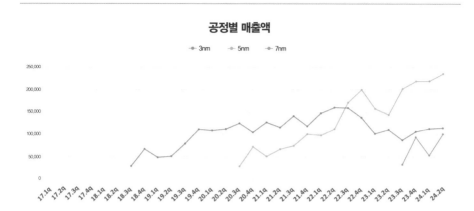

웨이퍼 주요 공정별 매출액으로는 3nm, 5nm, 7nm가 있다. 5nm 공정은 역대 최대 매출액을 갱신했고, 7nm도 23년 3분기부터 반등하고 있다. 3nm 공정은 23년 3분기부터 신규 매출로 잡혔다.

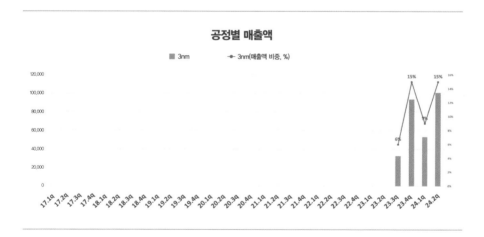

3nm 공정의 매출 비중은 전체 매출액의 약 15%다.

공정별 매출액

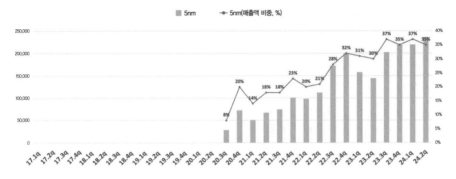

5nm 공정의 매출 비중은 우상향하고 있다.

플랫폼(용도)별 매출액 추이

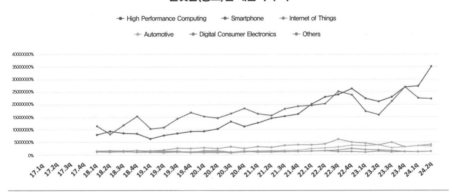

다음은 플랫폼별 매출액 추이다.

플랫폼(용도)별 매출액 추이

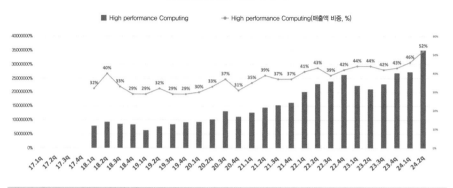

High Performance Computing 플랫폼의 매출액은 역대 최대를 갱신했고, 매출 비중도 52%로 가장 높다.

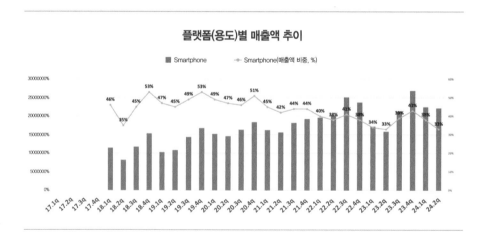

Smartphone 플랫폼은 33%로 2위이지만, 23년 4분기 이후로 매출액 성장을 못하고 있다.

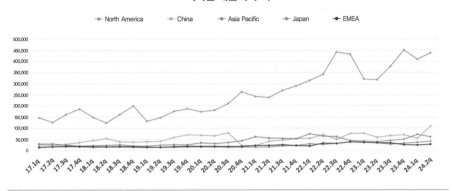

다음은 국가별 매출액 추이다.

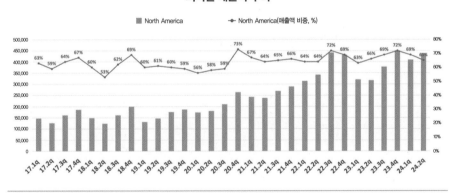

북미가 매출액 비중이 가장 높고, 역대 최대 매출액에 근접했다.

지역별 매출액 추이

중국은 매출액 비중이 2위이고, 전 분기 대비 매출액이 급성장했다.

지역별 매출액 추이

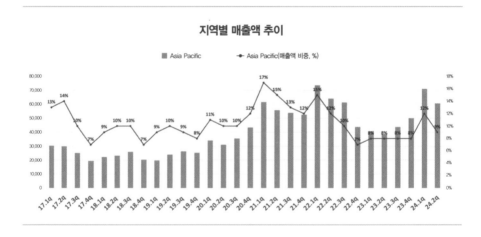

아시아 태평양은 매출액 비중이 3위이고, 전 분기 대비 매출액이 감소했다.

1. 재무 성과
- 24년 2분기 기준 역대 최대 매출액인 673,510 million NTD를 달성했다(YoY +40%, QoQ +14%).
- 영업이익은 286,556 million NTD로 전년 대비 +42%, 전 분기 대비 +15% 증가했다.
- 연도별로 보면 매출액과 영업이익이 상승 추세에 있다.

2. 수익성 및 효율성
- GPM은 53.2%로 22년 4분기 이후 소폭 하향 추세에 있다.
- 판관비율은 10.6%로 23년 3분기 이후 하락 추세에 있다.

3. 재무 건전성
- 영업현금흐름은 장기간 양(+)을 유지하며 전반적으로 상승 추세에 있다.
- 현금성자산은 역대 최대치를 갱신했다.
- 부채비율은 22년 2분기 이후 하락 추세에 있다.

4. 제품 및 기술
- 3nm, 5nm, 7nm 공정이 주요 매출원이다.
- 5nm 공정은 역대 최대 매출액을 갱신했고, 7nm도 23년 3분기부터 반등 중이다.
- 3nm 공정은 23년 3분기부터 신규 매출로 잡혔으며, 전체 매출의 약 15%를 차지하고 있다.

5. 시장 및 고객
- High Performance Computing 플랫폼이 매출 비중 52%로 1위를 차지하며 역대 최대 매출을 기록했다.
- Smartphone 플랫폼은 매출 비중 33%로 2위이나, 23년 4분기 이후 성장이 정체되어 있다.
- 북미 지역이 매출 비중 1위를 차지하며 역대 최대 매출에 근접했다.
- 중국 지역은 매출 비중 2위로, 최근 분기에 급격한 성장을 보였다.

6. 향후 전망
- TSMC는 최신 공정기술과 다양한 플랫폼에 대한 수요 증가를 바탕으로 성장을 이어 가고 있으며, 재무 건전성도 개선되고 있다. 앞으로도 반도체 시장에서의 선도적 위치를 유지할 듯 보인다.

META

1. 기업 개요(참조: edgar 10-K META 24.2Q 분기보고서)

META는 크게 앱 제품군(FoA)과 리얼리티 랩(RL)으로 구분할 수 있다. META 는 앱 제품군(Facebook, Instagram, Messenger)의 광고 배치를 마케터에게 판매하여, 리얼리티 랩은 HW/SW 및 콘텐츠 판매를 통해 수익을 창출하고 있다. 매출의 대 부분은 앱 제품군(FOA, Family of Apps)을 통한 광고 수익(98%)이다.

2. 정량적 분석(참조: edgar 10-K META 24.2Q 분기보고서)

17년 이후로 매출 규모는 지속적으로 증가하고 있고, 매년 4분기가 최성수기 다. 영업이익은 22년에 20%까지 하락했으나 이후에 회복하여 24년 2분기 현재 38%까지 상승했다. 24년 1분기와 2분기에 최대 매출액/영업이익을 갱신했다. 판 관비율은 Flat하며, GPM은 80%대를 유지하고 있다.

손익계산서

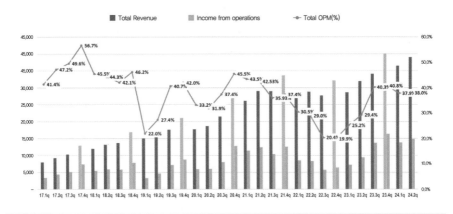

손익계산서

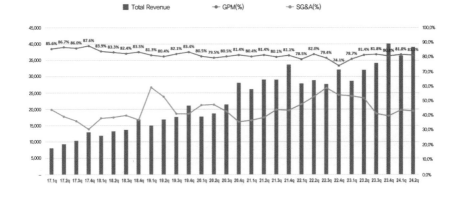

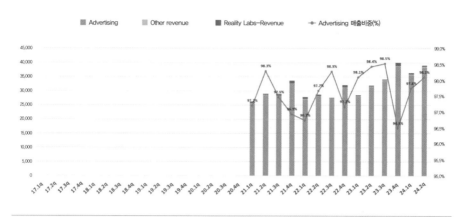

사업 부문별 매출액

■ Advertising　　■ Other revenue　　■ Reality Labs-Revenue　　●— Advertising 매출비중(%)

　　　　Advertising 매출 비중이 98.1%이며 FOA(Family of Apps)의 매출은 전년 동기 (YoY), 전 분기(QoQ) 대비 상승했다. 역대 분기 2번째로 많은 매출액을 달성했다. META의 실적은 Advertising에 의해 결정된다고 볼 수 있다.

Income(loss) from operations by Segments	17.1q	17.2q	17.3q	17.4q	18.1q	18.2q	18.3q	18.4q	19.1q	19.2q	19.3q	19.4q	20.1q	20.2q	20.3q
Family of Apps Income(loss) from operations															
Reality Labs Income(loss) from operations															
Total Income(loss) from operations															

20.4q	21.1q	21.2q	21.3q	21.4q	22.1q	22.2q	22.3q	22.4q	23.1q	23.2q	23.3q	23.4q	24.1q	24.2q
	13,205	14,799	13,054	15,888	11,484	11,164	9,336	10,677	11,219	13,131	17,490	21,031	17,664	19,335
	−1,827	−2,432	−2,631	−3,303	−2,960	−2,806	−3,672	−4,279	−3,992	−3,739	−3,742	−4,647	−3,846	−4,488
	11,378	12,367	10,423	12,585	8,524	8,358	5,664	6,398	7,227	9,392	13,748	16,384	13,818	14,847

OPM(%) by Segments	17.1q	17.2q	17.3q	17.4q	18.1q	18.2q	18.3q	18.4q	19.1q	19.2q	19.3q	19.4q	20.1q	20.2q	20.3q
Family of Apps OPM(%)															
Reality Labs OPM(%)															

20.4q	21.1q	21.2q	21.3q	21.4q	22.1q	22.2q	22.3q	22.4q	23.1q	23.2q	23.3q	23.4q	24.1q	24.2q
	51.5	51.4	45.9	48.4	42.2	39.4	34.0	34.0	39.6	41.4	51.5	53.9	49.0	49.9
	−342.1	−797.4	−471.5	−376.6	−425.9	−620.8	−1288.4	−588.6	−1177.6	−1354.7	−1781.9	−433.9	−874.1	−1271.4

사업 부문별 영업이익

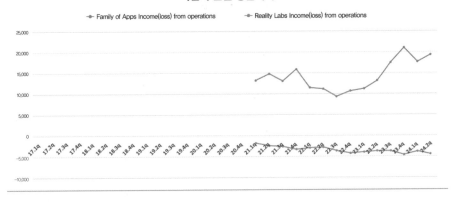

—●— Family of Apps Income(loss) from operations　　　—●— Reality Labs Income(loss) from operations

FOA의 영업이익은 22년 3분기에 저점을 찍고 증가하고 있으며, Reality Labs는 영업적자를 지속하고 있다. 즉 대부분의 영업이익은 FoA(Family of Apps)에서 나온 다(Blue). FoA의 영업이익은 50%에 육박한다.

연도별 손익(23년 기준)

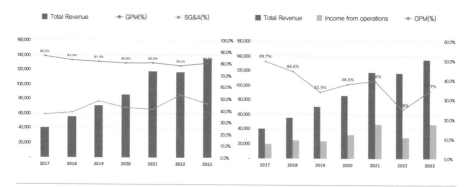

역대 연간 최대 매출액/영업이익을 기록했다. 이는 21년과 유사하다.

분기별 매출

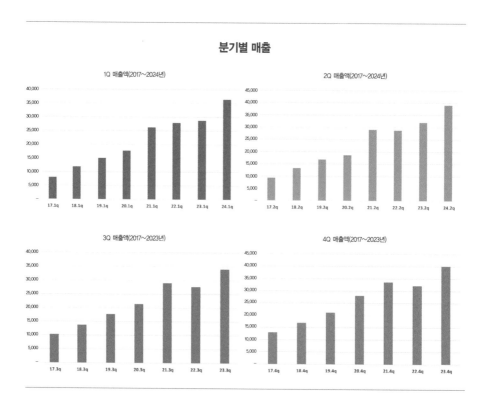

22년, 23년에 정체되었지만 24년에 최대 매출을 갱신 중이다.

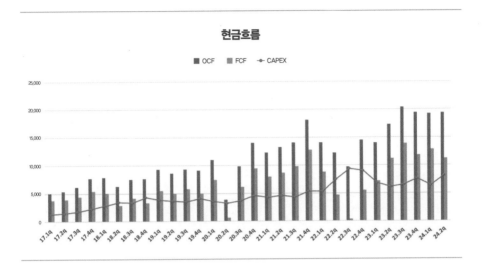

23년 3분기에 OCF/FCF 모두 최대치를 기록한 이후 FLAT한 상태이나 (+) 상태는 유지하고 있다. CAPEX는 22년 3분기에 최대치를 찍고 감소하다가 24년 2분기부터 증가 추세로 돌아섰다.

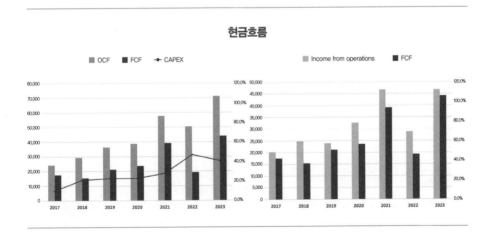

22년에 큰 폭의 CAPEX 투자를 한 것을 제외하면 OCF/FCF도 증가 추세에 있다.

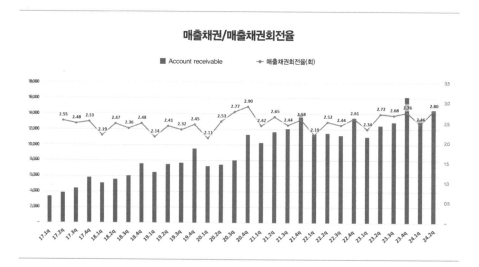

매출채권/매출채권회전율

■ Account receivable →← 매출채권회전율(회)

매출은 증가 추세에 있으며, 매년 4분기에 최대 매출이 발생하고 있다. 24년 2분기에 역대 최고 매출을 기록했고, 매출채권회전율은 평균 범위를 유지하고 있다.

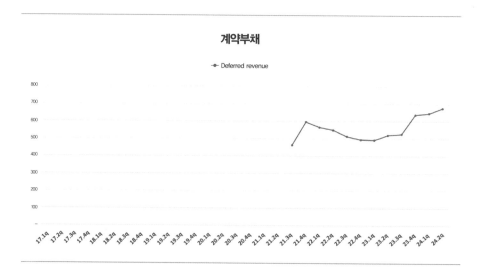

계약부채

→← Deferred revenue

매출과 연관된 계약부채는 증가 추세로, 앞으로 매출이 증가할 가능성이 높다.

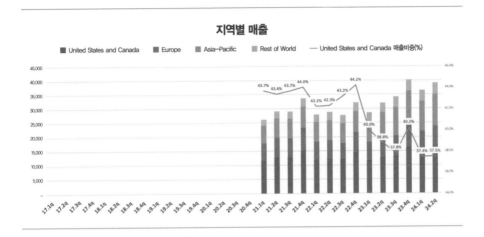

United States and Canada 지역 매출은 증가하고 있으나 매출 비중은 37.5% 까지 하락했다. 이는 Asia-Pacific 및 Europe 지역 매출이 증가했기 때문이다.

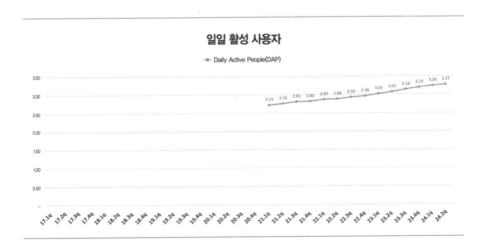

27.2억 명(21년 1분기)에서 32.7억 명(24년 2분기)으로 증가했다.

1. 사업 성과

- 24년 2분기 기준으로 역대 분기 최대 매출액과 영업이익을 달성했다.
- 영업이익률은 22년에 20%까지 하락했으나 이후에 회복하여 24년 2분기에는 38%까지 상승했다.
- 광고 사업(advertising)이 전체 매출의 98.1%를 차지하며, 전년 동기 및 전 분기 대비 상승했다.

2. 사업 부문별 성과

- FoA(Family of Apps) 부문이 대부분의 매출과 영업이익을 창출하고 있으며, 22년 3분기에 저점을 찍고 증가하고 있다.
- Reality Labs 부문은 지속적으로 영업적자를 기록 중이다.
- FoA의 영업이익률은 50%에 육박하고 있다.

3. 현금흐름 및 투자

- 영업현금흐름(OCF)과 잉여현금흐름(FCF)은 23년 3분기에 최대치를 기록한 이후 안정적인 수준을 유지하고 있다.
- CAPEX는 22년 3분기에 최대치를 찍은 후 감소했다가 24년 2분기부터 다시 증가하고 있다.

4. 사용자 동향

- 일일 활성 사용자(DAU)는 27.2억 명(21년 1분기)에서 32.7억 명(24년 2분기)으로 증가했다.

5. 지역별 매출

- 북미 지역 매출 비중은 감소하고 있으나 아시아-태평양 및 유럽 지역의 매출이 증가하고 있다.

6. 향후 전망

- META는 광고 사업을 중심으로 한 Family of Apps 부문에서 지속적인 성장과 높은 수익성을 유지하고 있다. 글로벌 사용자 기반의 확대와 지역 다각화를 통해 안정적인 성장을 이어 가고 있다. CAPEX 투자 확대를 통해 AI 분야 등 미래 성장동력을 준비하고 있어, 당분간 META의 성장세는 지속될 듯하다. 다만 Reality Labs 부문의 지속적인 적자와 이에 따른 투자 효율성에 대해서는 주의 깊게 모니터링할 필요가 있다.

Alphabet

1. 기업 개요(참조: edgar 10-K Alphabet 23년 사업보고서)

    알파벳은 구글과 그 자회사들의 지주회사라고 할 수 있다. 구글은 구글서비스와 구글클라우드로 구분할 수 있다. 구글서비스를 통해 검색엔진, 온라인 광고서비스, YouTube, 안드로이드OS 등을 제공하고 있으며, 구글클라우드를 통해 개인 또는 기업에 클라우드 서비스를 제공하고 있다. 이외에도 기업에 대한 IT인프라 지원도 하고 있다. 디지털 광고 및 마케팅 분야에서 구글 애드워즈와 애드센스를 통해 수익을 창출하고 있으며, 인공지능 연구를 위한 딥마인드, 자율주행 자동차를 연구하는 Waymo 등을 자회사로 두고 있다.

2. 정량적 분석(참조: edgar 10-K Alphabet 24.3Q 분기보고서)

    매 분기 매출이 증가하고 있으며, 매년 4분기가 최성수기다. 영업이익은 20년에 하락한 이후 반등하여 증가 추세에 있다. 24년 3분기 현재 32.3%까지 상승하

손익계산서

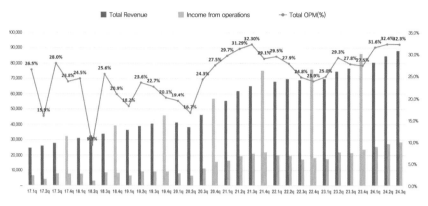

여 높은 이익률을 기록 중이다. 해당 분기 최대 매출액 및 영업이익도 달성했다.

손익계산서

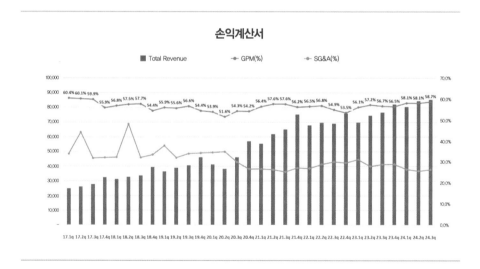

판관비율은 하락하여 30% 이하를, GPM은 50% 후반대를 유지하고 있다. 24
년 3분기 현재 58.7%다.

연간 매출, 영업이익, GPM(23년 4분기 기준)

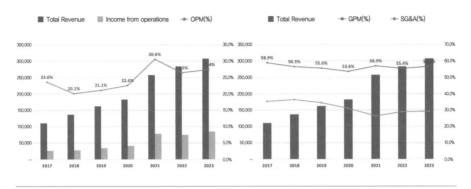

매출은 매년 증가하는 반면, 영업이익은 21년에 증가한 후 감소하고 있다. GPM은 50%대를 유지하고 있고, 판관비도 일정 수준을 유지하고 있다.

연간 영업현금흐름/FCF

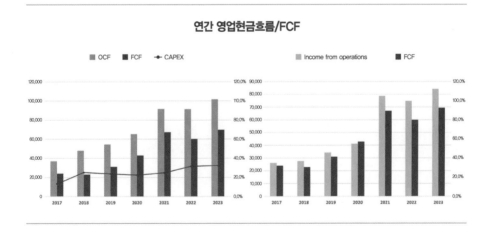

연간 영업현금흐름도 매년 상승하고 있고, FCF는 21년부터 큰 폭으로 오르고 있다. 21년 이후 영업이익에 따라 FCF도 증가 추세에 있다.

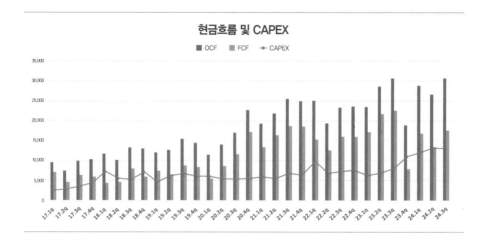

현금흐름 및 CAPEX

23년 4분기를 제외하고 영업현금흐름도 증가하고 있고 FCF는 CAPEX 투자로 인해 23년 대비 줄어들었다. 23년 4분기에는 매출이 급격하게 감소하여 CAPEX 대비 FCF는 큰 폭의 감소를 보였다.

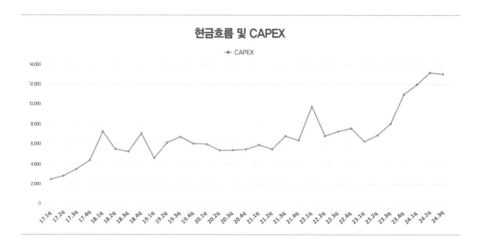

현금흐름 및 CAPEX

Alphabet도 타 빅테크 업체처럼 영업현금의 상당액을 CAPEX에 투자했다. 24년 3분기에 전 분기 대비 감소한 이유다.

타입별 매출 구분

매출의 대부분은 구글 서비스/클라우드 서비스로, 매 분기 증가하고 있다. 구글 클라우드 서비스의 매출 비중이 24년 3분기에는 12.9%까지 증가했다.

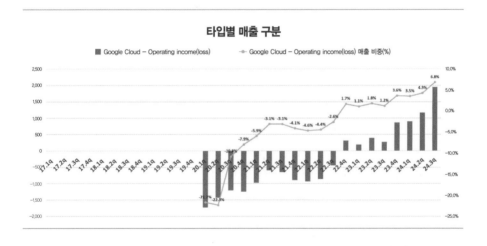

타입별 매출 구분

구글클라우드 서비스는 22년 4분기부터 영업이익이 흑자로 전환했으며, 영업이익 비중도 매 분기 증가하고 있다. 24년 3분기에 전 분기 대비 66% 영업이익이 증가했고, 전체 영업이익 비중의 6.8%를 차지한다.

지역별 매출 현황

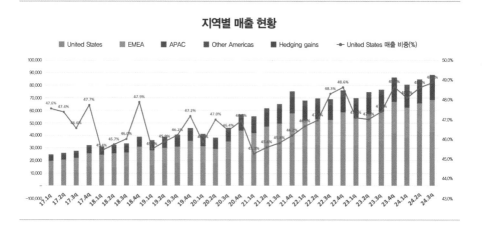

지역별로 보면 미국, 유럽, 아시아순으로 매출 규모가 크다. 미국의 매출 비중
은 꾸준히 늘고 있다.

이연수익/매출

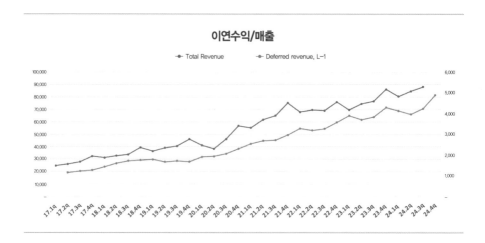

이연수익과 매출은 1분기 시차를 두고 상관관계가 높다(97.3%). 따라서 24년 4
분기의 매출도 증가할 가능성이 높다.

매출/수주잔고

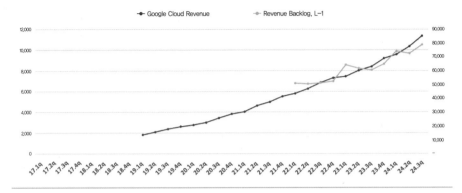

구글클라우드의 매출은 수주잔고와 1분기 시차를 두고 상관관계가 높다. 그래서 24년 3분기에도 구글클라우드의 매출 증가를 예상했고 실제로 증가했다.

현금성자산

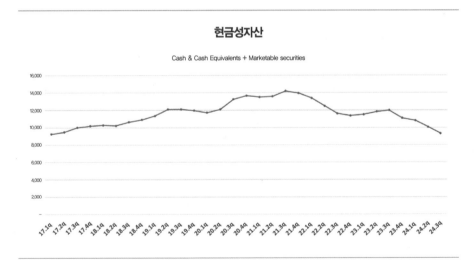

현금성자산은 감소하고 있다.

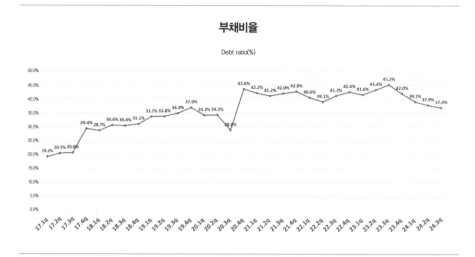

부채비율

Debt ratio(%)

반면 부채비율은 40% 수준으로 크게 문제가 없어 보인다.

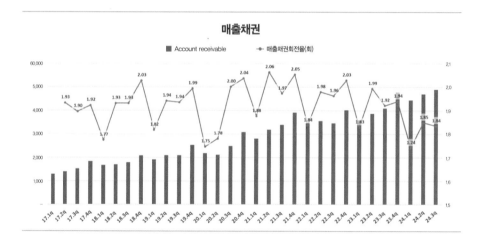

매출채권

매출채권은 증가 추세에 있고, 매출채권회전율은 매 4분기에 가장 좋은 모습을 보이고 있다. 24년 3분기의 매출채권회전율은 1.84회로 전 분기 및 전년 대비 감소했다.

1. 사업 성과
- 24년 3분기 기준, 매출액과 영업이익이 크게 증가하여 해당 분기 최대 실적을 달성했다.
- 영업이익률은 20년에 저점을 찍었고, 24년 3분기 현재 32.3%까지 상승하여 높은 수준을 유지하고 있다.
- GPM은 50% 후반대를 유지하고 있으며, 판관비율은 30% 이하로 하락하여 수익성이 개선되고 있다.

2. 사업 부문별 성과
- 구글 서비스가 여전히 매출의 대부분을 차지하고 있다.
- 구글클라우드 서비스의 매출 비중이 지속적으로 증가하여 24년 3분기에는 12.9%까지 상승했다.
- 구글클라우드는 22년 4분기부터 영업이익 흑자로 전환했으며, 영업이익 비중도 매 분기 증가 추세에 있다.

3. 지역별 매출
- 미국, 유럽, 아시아순으로 매출 규모가 크며, 미국 매출 비중은 증가 추세에 있다.

4. 현금흐름 및 투자
- 영업현금흐름과 잉여현금흐름(FCF)이 증가 추세에 있다.
- 타 빅테크 기업들과 마찬가지로 영업현금의 상당 부분을 CAPEX에 투자하고 있다.

5. 재무 건전성
- 부채비율은 40% 수준으로 안정적이다.
- 현금성자산은 감소하고 있으나, 여전히 충분하다.

6. 향후 전망
- Alphabet은 구글 서비스를 통한 검색 및 광고 수익을 기반으로 안정적인 성장을 지속하고 있으며, 특히 구글클라우드 서비스의 성장이 두드러지고 있다. 높은 수익성과 안정적인 현금흐름을 바탕으로 지속적인 CAPEX 투자를 통해 미래 성장동력을 확보하고 있다. 특히 구글클라우드의 성장과 수익성 개선은 회사의 이익 확대에 긍정적인 영향을 미치고 있어 지속적인 모니터링이 필요하다.

Amazon

1. 기업 개요(참조: edgar 10-K Amazon 23년 사업보고서)

　주요 사업 분야는 전자상거래(E-Commerce), AWS, 아마존프라임, 광고, 스트리밍 서비스다. 아마존닷컴을 통한 전자상거래는 전체 매출을 80%를 차지하고 있으며 북미와 국제시장으로 구분하여 구성된다. 또한 풀필먼트 서비스를 통해 셀러들의 물류 및 판매를 지원한다. 아마존 웹서비스(AWS)는 클라우드컴퓨팅 서비스로 매출 규모는 10% 정도이지만 이익의 기여도는 가장 높다. AWS는 컴퓨팅, 스토리지, 데이터베이스, 분석, 기계학습, 기타 서비스 등 광범위한 온디맨드 기술 서비스를 제공한다. 유료 구독서비스인 아마존 프라임을 통해 무료 배송, OTT, 비디오 오디오 스트리밍 등을 제공하고 있으며 전 세계 1억 5000만 명의 회원을 보유하고 있다. 이외에도 아마존 플랫폼 스폰서 광고, 디스플레이 및 비디오 광고와 같은 프로그램을 통해 판매자, 공급업체, 출판사, 저자 및 기타 사람들에게 광고 서비스를 제공한다.

2. 정량적 분석(참조: edgar 10-K Amazon 24.3Q 분기보고서)

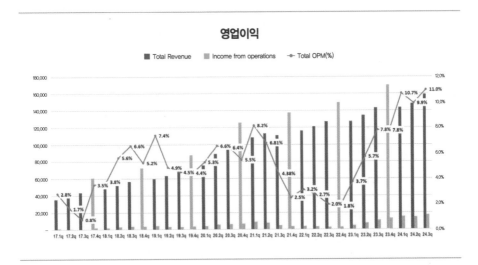

영업이익은 22년에 2%까지 하락했으나 이후 지속적으로 증가하여 24년 3분기 현재 11%까지 상승했다. 이 분기에 최대 매출액과 영업이익도 달성했다.

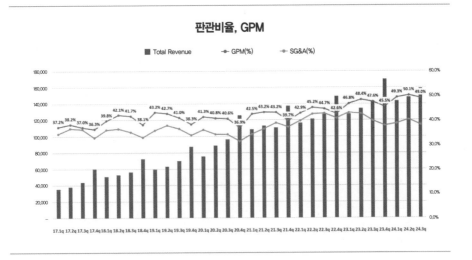

판관비율은 40%대를 유지하고 있고, GPM은 지속적인 증가로 50% 수준이다.

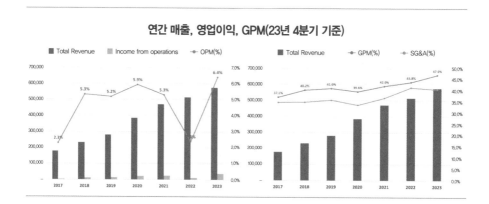

영업이익은 22년에 감소했으나 23년에 하락분을 메웠다. GPM은 매년 상승하고 있다.

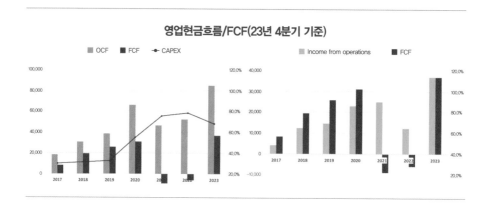

연간 영업현금흐름도 23년에 큰 폭으로 상승했다. FCF는 21년과 22년에 영업현금흐름 대비 높은 CAPEX로 인하여 음(-)을 기록했으나 23년에 다시금 정(+)으로 터닝했다.

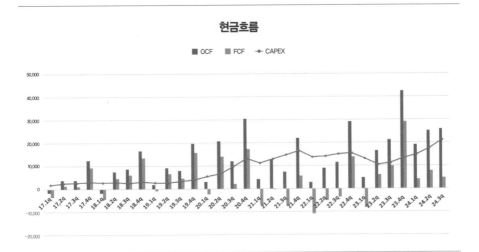

매출만큼이나 현금흐름도 매 4분기에 가장 높은 특성을 보인다. 24년 3분기 OCF는 전년 및 전 분기 대비 증가했다. FCF는 CAPEX로 인해 감소했다.

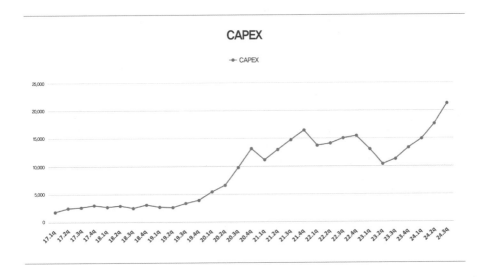

24년 3분기의 CAPEX는 전 분기보다 증가하여 역대 분기 최대 금액을 집행했다.

세그먼트별 서비스별 매출 및 이익 현황

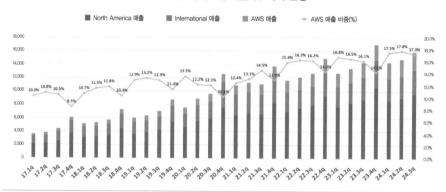

AMAZON은 북미, 인터내셔널, AWS 총 3개의 세그먼트로 구분하고 있다. 매출 비중은 북미 쪽이 가장 높고, AWS 매출 비중이 지속적 증가하는 게 눈에 띈다.

세그먼트별 서비스별 매출 및 이익 현황

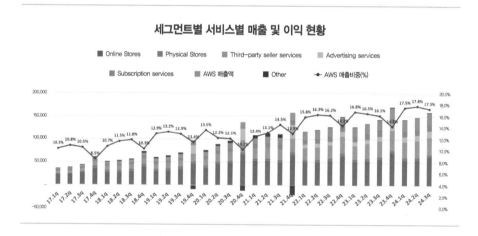

Online Stores, Third-party seller services, AWS순으로 매출이 크다.

세그먼트별 서비스별 매출 및 이익 현황

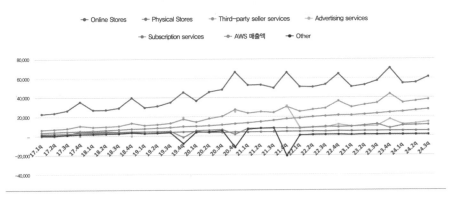

Online Stores와 Third-party seller services는 4분기 매출이 가장 높다는 특징을 가진다. 상위 3개 부분 매출은 지속적으로 증가 추세에 있다.

세그먼트별 영업이익

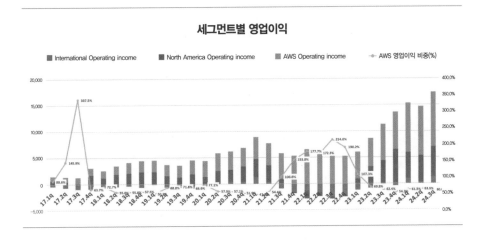

AWS는 매출의 규모는 작지만 영업이익은 가장 크며 비중은 60%대다.

지역별 매출 현황(23년 4분기 기준)

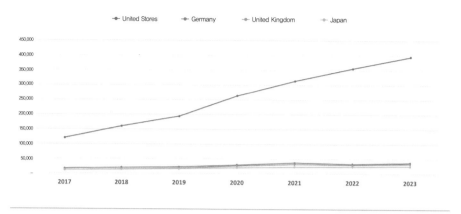

지역별로 보면 미국의 매출이 가장 크며 매년 증가하고 있다.

지역별 매출 현황(23년 4분기 기준)

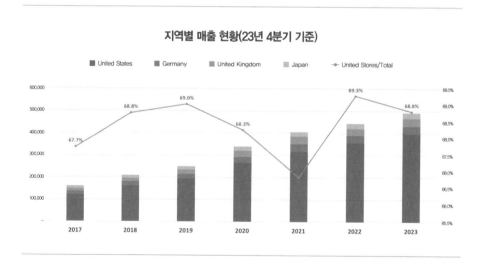

23년 기준 북미는 68.8%로 22년보다 감소했으나 비중이 압도적이다.

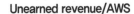

Unearned revenue/AWS

← Unearned revenue, L−1   ← AWS 매출액

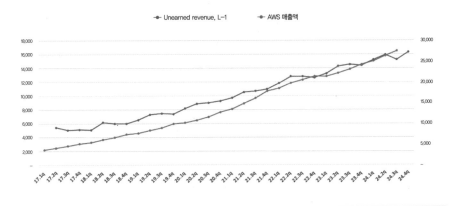

Unearned revenue(선수수익)과 AWS의 매출 간 상관관계는 99.3%로 24년 4분기에 AWS 매출이 증가할 것으로 예상된다.

현금성자산

Cash & Cash Equivalents

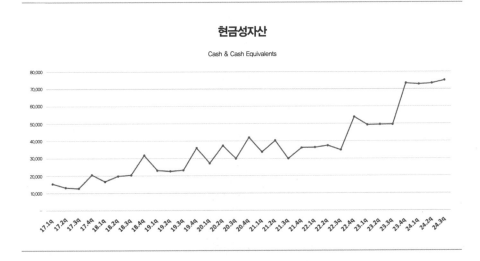

현금성자산은 증가 추세에 있다. 24년 3분기에는 소폭 증가했다.

부채비율

Debt ratio(%)

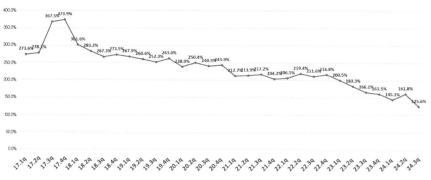

부채비율도 낮아지고 있다. 24년 3분기에는 161.8%(전 분기)에서 125.6%로 큰
폭의 감소를 보였다.

매출채권, 매출채권회전율

■ Account receivable   ● 매출채권회전율(회)

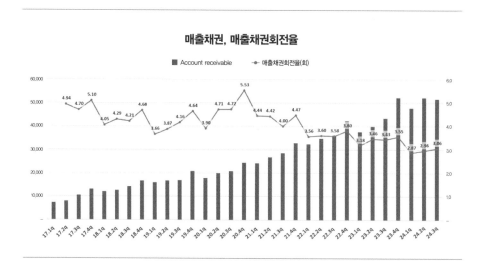

매출채권은 일부 감소했고, 매출채권회전율은 증가했다.

재고자산, 재고자산회전율

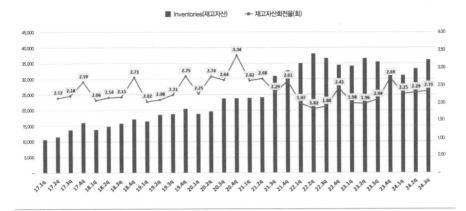

재고자산은 22년 이후 증감을 반복하고 있으며, 회전율은 매 4분기 때 최대값을 기록하고 있다. 24년 3분기에는 재고자산은 증가했고, 재고자산회전율은 2.33회를 기록했다.

매입채무, 매입채무회전율

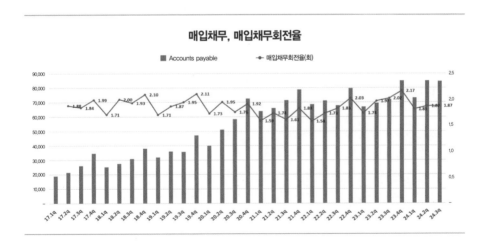

매입채무는 FLAT, 회전율은 일정한 범위에서 움직이고 있다.

1. 재무 성과
- 매출은 지속적으로 증가 중이며, 특히 4분기가 최성수기다.
- 영업이익률은 22년에 2%까지 하락했으나 24년 3분기 현재 11%까지 상승했다.
- 매출총이익률(GPM)은 지속적으로 증가하여 50% 수준에 도달했다.

2. 세그먼트별 성과
- 북미, 국제, AWS 3개 세그먼트로 구분할 수 있다.
- 북미 부문의 매출이 가장 높다.
- AWS는 매출 규모가 작지만 영업이익 기여도가 60% 이상으로 가장 높다.

3. 재무 상태
- 현금성자산은 지속적으로 증가하고 있다.
- 부채비율은 낮아지고 있으며, 24년 3분기에 125.6%로 큰 폭의 감소를 보였다.
- 재고자산은 변동을 반복하고 있으며, 재고자산회전율은 매 4분기에 최대값을 기록하고 있다.

4. 향후 전망
- AWS 매출은 선수수익과 높은 상관관계(99.3%)를 보이며, 24년 4분기에 증가할 것으로 예상할 수 있다.
- 지속적인 매출 증가와 함께 수익성 개선에 주력하고 있다.
- 아마존은 다양한 사업 포트폴리오를 바탕으로 안정적인 성장을 이어 가고 있으며, 특히 AWS를 통한 높은 수익성이 두드러진다.

PART 5

엔터

JYP Ent.

1. 기업 개요

24년 2분기 기준 주요 아티스트 현황

아티스트명	소속레이블	데뷔 년도	국적	멤버수
2PM	Label 1	2008년	한국/태국	4명
트와이스	Label 3	2015년	한국/일본	9명
DAY6	Studio J	2015년	한국	4명
스트레이키즈	Label 1	2018년	한국/호주	8명
보이스토리	신성 엔터테인먼트(JV)	2018년	중국	6명
ITZY	Label 2	2019년	한국	5명
YAOCHEN	북경판링	2019년	중국	1명
NiziU	JYP JAPAN	2020년	일본	9명
Xdinary Heroes	Studio J	2021년	한국	6명
NMIXX	Label 4	2022년	한국/호주	6명
VCHA	JYP USA	2024년	미국 등	6명
NEXZ	JYP JAPAN	2024년	한국/일본	7명

당사는 종합 엔터테인먼트 기업으로서 지속적으로 아티스트를 발굴/육성할

수 있는 전문화된 조직과 음악 콘텐츠의 기획/제작이 가능한 인프라 및 프로세스를 구조적으로 내재화했다. 또한 당사는 지적재산(IP)을 활용한 IP 라이센싱 사업을 전개하는 한편, 유관 산업 내 유수한 글로벌 파트너들과 전략적 협업 관계를 통해 콘텐츠 산업 내 영향력을 지속적으로 확대하고 있다.

2. 정량적 분석

매출액, 영업이익

* 참조: DART JYP Ent, 24.2Q 반기보고서

24년 2분기 기준 전년 대비 매출액은 36.9%, 영업이익은 79.6% 감소했다. 전분기 대비해서는 매출액은 29.9%, 영업이익은 72.2% 감소했다. 4분기에 매출액이 높은 계절성이 있다.

영업현금흐름

■ OCF ■ FCF ◆ CAPEX

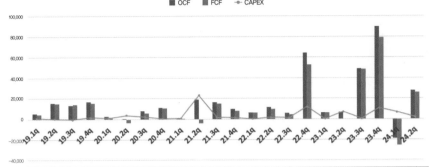

• 참조: DART JYP Ent. 24.2Q 반기보고서

영업현금흐름은 24년 1분기에 18년도 이후 첫 적자를 기록했으나, 24년 2분기에 흑자로 돌아서는 모습을 보였다.

유형별 매출액

◆ 음반/음원 매출액 ◆ 콘서트 매출액 ◆ 광고 매출액 ◆ 출연료 매출액 ◆ 기타 매출액

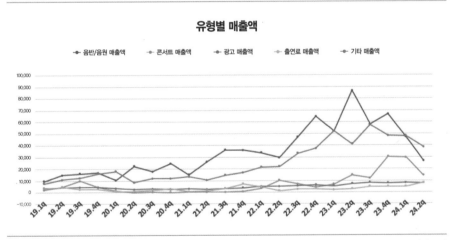

• 참조: DART JYP Ent. 24.2Q 반기보고서

과거에는 매출액 비중 중 음반/음원이 제일 높았으나, 24년 2분기 기준으로는 기타(초상권외) 매출액이 가장 높다.

매출액/선수금

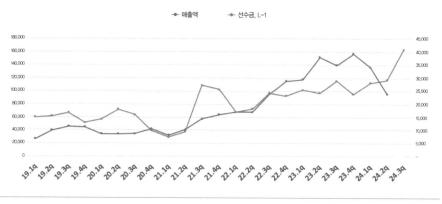

분기별 매출액과 1개 분기 레깅한 선수금 간의 상관성은 76.3%다. 선수금의 증가로 볼 때 다음 분기에 매출액 상승을 예상해 볼 수 있다.

재고자산

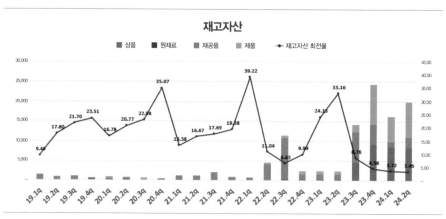

재고자산은 23년도 3분기부터 급증하여 24년 2분기 현재까지 높은 수준을 유지 중이다. 재고자산회전율 또한 낮게 유지되고 있어 지속적인 모니터링이 필요하다.

매출채권/계약자산

* 참조: DART JYP Ent. 24.2Q 반기보고서

매출채권은 전 분기 대비 소폭 감소했으나 계약자산도 감소하여 계약자산비율은 지난 분기와 비슷하게 유지되고 있다. 매출채권 및 계약자산회전율은 과거 추세에서 횡보 중이다.

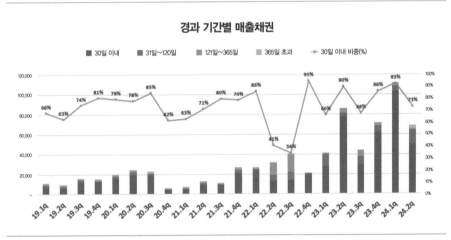

경과 기간별 매출채권

* 참조: DART JYP Ent. 24.2Q 반기보고서

경과 기간별 매출채권에서 30일 이내 비중은 과거 추세 범위 안에 있다. 하지

만 24년 1분기 대비 24년 2분기 30일 이내 비중이 줄어든 것으로 보아 지속적인 모니터링이 필요하다.

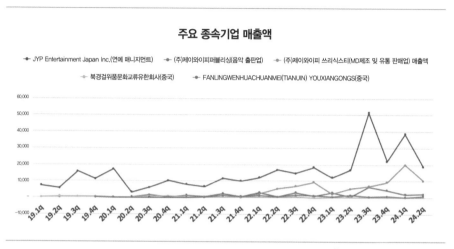

주요 종속기업 매출액

◆ JYP Entertainment Japan Inc.(연예 매니지먼트)　　◆ (주)제이와이피퍼블리싱(음악 출판업)　　◆ (주)제이와이피 쓰리식스티(MD제조 및 유통 판매업) 매출액
◆ 북경결위품문화교류유한회사(중국)　　◆ FANLINGWENHUACHUANMEI(TIANUIN) YOUXIANGONGS(중국)

• 참조: DART JYP Ent, 24,2Q 반기보고서

　주요 종속기업 중 일본 연예 매니지먼트를 담당하고 있는 JYP Ent. Japan이 가장 큰 매출을 보이고 있으나 매출액은 지속적으로 하락하고 있다.

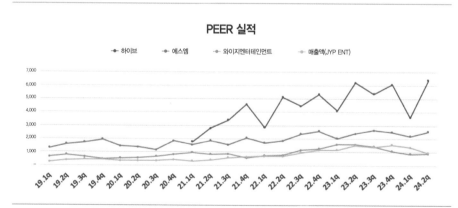

PEER 실적

◆ 하이브　　◆ 에스엠　　◆ 와이지엔터테인먼트　　◆ 매출액(JYP ENT)

• 참조: DART JYP Ent, 24,2Q 반기보고서

PEER 그룹 중 하이브, 에스엠의 실적은 24년 2분기에 전 분기 대비 상승했다. 반면 동사와 와이지엔터테인먼트 실적은 전 분기 대비 하락하는 모습을 보였다.

1. 회사 정보

- JYP 엔터테인먼트는 종합 엔터테인먼트 기업으로, 아티스트 발굴과 육성, 음악 콘텐츠 제작 및 유통, 매니지먼트 사업을 글로벌시장에서 진행하고 있다.

2. 재무 현황

- 24년 2분기 기준 전년 동기 대비 매출액은 36.9%, 영업이익은 79.6% 감소했다.
- 전 분기 대비 매출액은 29.9%, 영업이익은 72.2% 감소했다.
- 24년 2분기에 영업현금흐름이 흑자로 전환했다.
- 기타(초상권 외) 매출 비중이 증가 추세에 있다.

3. 운영 현황

- 선수금 증가로 다음 분기에 매출이 상승할 것으로 예상된다.
- 재고자산이 23년 3분기부터 급증했다.
- 매출채권 및 계약자산회전율은 과거 추세를 유지하고 있다.
- JYP Ent. Japan의 매출이 지속적으로 하락하고 있다.

4. 향후 전망

- 24년 3분기에 매출액이 성장할 것으로 예상된다.
- 24년 하반기에 Stray Kids와 트와이스 유닛인 미사모가 대규모 월드투어를 계획 중이다.
- 해외시장 진출 가속화를 위한 신인 아티스트의 데뷔를 준비 중에 있다.
  VCHA: 6인조 걸그룹, 24년 1월 미국 데뷔
  NEXZ: 7인조 보이그룹, 24년 5월 일본 및 한국 데뷔
  Project C: 5인조 보이그룹, 24년 하반기 중국 데뷔 예정
- 음반/음원 매출 회복을 위해 신인 아티스트들의 해외 활동이 중요할 것으로 보이며, 콘서트 매출은 24년 하반기 이후에 회복될 것으로 예상된다.

에스엠

1. 기업 개요

(기준일 : 2024년 6월 30일)

(단위 : 천 원)

사업부문	품목	사용 용도	제 30기 반기	
			매출액	비중
엔터테인먼트	음반/음원	음악청취용	126,610,535	26.7%
	매니지먼트	출연료	116,736,058	24.6%
	기타	공연, 영상 콘텐츠 제작 등	189,698,644	40.0%
		소계	433,045,237	91.4%
광고	광고	광고대행	33,246,641	7.0%
		소계	33,246,641	7.0%
기타	여행	수수료	6,527,127	1.4%
	기타	기타	1,124,478	0.2%
		소계	7,651,605	1.6%
합계			473,943,483	100.0%

* 참조: DART 에스엠 24.2Q 반기보고서

　당사는 국내 및 일본, 중국, 태국, 미국 등 전 세계에서 매출이 발생하는 글로벌 엔터테인먼트 기업으로, 음반을 기획/제작/유통하는 음악 콘텐츠 사업과 매니

지먼트 사업 등을 영위하고 있다. 또한 종속회사의 경우 광고, 아티스트 매니지
먼트, 영상 콘텐츠, 여행 사업 등을 영위하고 있다. 소속 아티스트로는 KANGTA,
BoA, TVXQ!, SUPER JUNIOR, 소녀시대, SHINee, EXO, Red Velvet, aespa, Got
the beat, RIIZE, NCT 127, NCT DREAM, NCT WISH 등이 있다.

24년 2분기 기준 엔터테인먼트 사업 부문의 매출 비중이 약 91%이며, 동 사업
부문의 매출은 음반/음원 약 27%, 매니지먼트 약 25%, 그 외 공연, 영상콘텐츠
제작 등 약 40%로 구성되어 있다. 광고 사업 부문은 연결기준 매출에서 약 7%를
차지하고 있다.

2. 정량적 분석

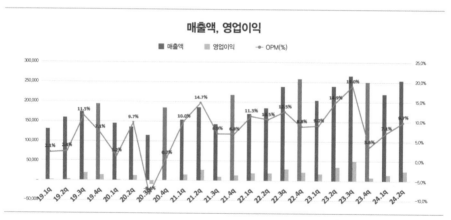

• 참조: DART 에스엠 24.2Q 반기보고서

24년 2분기 기준 전년 대비 매출액은 +5.9%, 영업이익은 −30.6%를 기록했다.
전 분기 대비해서는 매출액은 +15.4%, 영업이익은 +59.2%를 기록했다. 4분기에 매
출이 높은 계절성이 있으나 23년 4분기는 23년 3분기 대비해서 매출액과 영업이

익이 낮았다.

사업 부문별 매출액

* 참조: DART 에스엠 24.2Q 반기보고서

사업 부문별 매출액은 90% 이상으로 엔터 부문이 가장 높다.

엔터 부문 매출액

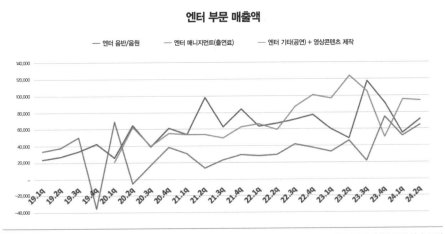

* 참조: DART 에스엠 24.2Q 반기보고서

매출의 대부분인 엔터 부문에서 24년 1분기에 가장 비중이 컸던 건 공연과 영상콘텐츠 제작이다. 두 번째로는 음반/음원이 컸다.

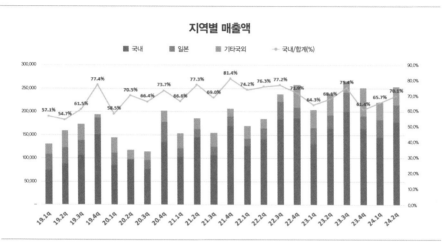

* 참조: DART 에스엠 24.2Q 반기보고서

24년 2분기 기준 국내 70.1%, 일본 14.4%, 기타국외 15.5%로, 국내 비중은 70%대로 예년 수준을 유지했다. 일본과 기타국외 비중도 평이했다.

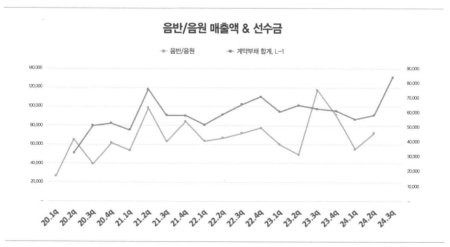

* 참조: DART 에스엠 24.2Q 반기보고서

선수금과 분기 레깅값 간 비교해 보니 상관관계가 거의 없었다. 다만 음반/음원 매출과 1분기 레깅값은 45.1%의 상관관계를 가졌다.

매출액/재고자산 & 상품/제품

—◆— 상품 + 제품, L-1   —◆— 매출액

매출액과 재고자산 중 상품&제품의 1분기 레깅값은 약 70%의 상관관계를 가졌다.

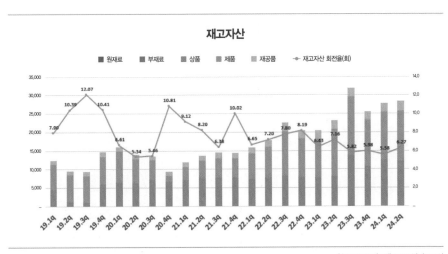

재고자산

■ 원재료 ■ 부재료 ■ 상품 ■ 제품 ■ 재공품 —◆— 재고자산 회전율(회)

재고자산은 꾸준히 증가하여 23년 3분기를 제외하면 최대치이며, 재고자산회전율은 과거 추세 범위의 하단에 있다.

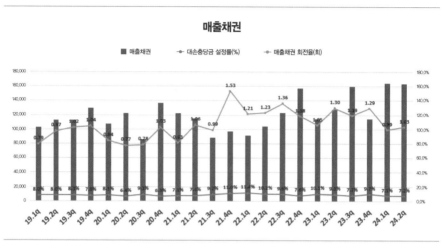

매출채권

* 참조: DART 에스엠 24.2Q 반기보고서

매출채권은 24년 2분기에 최대 수준에 놓여 있으며, 매출채권회전율은 과거 추세 범위 내에 있다. 대손충당금설정률은 일정하게 유지 중이다.

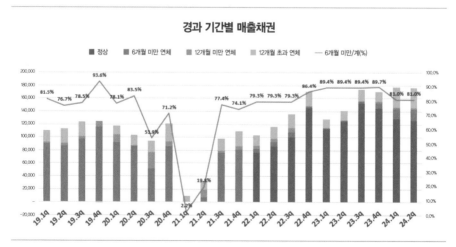

경과 기간별 매출채권

* 참조: DART 에스엠 24.2Q 반기보고서

경과 기간별 매출채권 잔액을 보면 24년 2분기 기준 6개월 미만 비중이 과거 추세 범위인 80%대로 유지되고 있다.

1. 재무 현황
- 24년 2분기 기준 전년 동기 대비 매출액은 5.9% 증가했고, 영업이익은 30.6% 감소했다.
- 엔터테인먼트 사업 부문이 전체 매출의 약 91%를 차지한다.
- 매출 구성: 음반/음원 27%, 매니지먼트 25%, 공연 및 영상콘텐츠 제작 등 40%
- 매출 비중: 국내 70.1%, 일본 14.4%, 기타 국외 15.5%

2. 주요 동향
- 멀티 제작센터 도입으로 신인 그룹인 RIIZE가 성공적으로 데뷔했다.
- 2025년 1분기에는 신인 걸그룹이 데뷔를 앞두고 있다.
- aespa, RIIZE 등 신규 그룹의 성장세가 양호하다.
- 24년 4분기에는 NCT DREAM의 정규앨범이 발매될 예정이다.

3. 향후 전망
- 에스엠은 주요 아티스트들의 성과가 양호하며, K-POP의 글로벌 인기에 힘입어 해외공연 증가 등 전망이 밝다. 요즘 K-POP 추세는 국내뿐 아니라 데뷔 초부터 해외공연을 하며 인지도를 높이기 때문에 주요 아티스트의 증가는 에스엠 매출에 긍정적이다.
- 그러나 적자가 지속되는 자회사의 문제를 해결하는 것이 기업 성과 개선의 핵심 과제로 남아 있다.

와이끼엔터테인먼트

1. 기업 개요

사업 부문

연결 기준(누적)   (단위 : 원, %)

구분	매출액	비율
상·제품	73,744,717,298	41.58
공연	8,991,928,356	5.07
음악서비스	38,429,738,274	21.67
기타 사업	56,188,113,428	31.68
합계	177,354,497,356	100.00

• 참조: DART 와이지엔터테인먼트 24.2Q 반기보고서

전 세계에서 매출이 발생하는 글로벌 엔터테인먼트 기업으로 음반/음원 산업, 공연 사업, 매니지먼트(용역) 사업을 영위하고 있다. 소속 아티스트로는 블랙핑크, 악뮤, 트레저, 베이비몬스터, 위너, 지누션, 젝스키스 등이 있다. 24년 2분기 기준 상/제품 매출 41.58%, 공연 매출 5.07%, 음악서비스 매출 21.67%, 그 외 기타 사업 31.68%로 구성되어 있다.

2. 정량적 분석

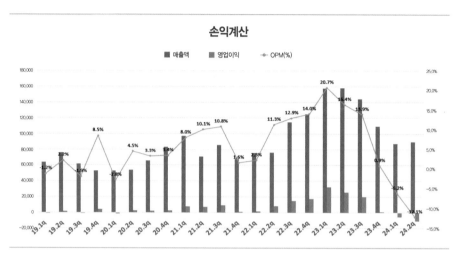

손익계산

* 참조: DART 와이지엔터테인먼트 24,2Q 반기보고서

 24년 2분기 기준, 전년 대비 매출액은 43.1%, 영업이익은 142.2% 감소했다. 전
분기 대비해서는 매출액은 3.1% 증가했고, 영업이익은 50.6% 감소했다. 24년 1분
기부터 영업이익 적자가 지속되는 상황이라 모니터링이 필요하다.

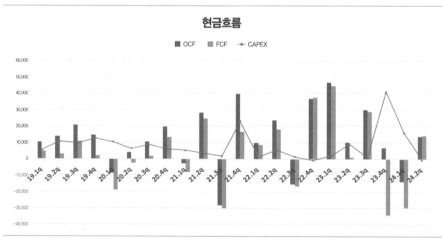

현금흐름

* 참조: DART 와이지엔터테인먼트 24,2Q 반기보고서

24년 2분기 기준 영업활동현금흐름과 잉여현금흐름 모두 양(+)을 유지하고 있다.

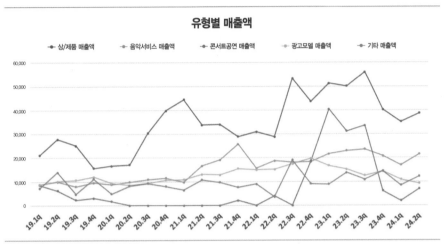

• 참조: DART 와이지엔터테인먼트 24.2Q 반기보고서

24년 2분기 상/제품 매출액이 가장 비중이 높다.

• 참조: DART 와이지엔터테인먼트 24.2Q 반기보고서

23년에 가장 매출 비중이 높았던 콘서트공연 비중이 급감했다.

※ 블랙핑크 BORN PINK 투어 기간: 22년 10월~23년 9월(총 61회 공연)

구분	블랙핑크 공연 매출액($)	횟수	모객수
22.4Q	78,669,316	26	366,379
23.1Q	82,624,719	14	517,508
23.2Q	89,966,564	16	547,726
23.3Q	18,388,398	5	147,005
총액	269,648,997	61	1,578,618
구분	트레저 공연 매출액($)	횟수	모객수
22.4Q	14,961,755	23	194,407
23.1Q	16,009,512	10	172,676
23.2Q	5,260,265	4	34,174
총액	36,231,532	37	401,257

코로나로 인해 22년 하반기부터 콘서트공연 진행되었다. 주요 아티스트별 공연 횟수 및 모객 수 그리고 매출액을 추정해 봤다.

※ 데이터는 Touring Data의 자료를 참조

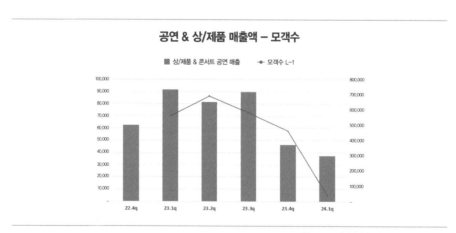

공연 & 상/제품 매출액 – 모객수

■ 상/제품 & 콘서트 공연 매출　　—●— 모객수 L-1

• 참조: DART 와이지엔터테인먼트 24.2Q 반기보고서

공연과 상/제품 매출 합 그리고 콘서트 모객 수를 1분기 레깅한 후 비교해 보

니 상관관계가 81%로 나왔다. 다만 비교 가능 수치가 적어서(2개 분기) 지속적인 확인이 필요하다. 또한 주요 아티스트들의 글로벌 콘서트가 끝나는 추세라 당분간은 공연 일정이 없다.

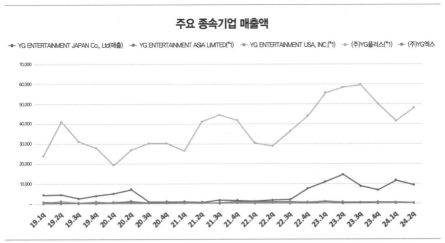

주요 종속기업 매출액

● YG ENTERTAINMENT JAPAN Co., Ltd(매출) ● YG ENTERTAINMENT ASIA LIMITED(*1) ● YG ENTERTAINMENT USA, INC.(*1) ● (주)YG플러스(*1) ● (주)YG엑스

• 참조: DART 와이지엔터테인먼트 24.2Q 반기보고서

동사는 다수의 종속기업을 보유하고 있다. 24년 2분기 기준으로는 YG플러스의 비중이 가장 크다.

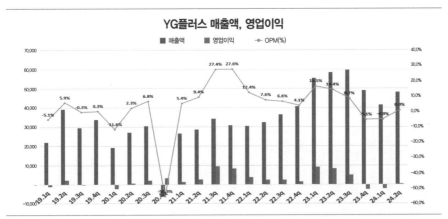

YG플러스 매출액, 영업이익

■ 매출액 ■ 영업이익 ● OPM(%)

• 참조: DART 와이지엔터테인먼트 24.2Q 반기보고서

당사는 음반/음원 투자 유통 및 음악플랫폼 운영을 대행하는 한편 MD제조, IP 라이선싱 및 유통판매업, 광고 대행업을 한다. 와이지엔터테인먼트는 종속회사를 통해 금융투자사업과 음반 인쇄 및 컨설팅을 영위하고 있다.

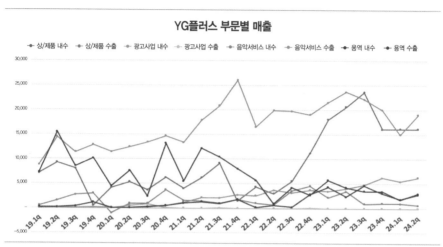

• 참조: DART 와이지엔터테인먼트 24,2Q 반기보고서

YG플러스는 음악서비스 매출액이 가장 큰 비중을 차지하고 있으며, 22년 3분기부터 상제품 매출액이 크게 증가하는 모습을 보이고 있다.

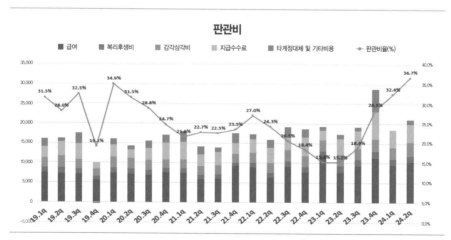

• 참조: DART 와이지엔터테인먼트 24,2Q 반기보고서

판관비율은 전반적으로 23년 2분기를 기점으로 상승 추세에 있다. 매출의 약 36% 수준이며 주요 항목은 급여와 지급수수료 등이다.

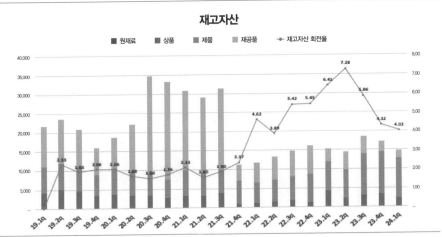

* 참조: DART 와이지엔터테인먼트 24.2Q 반기보고서

21년 4분기를 기점으로 재고자산회전율이 우상향했고 박스권을 형성하고 있다. 재고자산은 비슷한 수준을 유지하고 있다(24년 2분기는 반기보고서상에 기재 생략됨).

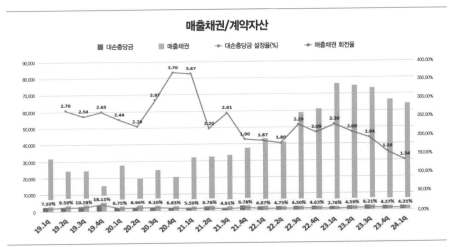

* 참조: DART 와이지엔터테인먼트 24.2Q 반기보고서

23년 1분기를 기점으로 매출채권 및 회전율이 우하향하고 있다. 대손충당금설 정률은 4~6%대 유지하고 있다(24년 2분기는 반기보고서상에 기재 생략됨).

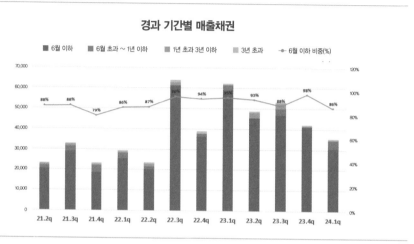

경과 기간별 매출채권

* 참조: DART 와이지엔터테인먼트 24,2Q 반기보고서

24년 1분기를 기점으로 매출채권 경과 기간별 잔액 현황은 6월 이하 비중 86%로 지속적인 관찰이 필요하다(24년 2분기는 반기보고서상에 기재 생략됨).

결론

1. 재무 현황
- 24년 2분기 기준 매출 구성: 상/제품 매출 41.58%, 공연 매출 5.07%, 음악서비스 매출 21.67%, 기타 사업 31.68%
- 24년 2분기 실적: 전년 동기 대비 매출액은 43.1%, 영업이익은 142.2% 감소했다.
- 영업이익은 24년 1분기부터 적자가 지속되고 있다.

2. 주요 사업 동향
- 블랙핑크 BORN PINK 투어(22년 10월~23년 9월) 종료로 콘서트공연 수출이 급감했다.
- YG플러스가 주요 종속회사로 음반/음원 유통 및 음악플랫폼 운영 대행 등을 담당한다.

3. 향후 전망
- 24년 하반기에는 블랙핑크 멤버들의 개인 컴백 활동이 진행 중이며, 그들의 건재함을 차트 인으로 입증하는 중이다.
- 25년 하반기로 예상되는 블랙핑크 완전체 활동이 시작되면 당사의 실적 및 투심 등을 상승시킬 것으로 기대된다.
- 베이비몬스터 정규 1집 앨범이 11월 1일에 발매되었고, 트레저 미니 앨범 및 2NE1 컴백 투어가 예정되어 있다.
- 25년 상반기에는 베이비몬스터와 트레저 콘서트 투어가 있다.

하이브

1. 기업 개요

사업 부문

(단위 : 백만 원)

구분	품목	2024년 당반기		2023년		2022년	
		매출액	비중	매출액	비중	매출액	비중
음반/음원	음반, 음원 등	394,681	39.41%	970,463	44.56%	551,989	31.08%
공연	콘서트, 팬미팅 등	188,028	18.78%	359,111	16.49%	258,167	14.54%
광고, 출연료(주1)	광고 수익, 출연료 수익 등	58,159	5.81%	141,899	6.51%	161,830	9.11%
MD 및 라이선싱	공식 상품(MD), IP라이선싱 등	169,841	16.96%	325,563	14.95%	395,554	22.27%
콘텐츠	영상콘텐츠, 영상출판물 등	145,061	14.49%	289,872	13.31%	341,500	19.23%
팬클럽 등 기타	팬클럽 등	45,613	4.55%	91,181	4.19%	67,113	3.78%
합계		1,001,382	100.00%	2,178,088	100.00%	1,776,154	100.00%

(주1) 2022년, 2023년 매출은 매니지먼트 매출 포함
• 참조: DART 하이브 24.2Q 반기보고서

당사는 아티스트를 양성하고 음악 콘텐츠 제작을 담당하는 레이블 영역, 음악에 기반한 공연/영상 콘텐츠/IP/게임 등 사업을 전개하는 솔루션 영역, 위버스

를 기반으로 하이브의 모든 콘텐츠와 서비스를 연결하고 확장시키는 플랫폼 영역으로 사업을 구분했다. 대표적인 레이블은 빅히트뮤직, 플레디스엔터테인먼트, 케이오지엔터테인먼트, 쏘스뮤직, 어도어, 빌리프랩, HYBE Lables JAPAN이며, 주요 아티스트로는 BTS, 뉴진스, 엔하이픈, 르세라핌, 세븐틴, TXT 등이 있다.

2. 정량적 분석

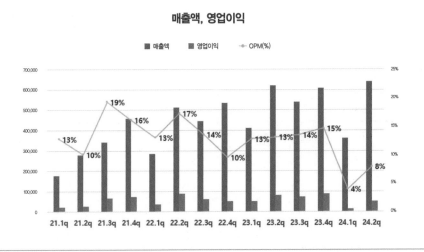

매출액, 영업이익

• 참조: DART 하이브 24.2Q 반기보고서

24년 2분기 기준 전년 대비 매출액은 3.1% 증가했고, 영업이익은 37.4% 감소했다. 전 분기 대비해서는 매출액은 77%, 영업이익은 254% 증가했다.

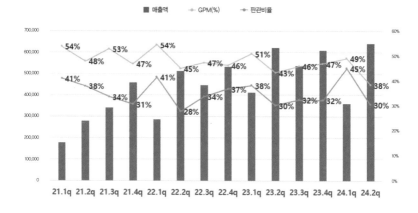

매출액, GPM

* 참조: DART 하이브 24.2Q 반기보고서

GPM은 24년 2분기 과거 추세 범위에서 이탈하며 하락하는 모습을 보였다. 판관비율은 과거 추세 범위의 하단에 위치해 있다.

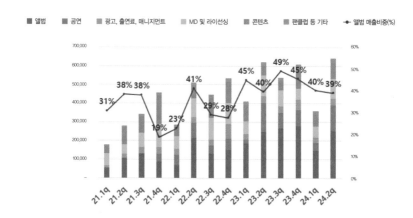

부문별 매출액

* 참조: DART 하이브 24.2Q 반기보고서

하이브의 사업 부문별 매출액은 앨범 매출액 비중이 40%대로 가장 높다. 24년 1분기에 전체적으로 줄었던 매출들이 예년과 비슷한 수준으로 돌아온 걸 확인할 수 있다.

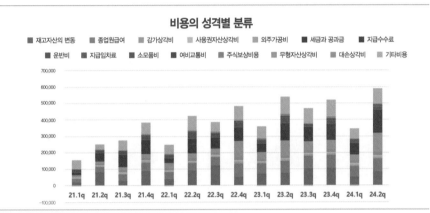

• 참조: DART 하이브 24.2Q 반기보고서

매출원가에 해당하는 품목은 재고자산의 변동, 외주 가공비, 기타비용으로 추정되고, 나머지는 판관비에 해당하는 것으로 보인다.

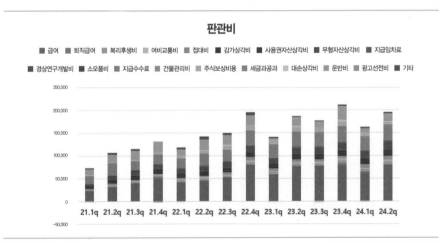

• 참조: DART 하이브 24.2Q 반기보고서

판관비는 매출에서 차지하는 비율이 30~40% 수준으로 보이며, 주요 항목은 급여 및 지급수수료이다.

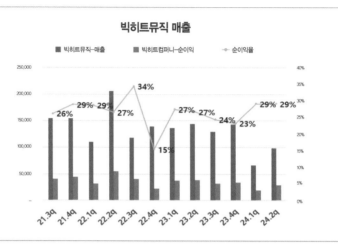

* 참조: DART 하이브 24.2Q 반기보고서

하이브는 주요 종속기업으로 각 아티스트가 소속된 멀티레이블이 구성되어 있다. 빅히트뮤직(BTS, TXT)은 지속적으로 순이익을 유지하고 있으며, 향후 BTS 멤버들의 전역으로 인한 매출 증가가 기대된다.

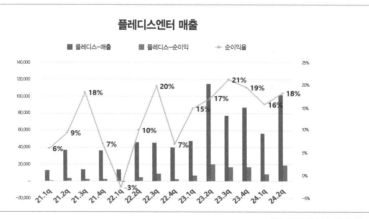

* 참조: DART 하이브 24.2Q 반기보고서

플레디스(세븐틴)도 최근 아티스트들의 앨범 판매량에 따라 매출 및 순이익이 증가하고 있다.

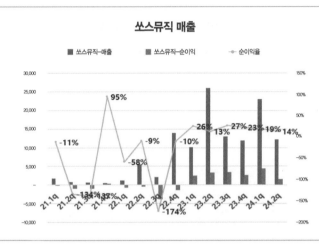

쏘스뮤직 매출

• 참조: DART 하이브 24.2Q 반기보고서

쏘스뮤직(르세라핌)은 최근 별다른 활동이 없는 상태로 매출 및 순이익이 감소하는 모습을 보이고 있다.

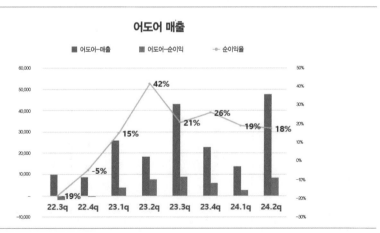

어도어 매출

• 참조: DART 하이브 24.2Q 반기보고서

어도어(뉴진스)는 뉴진스 앨범 판매 및 활동으로 인하여 24년 2분기에 매출과 순이익이 증가했다.

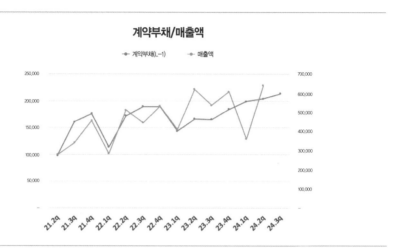

• 참조: DART 하이브 24.2Q 반기보고서

하이브의 분기 매출액과 1개 분기 레깅한 계약부채 간의 상관성은 66.3%다.

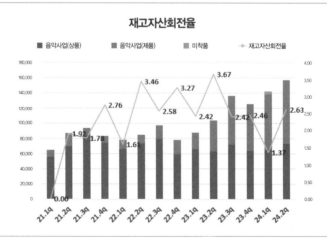

• 참조: DART 하이브 24.2Q 반기보고서

하이브의 재고자산은 꾸준히 증가하고 있으며, 24년 2분기에 역대 분기 최대량을 찍었다. 재고자산회전율은 과거 추세 범위 안에 있다.

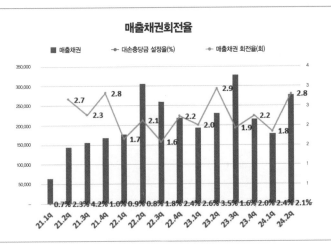

매출채권회전율

• 참조: DART 하이브 24.2Q 반기보고서

매출채권 및 매출채권회전율은 과거 추세 범위 안에 있다.

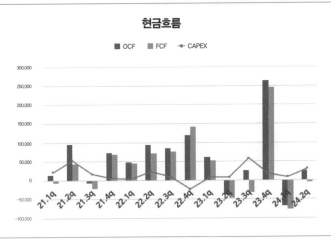

현금흐름

• 참조: DART 하이브 24.2Q 반기보고서

현금흐름은 OCF는 양(+)의 값을 보였으나 FCF는 음(-)의 값을 보였다. CAPEX
는 특이 사항이 없다.

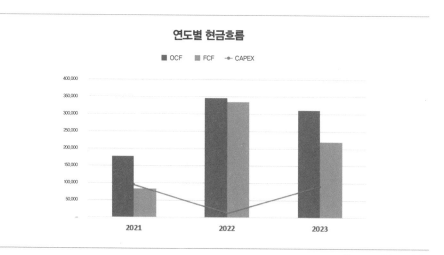

연도별 현금흐름

• 참조: DART 하이브 23년 기준

연도별로 확인해 보면 OCF, FCF는 양(+)의 값으로 긍정적인 모습이며, CAPEX
는 증가하는 추세를 보인다.

1. 재무 현황

- 매출액: 전년 동기 대비 3.1% 증가, 전 분기 대비 77% 증가
- 영업이익: 전년 동기 대비 37.4% 감소, 전 분기 대비 254% 증가
- 매출 구성: 앨범 매출이 약 40%로 가장 높은 비중 차지

2. 주요 종속기업 현황

- 빅히트뮤직: BTS, TXT 소속, 지속적인 순이익 유지
- 플레디스: 세븐틴 소속, 매출 및 순이익 증가 추세
- 어도어: 뉴진스 소속, 앨범 판매 및 활동으로 매출 증가

3. 전망

- 하이브는 멀티레이블 체계를 구축하여 BTS의 매출 의존도를 낮춰 왔고, 현재 세븐틴, 뉴진스, 르세라핌 등 다양한 아티스트의 활동으로 매출 다변화를 보여 준다. 향후 BTS 복귀 시 매출 증가는 긍정적인 요소로 작용할 것이다.
- 영업이익률은 SM, JYP 대비 낮은 편이나 신규 아티스트의 지속적인 데뷔 및 기존 아티스트의 팬덤 확장, 위버스 수익화가 확대되면서 상승할 것으로 예상한다.
- 정량적 분석에서는 GPM의 감소가 리스크로 보이며, 24년 2분기 외주가공비의 증가가 원인으로 보인다. 외주가공비는 앨범과 MD 및 라이선싱 부분과 연관성이 높으며 향후 이 부분의 모니터링이 필요하다.
- 최근 어도어 이슈 등 멀티 레이블 운영을 하이브가 향후 어떤 식으로 개선할지에 관해 지속적으로 관찰이 필요하다. 또한 엔터 산업 특성상 성장성이 떨어지면 리스크가 커지므로 공연 및 앨범 판매량 등도 지속적으로 확인해야 한다.

PART 6

소비재

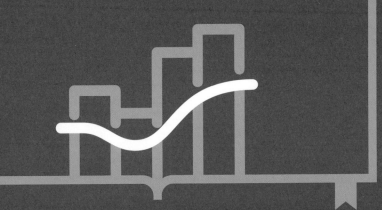

휴젤

1. 기업 개요

사업 부문

(기준일 : 2024년 6월 30일)   (단위 : 백만 원)

부문	주요제품	매출액	비중
Toxin	보툴렉스	84,721	49.92%
Filler	더채움	65,746	38.74%
Medical Device	Blue Rose Forte 등	2,169	1.28%
Cosmetics	웰라쥬	16,094	9.48%
기타	용역 매출 등	1,000	0.59%
합계		169,730	100.00%

* 참조: DART 휴젤 24.2Q 반기보고서

당사는 A형 보툴리눔 톡신을 활용한 바이오의약품과 GAG(glycosaminoglycan)의 일종인 히알루론산으로 조직수복용 생체재료 필러 제품 등의 연구개발/제조/판매/수출을 영위하고 있다.

2. 정량적 분석

부문별 매출액

• 참조: DART 휴젤 24.2Q 반기보고서

부문별 매출액

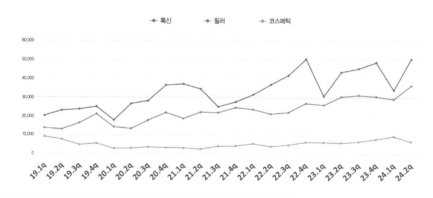

• 참조: DART 휴젤 24.2Q 반기보고서

톡신과 필러의 매출액 증가로 24년 2분기에 역대 최대 매출액을 달성했다.

지역별 매출액

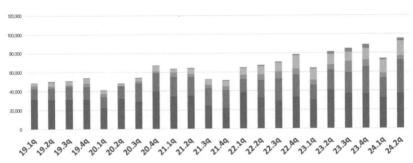

■ 국내　■ 아시아　■ 미주　■ 유럽 및 중동　■ 기타

• 참조: DART 휴젤 24.2Q 반기보고서

지역별 매출액

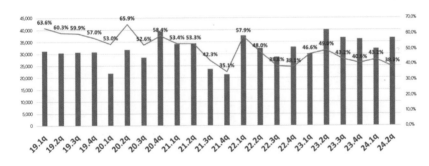

■ 국내　── 국내 매출비중

• 참조: DART 휴젤 24.2Q 반기보고서

　수출 매출액이 전반적으로 증가하면서 24년 2분기에 최대 매출을 기록했다.
국내매출 비중은 점차 감소하여 38.3%를 기록했다.

지역별 매출액

* 참조: DART 휴젤 24.2Q 반기보고서

지역별 매출액

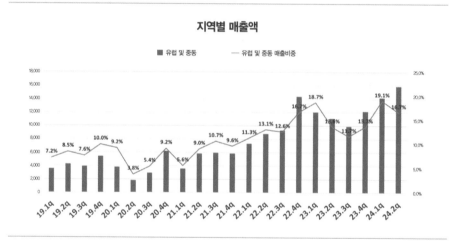

* 참조: DART 휴젤 24.2Q 반기보고서

아시아/유럽/중동 매출액은 우상향하는 모습이다. 24년 2분기 기준, 아시아의 매출 비중은 38.3%, 유럽/중동은 16.7%을 기록했다.

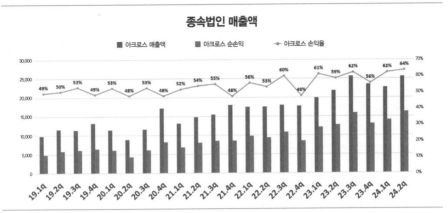

종속법인 매출액

■ 아크로스 매출액　■ 아크로스 순손익　—●— 아크로스 손익율

* 참조: DART 휴젤 24.2Q 반기보고서

HA필러를 담당하는 아크로스의 매출액은 우상향하고 있으며, 역대 최대 순손익을 기록했다.

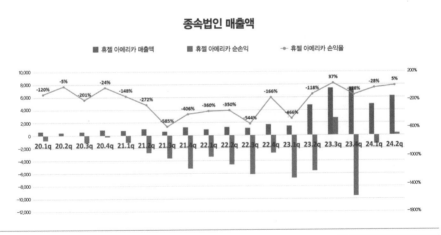

종속법인 매출액

■ 휴젤 아메리카 매출액　■ 휴젤 아메리카 순손익　—●— 휴젤 아메리카 손익율

* 참조: DART 휴젤 24.2Q 반기보고서

휴젤 아메리카는 23년 2분기부터 매출액이 큰 폭으로 상승하여 예년과 비슷한 수준을 유지하고 있으며, 24년 2분기에 흑자로 전환했다.

분기별 손익

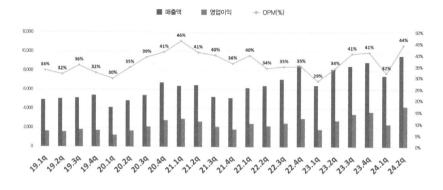

* 참조: DART 휴젤 24.2Q 반기보고서

분기별 손익

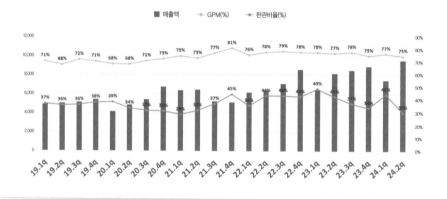

* 참조: DART 휴젤 24.2Q 반기보고서

24년 2분기에 역대 최대 매출/영업이익을 기록했다. 24년 2분기에 판관비율이 감소하면서 OPM(%)도 크게 증가했다.

연도별 손익

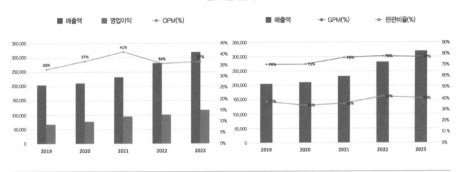

• 참조: DART 휴젤 23년 기준

매출은 19년 이후 4년 연속 성장하여 23년에 최대 매출/영업이익을 달성했다. GPM(%)은 높은 수준을 유지하고 있다.

매출원가, 판관비

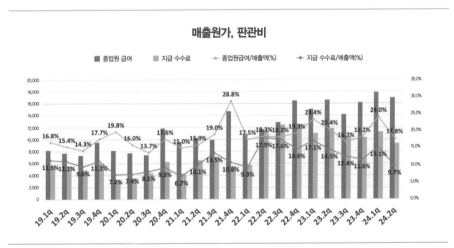

• 참조: DART 휴젤 24.2Q 반기보고서

종업원 급여는 우상향하는 추세에 있지만, 매출액 대비 비중은 크게 증가하고 있지 않다. 지급수수료는 일정 수준을 유지하고 있지만, 매출액 대비 비중은 감소하는 추세에 있다.

현금흐름

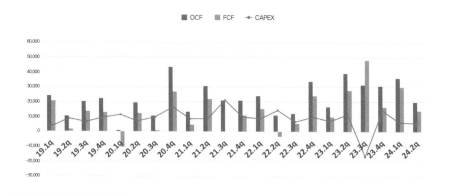

• 참조: DART 휴젤 24.2Q 반기보고서

연도별 현금흐름

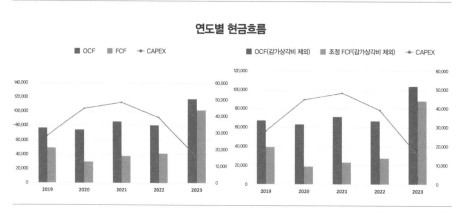

• 참조: DART 휴젤 23년 기준

분기별 현금흐름은 꾸준히 유입되고 있으며, 연도별 현금흐름도 굉장히 양호하다.

• 참조: DART 휴젤 24,2Q 반기보고서

매출채권회전율은 우상향하는 추세에 있으며, 24년 2분기 기준 대손충당금설
정률은 22% 수준이다. 6월 이하의 매출채권은 점차 증가하여 71%를 기록했다.
비교적 높은 대손충당금설정률과 3년 초과 매출채권이 있으니 지속적으로 모니
터링을 할 필요가 있다.

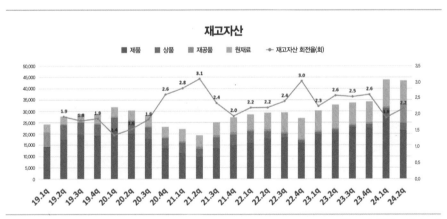

• 참조: DART 휴젤 24,2Q 반기보고서

재고자산회전율은 양호한 상태다.

1. 사업 성과
- 24년 2분기 기준, 역대 최대 매출액과 영업이익을 달성했다.
- 톡신과 필러 제품의 매출 증가가 주요 성장동력이다.
- 영업이익률(OPM)이 크게 증가하여 수익성이 개선되었다.

2. 지역별 매출
- 수출 매출액이 전반적으로 증가하면서 24년 2분기에 최대치를 기록했다.
- 국내매출 비중은 점차 감소하여 38.3%를 기록했다.
- 아시아, 유럽, 중동 지역의 매출이 증가 추세에 있다.

3. 종속법인 실적
- HA필러를 담당하는 아크로스의 매출액이 우상향하고 있으며, 역대 최대 순손익을 기록했다.
- 휴젤 아메리카는 23년 2분기부터 매출액이 큰 폭으로 상승하여 24년 2분기에 흑자로 전환했다.

4. 재무 상태
- 매출은 19년 이후 4년 연속 성장하여 23년에 최대 매출과 영업이익을 달성했다.
- GPM(Gross Profit Margin)은 높은 수준을 유지 중이다.
- 현금흐름이 양호하다.

5. 유의 사항
- 매출채권 관리에 주의가 필요하다. 24년 2분기 기준 대손충당금설정률이 22% 수준이며, 3년 초과 매출채권이 존재한다.

6. 향후 전망
- 휴젤은 톡신과 필러 제품의 매출 증가와 해외시장 확대를 통해 지속적인 성장을 보이고 있다. 특히 아시아, 유럽, 중동 지역에서의 매출 증가와 미국 시장에서의 흑자 전환은 긍정적인 신호이다. 높은 수준의 GPM 유지와 양호한 현금흐름은 회사의 재무 안정성을 뒷받침하고 있다. 다만 매출채권 관리에 대한 지속적인 모니터링이 필요할 것으로 보인다. 전반적으로 휴젤은 글로벌시장에서의 경쟁력 강화와 제품 포트폴리오 다각화를 통해 성장 모멘텀을 유지하고 있는 것으로 판단된다.

실리콘투

1. 기업 개요

사업 부문

(단위 : 백만 원)

매출 유형	특징	서비스 거래처	2024년 반기 (제23기) 매출액	2024년 반기 (제23기) 비율(%)	2023년 반기 (제22기) 매출액	2023년 반기 (제22기) 비율(%)	2022년 반기 (제21기) 매출액	2022년 반기 (제21기) 비율(%)
CA (Corporate Account)	기업 고객들을 위한 플랫폼으로써 다양한 국가에 적합한 브랜드를 소개 및 운영	A사	38,695	11.68	33,927	9.90	16,056	9.71
		B사	10,085	3.04	15,515	4.53	8,471	5.13
		C사	6,971	2.10	5,026	1.47	3,831	2.32
		기타	224,097	67.66	217,497	63.43	99,391	60.14
		소계	279,848	84.48	271,965	79.33	127,749	77.30
PA (Personal Account)	K-Beauty를 구매하는 개인 고객에게 제품을 공급하는 국가별 역직구몰	A사	9,536	2.88	13,855	4.04	14,042	8.50
		B사	768	0.23	3,321	0.97	5,731	3.47
		C사	223	0.07	274	0.08	1,486	0.90
		기타	9	0.00	90	0.02	2,120	1.28
		소계	10,536	3.18	17,540	5.11	23,379	14.15
풀필먼트	외부 온라인 플랫폼에 K-Beauty 제품 영업 대행 및 배송 대행	A사	22,878	6.91	33,244	9.70	4,434	2.68
		B사	3,954	1.19	8,557	2.50	2,523	1.53

풀필먼트	외부 온라인 플랫폼에 K-Beauty 제품 영업 대행 및 배송 대행	C사	3,456	1.04	2,877	0.84	2,074	1.25
		기타	10,502	3.17	8,553	2.48	4,871	2.95
		소계	40,790	12.31	53,231	15.52	13,902	8.41
기타매출	임대 매출 등	–	114	0.03	125	0.04	242	0.14
매출총계			331,288	100.00	342,861	100.00	165,272	100.00

• 참조: DART 실리콘투 24.2Q 반기보고서

당사는 K-Beauty 브랜드 제품을 'Stylekorean.com' 플랫폼을 통하여 전 세계 170여 개의 국가에 E-Commerce 역직구 판매 및 수출하고 있다. 또한 고객의 니즈에 맞춘 쇼핑몰 구축 및 운영, 국가별 선호하는 제품에 대한 큐레이션을 통한 현지 마케팅 사업을 영위한다. 당사의 사업 부문은 CA(Corporate Account), PA(Personal Account), 풀필먼트 및 영업대행 서비스, BM(Brand Management) 등으로 나눌 수 있다.

2. 정량적 분석

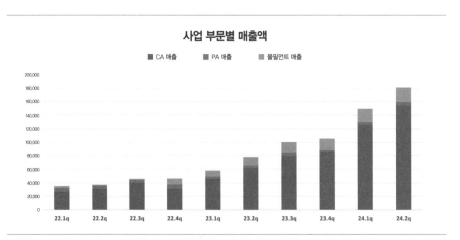

사업 부문별 매출액

■ CA 매출   ■ PA 매출   ■ 풀필먼트 매출

• 참조: DART 실리콘투 24.2Q 반기보고서

사업 부문별 매출액은 6개 분기 연속 증가하여 24년 2분기에 최대 매출액을 달성했다. 매출액 중 CA 부문의 비중이 가장 크다.

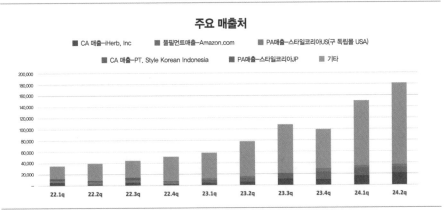

* 참조: DART 실리콘투 24,2Q 반기보고서

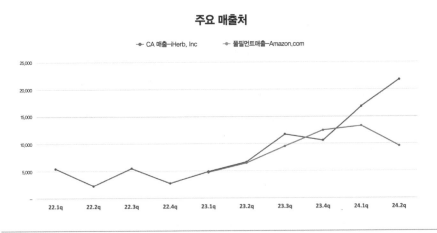

* 참조: DART 실리콘투 24,2Q 반기보고서

기타 매출을 제외하고는 CA 매출(iHerb, Inc)이 가장 높으며 24년 2분기에 최대 매출을 기록했다. 반면 풀필먼트 매출(Amazon.com)은 4분기 연속 상승하다가 24

년 2분기에 하락했다.

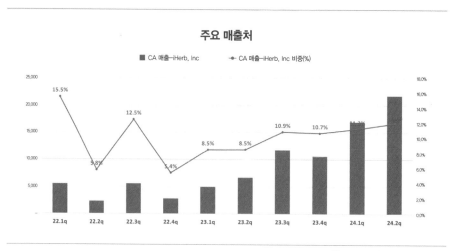

주요 매출처

■ CA 매출—iHerb, Inc   —◆— CA 매출—iHerb, Inc 비중(%)

• 참조: DART 실리콘투 24.2Q 반기보고서

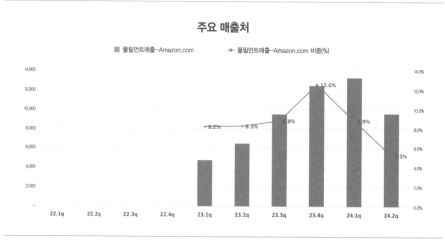

주요 매출처

■ 풀필먼트매출—Amazon.com   —◆— 풀필먼트매출—Amazon.com 비중(%)

• 참조: DART 실리콘투 24.2Q 반기보고서

iHerb, Inc 매출 비중은 12.0%, Amazon.com 매출 비중은 5.3%를 기록했다.

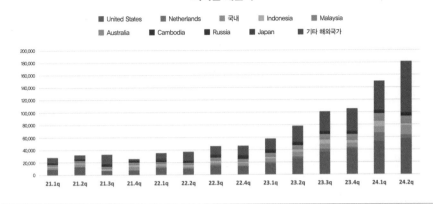

지역별 매출액

■ United States ■ Netherlands ■ 국내 ■ Indonesia ■ Malaysia
■ Australia ■ Cambodia ■ Russia ■ Japan ■ 기타 해외국가

* 참조: DART 실리콘투 24,2Q 반기보고서

미국과 기타 해외국가에서 매출이 꾸준하게 증가하고 있다. 그 결과 24년 2분
기에 최대 매출을 기록했다.

지역별 매출액

■ United States ● United States 매출비중(%)

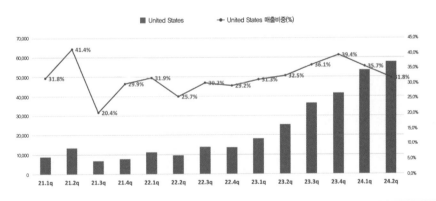

* 참조: DART 실리콘투 24,2Q 반기보고서

지역별 매출액

＊ 참조: DART 실리콘투 24,2Q 반기보고서

미국향 매출액은 증가 추세에 있으며, 24년 2분기에 최대 매출액을 기록했다. 매출 비중도 31.8%로 가장 높았다. 국내매출액 또한 최대치를 기록했다.

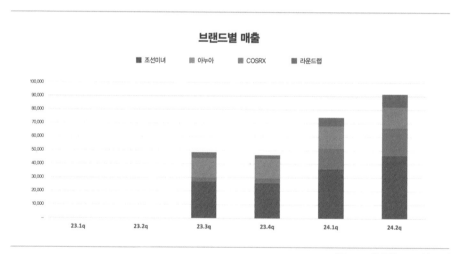

브랜드별 매출

＊ 참조: DART 실리콘투 24,2Q 반기보고서

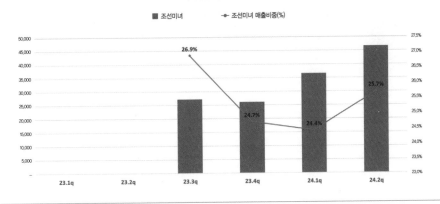

브랜드별 매출

■ 조선미녀   ─●─ 조선미녀 매출비중(%)

• 참조: DART 실리콘투 24.2Q 반기보고서

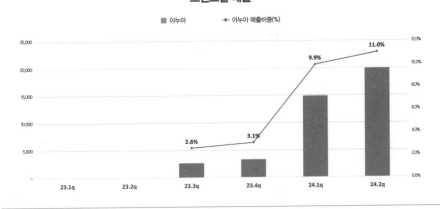

브랜드별 매출

■ 아누아   ─●─ 아누아 매출비중(%)

• 참조: DART 실리콘투 24.2Q 반기보고서

브랜드별로는 조선미녀가 25.7% 비중으로 매출액이 가장 높다. 2번째는 아누아 브랜드로 11.0%의 매출 비중을 차지하고 있다.

분기별 손익

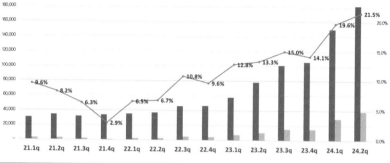

• 참조: DART 실리콘투 24.2Q 반기보고서

분기별 손익

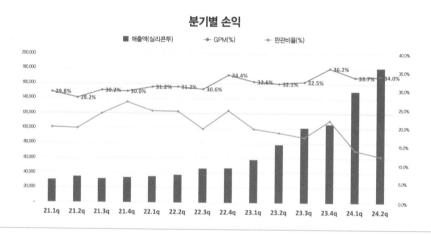

• 참조: DART 실리콘투 24.2Q 반기보고서

24년 2분기에 역대 최대 매출/영업이익/OPM(%)을 기록했다. OPM(%)은 판관 비율이 줄어들면서 최대치를 기록했다.

연도별 손익

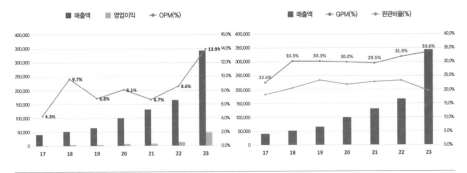

* 참조: DART 실리콘투 23년 기준

매출은 17년 이후 6년 연속 성장하여 23년에 최대 매출을 달성했다. 최근 2년 간 GPM(%)이 증가하고 있다.

현금흐름

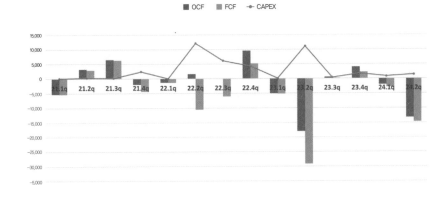

* 참조: DART 실리콘투 24.2Q 반기보고서

연도별 손익

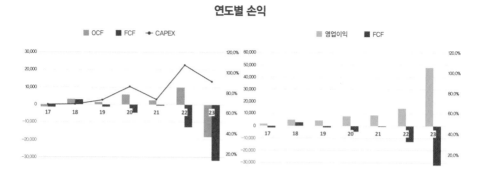

• 참조: DART 실리콘투 23년 기준

분기별 현금흐름은 양호해 보이지 않으며, 23년에 특히 좋지 않은 모습을 보여 지속적인 모니터링이 필요하다.

매출채권

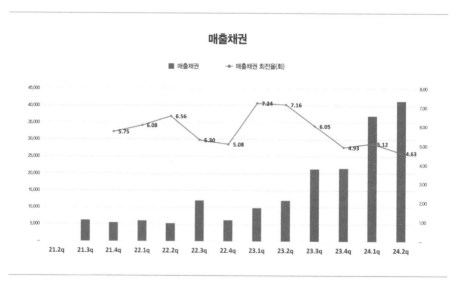

• 참조: DART 실리콘투 24.2Q 반기보고서

352

재고자산

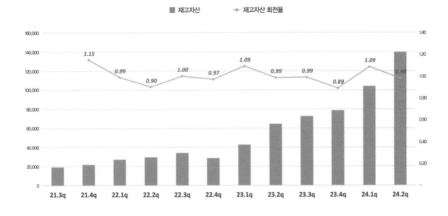

• 참조: DART 실리콘투 24.2Q 반기보고서

재고자산/매출액

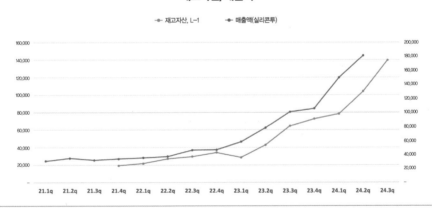

• 참조: DART 실리콘투 24.2Q 반기보고서

　　매출채권회전율은 우하향하고 있으며, 재고자산회전율은 양호한 흐름을 보이고 있다. 1분기 레깅한 재고자산은 매출액과 유사한 흐름을 보이고 있는데, 24년 2분기에 최대 재고자산은 3분기 매출액에 긍정적인 모습을 보일 것으로 판단된다.

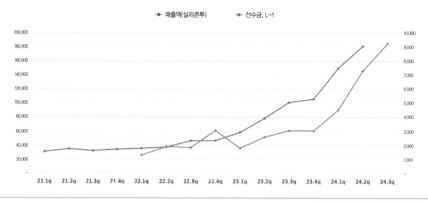

매출액/선수금

━●━ 매출액(실리콘투)   ━●━ 선수금, L-1

* 참조: DART 실리콘투 24.2Q 반기보고서

1분기 레깅한 선수금은 매출액과 유사한 흐름을 나타내는 것으로 보아, 3분기 실적이 긍정적일 것으로 판단된다.

1. 사업 성과
- 24년 2분기 기준, 역대 최대 매출액과 영업이익을 달성했다.
- 6개 분기 연속 매출액이 증가하는 추세를 보이고 있다.
- CA(Corporate Account) 부문이 가장 큰 매출 비중을 차지하고 있다.

2. 주요 고객사 및 지역별 매출
- iHerb, Inc.향 매출이 가장 높으며, 24년 2분기에 최대 매출을 기록했다(전체 매출의 12.0%).
- Amazon.com 매출은 4분기 연속 상승하다가 24년 2분기에 하락했다(전체 매출의 5.3%).
- 미국향 매출이 꾸준히 증가하여 24년 2분기에 최대 매출을 기록했다(전체 매출의 31.8%).

3. 브랜드별 매출
- 조선미녀 브랜드가 가장 매출 비중이 높다(25.7%).
- 아누아 브랜드가 두 번째로 매출 비중이 높다(11.0%).

4. 재무 상태
- OPM(영업이익률)이 최대치를 기록했는데, 판관비율 감소가 이에 기여했다.
- 현금흐름은 다소 불안정한 모습을 보이고 있어 지속적인 모니터링이 필요하다.

5. 재고 및 매출채권 관리
- 매출채권회전율은 하락 추세를 보이고 있다.
- 재고자산회전율은 양호한 흐름을 유지하고 있으며, 24년 2분기의 최대 재고자산은 3분기 매출
에 긍정적인 영향을 미칠 것으로 예상된다.

6. 향후 전망
- 실리콘투는 K-Beauty 브랜드 제품의 글로벌 판매를 통해 지속적인 성장을 보이고 있다. 특히
미국 시장에서의 성과가 두드러지며, 주요 고객사인 iHerb와의 거래가 실적 개선에 크게 기여하
고 있다. 다만 현금흐름과 매출채권 관리에 대한 주의가 필요하다. 다양한 브랜드와 지역별 매출
다각화를 통해 안정적인 성장을 이어 갈 것으로 예상된다.

티앤엘

1. 기업 개요

사업 부문

(단위 : 백만 원)

부문	품목	2024년 상반기		2023년		2022년	
		매출	비중	매출	비중	매출	비중
창상피복재	하이드로콜로이드	58,163	73.02%	76,791	66.61%	49,428	60.59%
	폴리우레탄 폼	5,642	7.08%	11,469	9.95%	11,347	13.91%
	마이크로니들	6,191	7.77%	10,298	8.93%	4,648	5.70%
	기타	1,139	1.43%	2,714	2.35%	2,478	3.04%
	상품	547	0.69%	603	0.52%	490	0.60%
	소계	71,682	90.00%	101,875	88.36%	68,391	83.84%
정형외과용 고정제	CAST	664	0.83%	1,090	0.95%	1,109	1.36%
	SPLINT	505	0.63%	1,241	1.08%	1,306	1.60%
	기타	596	0.75%	1,378	1.20%	1,317	1.61%
	상품	2,880	3.62%	3,792	3.29%	5,004	6.13%
	소계	4,645	5.83%	7,501	6.51%	8,736	10.71%
기타		3,324	4.17%	5,917	5.13%	4,451	5.46%
합계		79,651	100.00%	115,293	100.00%	81,578	100.00%

• 참조: DART 티앤엘 24.2Q 반기보고서

당사는 고기능성소재 전문 기업으로 고기능성소재 기술을 의료용 분야에 적용하여 창상피복재(하이드로콜로이드, 폴리우레탄 폼 등)와 마이크로니들, 정형외과용 고정재(CAST, SPLINT 등)를 제조/판매하고 있다.

2. 정량적 분석

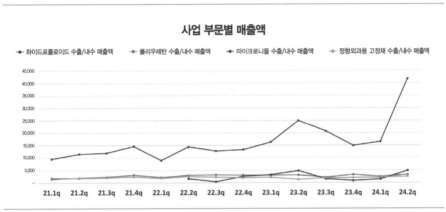

사업 부문별 매출액

◆ 하이드로콜로이드 수출/내수 매출액   ◆ 폴리우레탄 수출/내수 매출액   ◆ 마이크로니들 수출/내수 매출액   ◆ 정형외과용 고정재 수출/내수 매출액

• 참조: DART 티앤엘 24.2Q 반기보고서

부문별 매출액 비중은 하이드로콜로이드(76.06%), 마이크로니들(8.75%), 폴리우레탄(5.85%), 정형외과용 고정재(4.56%)순이다.

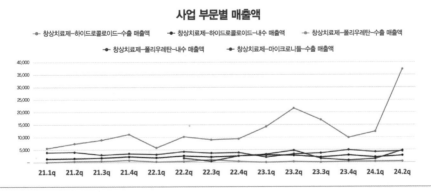

사업 부문별 매출액

◆ 창상치료제-하이드로콜로이드-수출 매출액   ◆ 창상치료제-하이드로콜로이드-내수 매출액   ◆ 창상치료제-폴리우레탄-수출 매출액
◆ 창상치료제-폴리우레탄-내수 매출액   ◆ 창상치료제-마이크로니들-수출 매출액

• 참조: DART 티앤엘 24.2Q 반기보고서

창상치료제 부문 중 하이드로콜로이드 수출액의 비중이 가장 크며, 24년 2분기에 역대 최대 분기 매출을 기록했다.

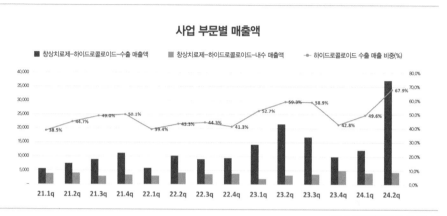

사업 부문별 매출액

■ 창상치료제-하이드로콜로이드-수출 매출액   ■ 창상치료제-하이드로콜로이드-내수 매출액   ─○─ 하이드로콜로이드 수출 매출 비중(%)

• 참조: DART 티앤엘 24.2Q 반기보고서

하이드로콜로이드 수출액 비중은 전체 매출의 67.9%를 차지한다.

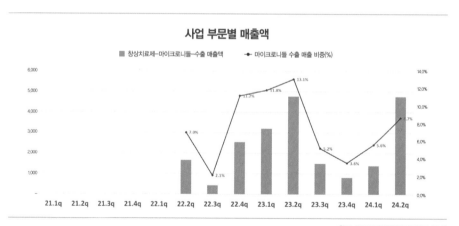

사업 부문별 매출액

■ 창상치료제-마이크로니들-수출 매출액   ─◆─ 마이크로니들 수출 매출 비중(%)

• 참조: DART 티앤엘 24.2Q 반기보고서

마이크로니들 수출액은 2분기 연속 증가했다.

지역별 매출액

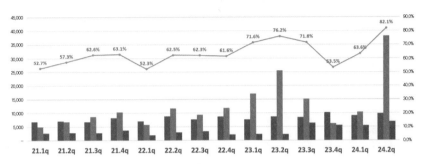

• 참조: DART 티앤엘 24.2Q 반기보고서

티앤엘의 수출 매출이 증가하면서 역대 최대치(매출 비중 82.1%)를 달성했다.

지역별 매출액

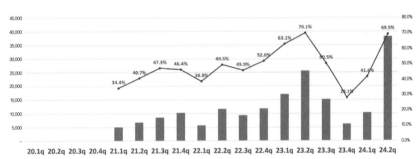

• 참조: DART 티앤엘 24.2Q 반기보고서

24년 2분기 미국향 매출 역시 역대 최고를 기록하며, 전체 매출에도 기인하는 모습을 보이고 있다. 미국향 매출은 69.5%다.

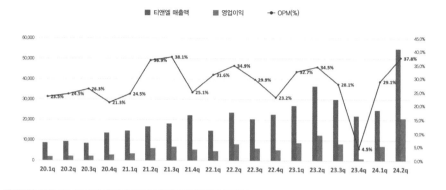

분기별 손익

■ 티앤엘 매출액   ■ 영업이익   ◆ OPM(%)

* 참조: DART 티앤엘 24.2Q 반기보고서

전 분기 대비 매출액, 영업이익, OPM(%) 모두 큰 폭으로 증가했으며, 매출액과 영업이익은 역대 최고치를 기록했다.

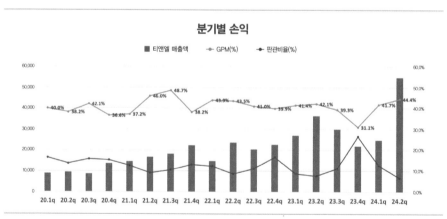

분기별 손익

■ 티앤엘 매출액   ◆ GPM(%)   ◆ 판관비율(%)

* 참조: DART 티앤엘 24.2Q 반기보고서

GPM(%)의 증가와 판관비율(%)의 하락은 OPM(%)이 증가할 수 있던 사유임을 알 수 있다.

연도별 손익

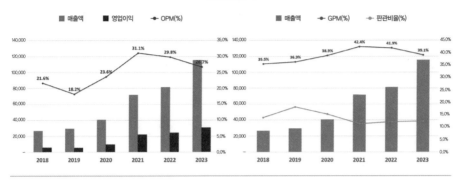

• 참조: DART 티앤엘 23년 기준

18년 이후 6년 연속 성장하여 23년에 최대 매출/영업이익을 기록했다.

현금흐름

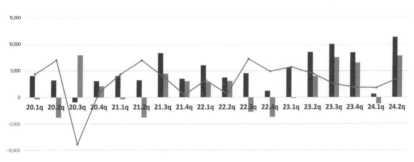

• 참조: DART 티앤엘 24.2Q 반기보고서

현금흐름

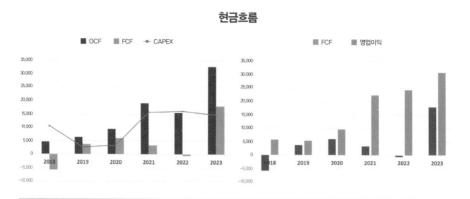

• 참조: DART 티앤엘 24,2Q 반기보고서

지속적으로 현금이 유입되고 있다.

매출채권

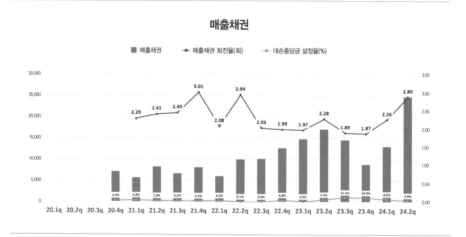

• 참조: DART 티앤엘 24,2Q 반기보고서

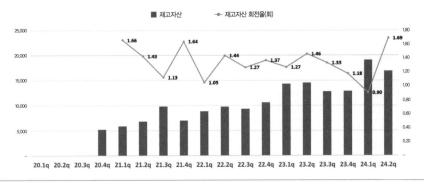

매출채권

■ 재고자산 ─◆─ 재고자산 회전율(회)

참조: DART 티앤엘 24.2Q 반기보고서

매출채권회전율은 2개 분기 연속 증가했으며, 재고자산회전율 또한 양호한 상태다.

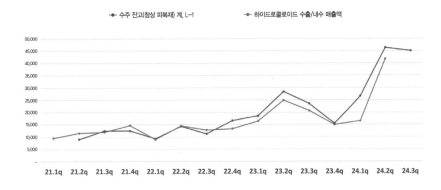

수주잔고/하이드로콜로이드 매출액

─◆─ 수주 잔고(창상 피복재) 계, L-1 ─◆─ 하이드로콜로이드 수출/내수 매출액

참조: DART 티앤엘 24.2Q 반기보고서

하이드로콜로이드 매출액과 창상피복재의 수주잔고를 1분기 레깅했을 때 95.6%로 높은 상관관계를 보였다. 다음 분기 역시 비슷한 매출을 유지할 것으로 보인다.

1. 사업 성과
- 티앤엘은 고기능성 소재를 의료용 분야에 적용하여 다양한 제품을 제조/판매하고 있다. 창상피복재(하이드로콜로이드, 폴리우레탄 폼 등)와 마이크로니들, 정형외과용 고정재가 주요 재품이다.
- 24년 2분기 기준, 역대 최대 분기 매출과 영업이익을 기록하며 지속적인 성장을 이어 가고 있다.

2. 제품별 매출 비중
- 하이드로콜로이드가 전체 매출의 76.06%를 차지하며, 하이드로콜로이드 수출액은 전체 매출의 67.9%를 차지하고 있다.
- 마이크로니들 매출은 2분기 연속 증가세를 보이고 있다.

3. 지역별 매출
- 수출 매출이 증가하면서 역대 최대 매출 비중인 82.1%를 기록했다. 특히 미국향 매출이 역대 최고치를 기록하며 전체 매출에 크게 기여하고 있다. 미국향 매출 비중은 69.5%다.

4. 재무 상태
- 전 분기 대비 매출액, 영업이익, OPM(%) 모두 큰 폭으로 증가했으며, GPM(%)의 증가와 판관비율(%) 하락이 OPM(%) 상승에 기여했다.
- 지속적인 현금 유입으로 양호한 현금흐름을 유지하고 있으며, 매출채권회전율과 재고자산회전율도 양호한 상태다.

5. 수주잔고
- 하이드로콜로이드 매출액 및 창상피복재의 수주잔고는 높은 상관관계(95.6%)를 보여, 다음 분기에도 비슷한 수준의 매출을 유지할 것으로 예상된다.

6. 향후 전망
- 티앤엘은 하이드로콜로이드 및 마이크로니들 제품의 강력한 수출 성장세와 함께 안정적인 재무 상태를 유지하고 있다. 특히 미국 시장에서의 성장이 두드러지며, 이는 향후 실적 개선에 긍정적인 영향을 미칠 것으로 기대된다. 전반적으로 티앤엘은 고기능성 소재 분야에서의 경쟁력을 바탕으로 글로벌시장에서 입지를 강화하고 있다.

브랜드엑스코퍼레이션

1. 기업 개요

사업 부문

(단위 : 천 원)

구분	브랜드/회사명	2024년 2분기		2023년		2022년	
		매출액	매출 비중	매출액	매출 비중	매출액	매출 비중
(주)브랜드엑스 코퍼레이션	젝시믹스	119,085,669	91.94%	216,694,543	93.17%	191,270,669	92.45%
	기타 브랜드	125,464	0.10%	1,107,752	0.48%	4,037,622	1.95%
종속회사	(주)이루다마케팅	5,102,869	3.94%	12,303,778	5.29%	10,073,022	4.87%
	BRAND X CORPORATION JAPAN Co.,Ltd	5,212,714	4.02%	7,837,320	3.37%	5,988,055	2.89%
	BRAND X SHANGHAI TRADING Co., Ltd.(*1)	2,170,553	1.68%	70,939	0.03%	–	–
	BrandX Taiwan Co., Ltd. (*2)	4,285,038	3.31%	1,443,386	0.62%	–	–
	레이크우드 제2호 조합	304,604	0.24%	128,588	0.06%	338,719	0.16%
연결 제거		(6,768,331)	-5.23%	(7,009,221)	-3.01%	(4,820,913)	-2.33%
계		129,518,580	100.00%	232,577,085	100.00%	206,887,174	100.00%

(*1) 전기 중 BRAND X SHANGHAI TRADING Co., Ltd.(중국법인)에 출자하여 종속회사에 편입되었습니다.

(*2) 전기 중 BRAND X Taiwan Co., Ltd. (대만법인)에 출자하여 종속회사에 편입되었습니다.

* 참조: DART 브랜드엑스코퍼레이션 24.2Q 반기보고서

2015년에 런칭한 브랜드 젝시믹스와 미디어 기반의 비즈니스 모델을 승계하여 2017년에 설립된 R&D 기반의 D2C(Direct to Customer) 기업이다. 주요 종속회사로는 ㈜이루다마케팅, BRAND X CORPORATION JAPAN Co., Ltd, BRAND X SHANGHAI TRADING Co., Ltd., Brand X TAIWAN Co., Ltd.가 있다.

2. 정량적 분석

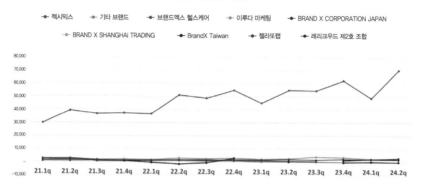

사업 부문별 매출액

• 참조: DART 브랜드엑스코퍼레이션 24.2Q 반기보고서

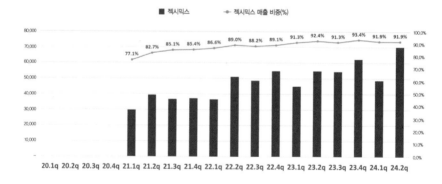

사업 부문별 매출액

• 참조: DART 브랜드엑스코퍼레이션 24.2Q 반기보고서

24년 2분기 기준 젝시믹스의 매출 비중이 91.9%로 가장 크며 역대 최고 매출을 기록했다.

지역별 매출액

■ 국내 매출

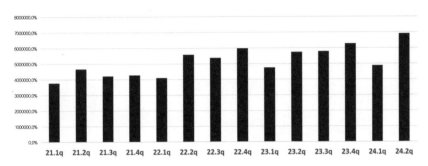

• 참조: DART 브랜드엑스코퍼레이션 24.2Q 반기보고서

수출 매출액

◆ 수출 매중 비중(%)

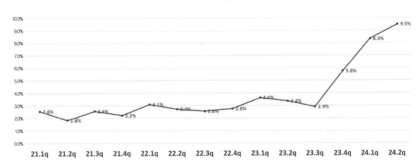

• 참조: DART 브랜드엑스코퍼레이션 24.2Q 반기보고서

24년 2분기에 국내매출 측면에서 최고치를 기록했으며, 수출 매출 비중도 3분기 연속 증가하여 9.5%로 역대 최대를 기록했다.

종속 법인별 매출액

• 참조: DART 브랜드엑스코퍼레이션 24.2Q 반기보고서

종속 법인별 매출액

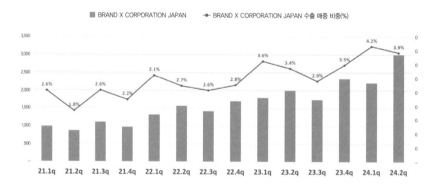

• 참조: DART 브랜드엑스코퍼레이션 24.2Q 반기보고서

수출 비중 증가는 종속회사 BRAND X CORPORATION JAPAN의 매출 증가와 23년 4분기부터 발생한 BRAND X TAIWAN 매출과 24년 2분기에 큰 폭으로 발생한 BRAND X SHANGHAI TRADING의 매출에 의한 것이다.

분기별 손익

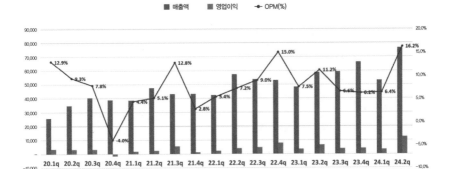

■ 매출액　■ 영업이익　◆ OPM(%)

* 참조: DART 브랜드엑스코퍼레이션 24.2Q 반기보고서

24년 2분기에 역대 최대 매출/영업이익/OPM(%)을 기록했다.

분기별 손익

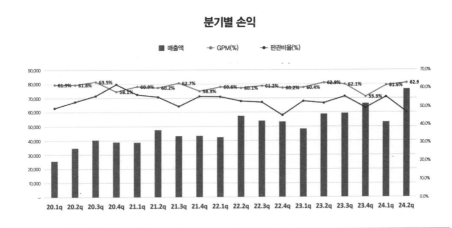

■ 매출액　◆ GPM(%)　◆ 판관비율(%)

* 참조: DART 브랜드엑스코퍼레이션 24.2Q 반기보고서

GPM(%)의 증가와 판관비율(%) 하락은 OPM(%)이 증가할 수 있던 사유임을 알 수 있다.

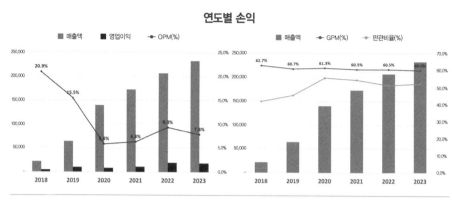

연도별 손익

• 참조: DART 브랜드엑스코퍼레이션 23년 기준

　　매출은 18년 이후 6년 연속 성장하여 23년에 최대 매출을 달성했다. 20년 이후 GPM은 60%를 기록했으나 판관비율의 증가로 OPM은 10% 이하를 기록했다.

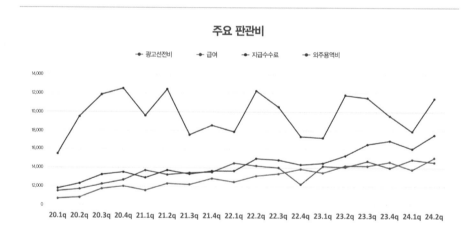

주요 판관비

• 참조: DART 브랜드엑스코퍼레이션 24.2Q 반기보고서

주요 판관비

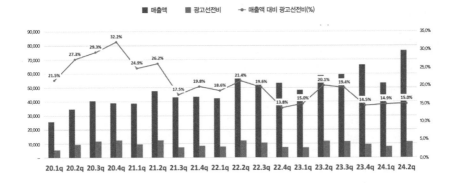

* 참조: DART 브랜드엑스코퍼레이션 24.2Q 반기보고서

B2C 매출 증대를 위해 필수적으로 필요한 광고선전비가 가장 큰 비중을 차지하고 있다. 적절한 비용을 통해 매출 증가를 이뤄 내면서 광고선전비 비중이 점차 하향 안정화되었다.

현금흐름

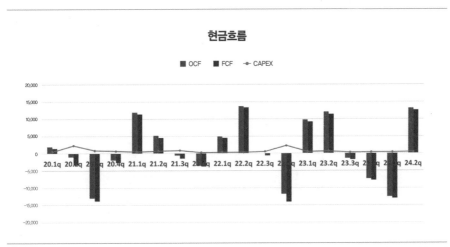

* 참조: DART 브랜드엑스코퍼레이션 24.2Q 반기보고서

연도별 현금흐름

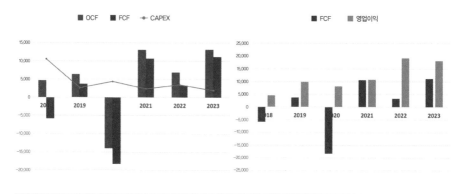

정확한 추세를 파악하기 어려웠던 분기별 현금흐름과 달리 연도별 현금흐름은 파악하기 쉬웠고, 결과적으로 양호했다. OCF/FCF 모두 3년 연속 현금이 유입되고 있다.

매출채권

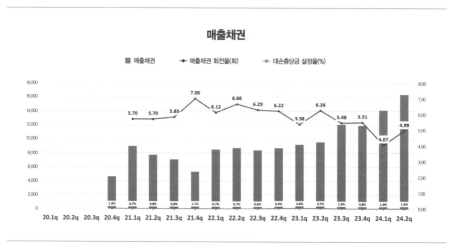

재고자산

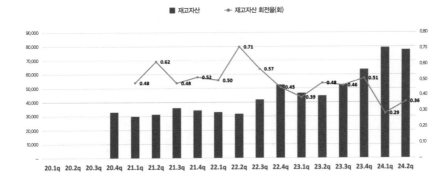

■ 재고자산   ● 재고자산 회전율(회)

• 참조: DART 브랜드엑스코퍼레이션 24.2Q 반기보고서

매출채권회전율과 재고자산회전율 모두 우하향하고 있으며, 지속적인 모니터 링이 필요하다.

PEER 그룹의 매출액

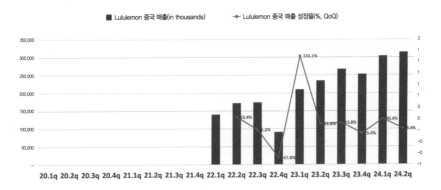

■ Lululemon 중국 매출(in thousands)   ● Lululemon 중국 매출 성장율(%, QoQ)

• 참조: DART 브랜드엑스코퍼레이션 24.2Q 반기보고서

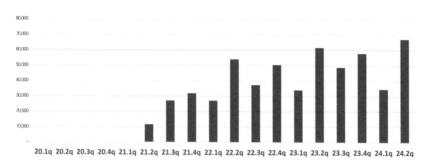

PEER 그룹의 매출액

■ 에코마케팅 의류 부문(안다르) 매출액

• 참조: DART 브랜드엑스코퍼레이션 24.2Q 반기보고서

동사의 PEER 그룹 Lululemon의 중국 매출은 꾸준히 우상향하여 24년 2분기에 최대 매출을 달성했다. 에코마케팅의 의류 부문 매출액도 24년 2분기에 최대 매출액을 달성했다.

결 론

1. 사업 성과
- 24년 2분기 기준, 역대 최대 매출액과 영업이익을 달성했다.
- 젝시믹스 브랜드가 전체 매출의 91.9%를 차지하며 주력 사업으로 자리 잡았다.
- 6년 연속 매출 성장을 기록하고 있다.

2. 해외 진출
- 수출 매출 비중이 3분기 연속 증가하여 24년 2분기에 9.5%로 역대 최고치를 찍었다.
- 일본, 대만, 중국 등 아시아 시장에서의 성과가 두드러진다.

3. 수익성
- 24년 2분기에 역대 최대 영업이익률(OPM)을 기록했다.
- GPM 증가와 판관비율 하락이 수익성 개선에 기여했다.

4. 마케팅 전략
- B2C 매출 증대를 위한 광고선전비가 주요 비용이나, 효율적인 집행으로 비중이 점차 하향 안정화되고 있다.

5. 재무 상태
- 현금흐름은 연도별로 양호한 상태를 유지하고 있으며, 3년 연속 영업현금흐름(OCF)과 잉여현금흐름(FCF)이 양(+)의 값을 기록했다.
- 매출채권회전율과 재고자산회전율은 다소 하락 추세를 보이고 있어 지속적인 모니터링이 필요하다.

6. 경쟁력
- 글로벌 경쟁사인 Lululemon의 중국 시장 성장과 유사한 패턴을 보이고 있어, 아시아 시장에서의 경쟁력을 확인할 수 있다.

7. 향후 전망
- 브랜드엑스코퍼레이션은 젝시믹스 브랜드를 중심으로 국내외에서 꾸준한 성장을 이어 가고 있다. 특히 해외시장 진출 확대와 효율적인 마케팅 전략을 통해 수익성을 개선하고 있다. 다만 재고 및 매출채권 관리에 대한 주의가 필요하며, 향후 글로벌시장에서의 경쟁력 강화와 신규 브랜드 육성 등을 통한 지속 가능한 성장 전략 수립이 중요할 것으로 보인다.

PART 7

방위산업
우주항공

아이쓰리시스템

1. 기업 개요

사업 부문

(단위 : 백만 원)

품 목		제27기 (2024년 2분기)		제26기 (2023년)	
		매출액	비율	매출액	비율
제 품	적외선 영상센서	58,217	94.43%	110,969	91.30%
	엑스레이 영상센서	2,121	3.44%	5,781	4.76%
	기 타	697	1.13%	4,019	3.31%
	소 계	61,035	99.00%	120,768	99.37%
용 역	적외선 영상센서 등	79	0.13%	152	0.12%
상 품	적외선 영상센서 등	46	0.07%	-	-
S/W	적외선 영상센서 등	32	0.05%	23	0.02%
A/S	적외선 영상센서 등	459	0.75%	596	0.49%
합 계		61,651	100.00%	121,539	100.00%

• 참조: DART 아이쓰리시스템 24.2Q 반기보고서

국내 유일 군수용 적외선 영상센서 공급업체다. 냉각형과 비냉각형 센서 모두

생산하고 있다. 적외선 영상센서(매출 비중 94.43%)는 현궁, 신궁 등의 유도무기와 K2 전차와 개인화기 조준경 등에 납품하고, 엑스레이 영상센서(매출 비중 3.44%)와 기타(매출 비중 1.13%)는 의료 및 화재감시, 위성용 등을 생산한다.

2. 정량적 분석

제품별 매출액

-●- 적외선 영상센서 매출액   -●- 엑스레이 영상센서 매출액   -●- 기타 매출액

* 참조: DART 아이쓰리시스템 24.2Q 반기보고서

적외선 영상센서(94.43%)가 매출의 대부분을 차지한다. 22년 4분기부터 증가 추세에 있다.

제품별 매출액

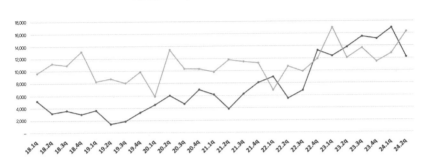

* 참조: DART 아이쓰리시스템 24.2Q 반기보고서

적외선 영상센서 매출은 내수와 수출 모두 증가했다. 이 중 특히 수출의 증가 폭이 크다.

제품별 매출액

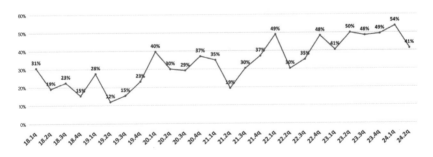

* 참조: DART 아이쓰리시스템 24.2Q 반기보고서

민수향 수출이 증가하면서 비중은 50% 수준을 유지하는 중이다.

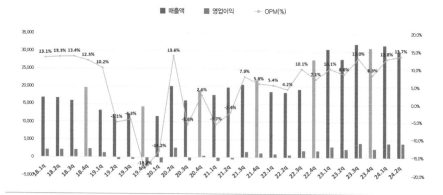

분기별 손익

■ 매출액 ■ 영업이익 ─○─ OPM(%)

• 참조: DART 아이쓰리시스템 24.2Q 반기보고서

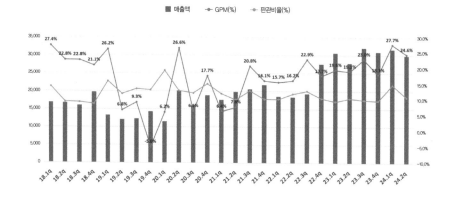

분기별 손익

■ 매출액 ─○─ GPM(%) ─○─ 판관비율(%)

• 참조: DART 아이쓰리시스템 24.2Q 반기보고서

23년 이후 매출액과 이익률이 계속해서 성장하고 있다. 24년 2분기에는 역대 최대 OPM을 기록했다.

연도별 손익

• 참조: DART 아이쓰리시스템 23년 기준

19년도 이후 매출액과 이익 모두 성장을 지속하고 있다. 18년 이익 레벨에 근접한 상태다.

현금흐름

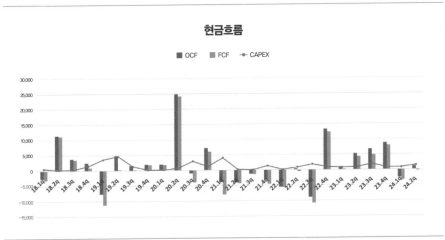

• 참조: DART 아이쓰리시스템 24.2Q 반기보고서

연도별 현금흐름

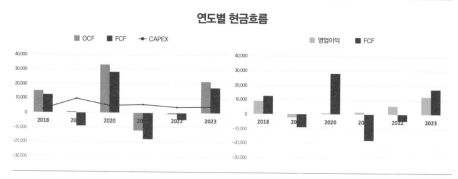

* 참조: DART 아이쓰리시스템 23년 기준

비냉각형 센서 설비투자로 인해 현금흐름이 악화되었으나 현재 회복한 상태다.

주요 제품 가격

적외선 영상센서 냉각형-내수(제품 가격)

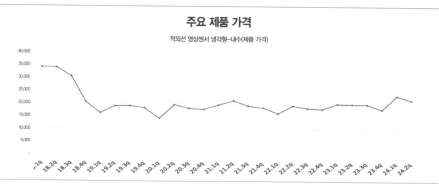

* 참조: DART 아이쓰리시스템 24.2Q 반기보고서

주요 제품 가격

적외선 영상센서 냉각형-내수(제품 판매량)

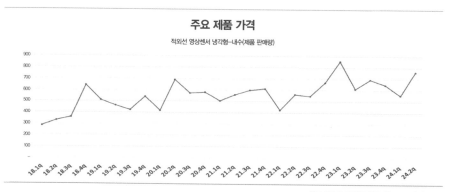

* 참조: DART 아이쓰리시스템 24.2Q 반기보고서

제품 가격은 하향 안정화되어 있다. 산업적으로 가격을 낮춰 적용처를 늘리고자 하는 추세다.

매출채권

• 참조: DART 아이쓰리시스템 24.2Q 반기보고서

군수 매출 특성상 대손충당금은 매우 낮다. 매출채권회전율은 상승 추세에 있다.

재고자산

• 참조: DART 아이쓰리시스템 24.2Q 반기보고서

매출액/제품+재공품

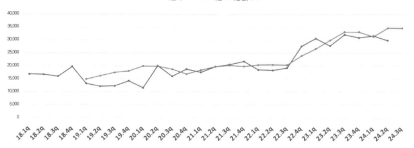

* 참조: DART 아이쓰리시스템 24,2Q 반기보고서

매출액이 증가함에 따라 과거 대비 재공품 재고가 늘고 있다. 제품과 재공품
을 4개 분기 레깅하면 매출액과 높은 상관성을 보인다.

수주잔고/매출액

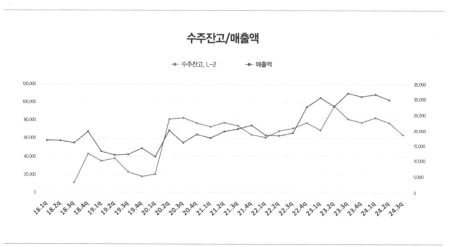

* 참조: DART 아이쓰리시스템 24,2Q 반기보고서

매출액은 수주잔고 2개 분기를 레깅한 값과 유사한 흐름을 보인다. 최근 수주
잔고는 하락 추세에 있다.

고객사 매출

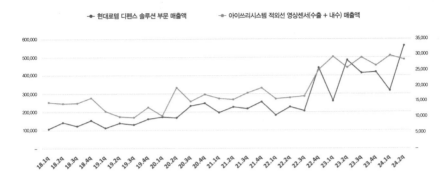

• 참조: DART 아이쓰리시스템 24.2Q 반기보고서

고객사 매출

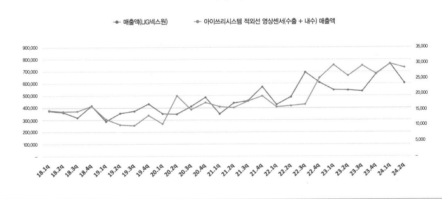

• 참조: DART 아이쓰리시스템 24.2Q 반기보고서

주요 매출처인 현대로템과 LIG넥스원 매출액과 적외선 영상센서 매출액은 방향이 같다.

1. 사업 구조

아이쓰리시스템은 국내 유일의 군수용 적외선 영상센서 공급업체로, 냉각형과 비냉각형 센서를 모두 생산한다. 주력 제품인 적외선 영상센서(매출 비중 94.43%)는 유도무기, 전차, 개인화기 조준경 등에 납품되며, 엑스레이 영상센서(3.44%)와 기타 제품(1.13%)도 생산한다.

2. 재무 성과

- 23년 이후 매출액과 이익률 성장이 지속되고 있으며, 24년 2분기에는 역대 최대 영업이익률을 기록했다.
- 적외선 영상센서 매출은 내수와 수출 모두 증가했으나, 특히 수출의 증가 폭이 크다.
- 민수향 수출 증가로 최근 수출 비중은 50% 수준을 유지 중이다.

3. 제품 동향

- 제품 가격은 하향 안정화되고 있다. 이는 산업적으로 가격을 낮춰 적용처를 늘리고자 하는 추세를 반영했다.
- 비냉각형 센서 설비투자로 인해 일시적으로 현금흐름이 악화되었으나, 현재는 회복 기조에 있다.

4. 재무 건전성

- 군수 매출 특성상 대손충당금은 매우 낮은 수준을 유지하고 있다.
- 매출채권회전율은 상승 추세에 있다.
- 매출액 증가에 따라 과거 대비 재공품 재고가 증가했다.

5. 수주 및 고객사 동향

- 수주잔고는 하락 추세에 있으나, 매출액은 수주잔고 2개 분기 지연과 유사한 흐름을 보인다.
- 주요 매출처인 현대로템과 LIG넥스원의 매출액과 적외선 영상센서 매출액은 동행 추세를 보인다.

6. 향후 전망

아이쓰리시스템은 국내 유일의 군수용 적외선 영상센서 공급업체로서 안정적인 성장세를 보이고 있다. 수출 비중 증가와 민수향 매출 확대는 긍정적인 요인으로 작용하고 있다. 다만 제품 가격의 하락 추세와 수주잔고 감소는 주의 깊게 모니터링할 필요가 있다. 향후 비냉각형 센서 설비투자의 성과와 신규 적용처 확대 여부가 회사의 중장기 성장에 중요한 요인이 될 것으로 보인다.

LIG넥스원

1. 기업 개요

사업 부문

(단위 : 백만 원)

구분	제23기 2분기 (2024년)		제22기 (2023년)		제21기 (2022년)	
	매출액	비율	매출액	비율	매출액	비율
PGM	495,560	36.2%	1,142,759	49.5%	1,241,571	55.9%
ISR	220,004	16.1%	357,447	15.5%	315,462	14.2%
AEW	153,854	11.2%	257,721	11.2%	234,439	10.6%
C4I	469,288	34.3%	496,981	21.5%	398,007	17.9%
기타	29,514	2.2%	53,663	2.3%	31,273	1.4%
합 계	1,368,220	100.0%	2,308,571	100.0%	2,220,752	100.0%

(주)상기 제23기 2분기 실적은 2024년 1월 1일부터 6월 30일까지의 누계 금액입니다.

• 참조: DART LIG넥스원 24.2Q 반기보고서

    LIG 계열의 순수 방위산업 기업이다. PGM 제품(매출 비중 36.2%)은 천궁/현궁 등의 유도무기 체계를 생산하고, ISR 제품(매출 비중 16.1%)은 탐색레이더 등의 감시 정찰 무기체계를 생산한다. AEW 제품(매출 비중 11.2%)은 각종 전자전 체계를, C4I

제품(매출 비중 34.3%)은 통신단말, 무전기 등을, 기타 제품(매출 비중 2.2%)은 무인화, 미래무기체계를 생산한다.

2. 정량적 분석

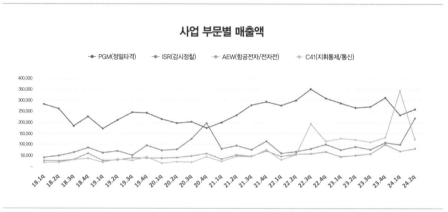

• 참조: DART LIG넥스원 24.2Q 반기보고서

PGM는 36.2%, ISR은 16.1%, AEW는 11.22%, C4I은 34.3%, 기타는 2.2%의 매출 비중을 가지고 있다. 매출액은 그림에서 보는 대로다.

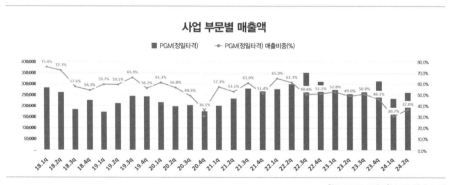

• 참조: DART LIG넥스원 24.2Q 반기보고서

대표 무기인 천궁의 매출 인식이 아직 본격적으로 이뤄지지 않아 하락 추세에 있다.

사업 부문별 매출액

* 참조: DART LIG넥스원 24.2Q 반기보고서

C4I 부문은 인도네시아 무전기 수출로 인해 과거 대비 상승했다.

분기별 손익

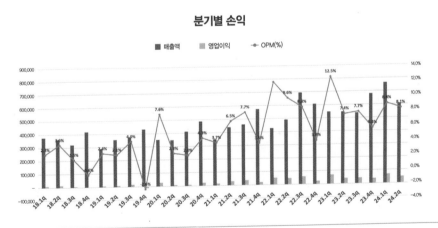

* 참조: DART LIG넥스원 24.2Q 반기보고서

분기별 손익

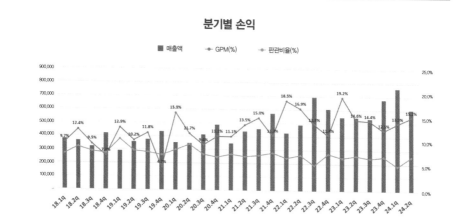

* 참조: DART LIG넥스원 24.2Q 반기보고서

전 분기 대비 매출액과 OPM이 하락했다. 계절성을 감안하면 전년 대비로는 상승했다.

연도별 손익

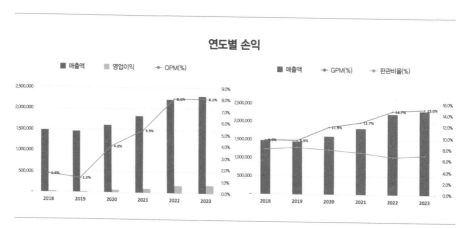

* 참조: DART LIG넥스원 23년 기준

19년 이후 지속적으로 성장하고 있다. 23년은 전년 대비 flat했다.

현금흐름

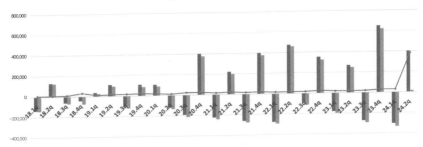

* 참조: DART LIG넥스원 24,2Q 반기보고서

연도별 현금흐름

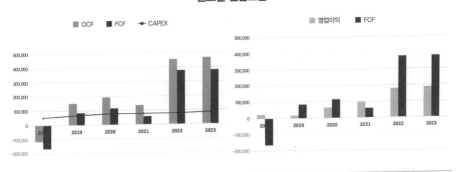

* 참조: DART LIG넥스원 24,2Q 반기보고서

　　분기별로 보면 변동성이 있으나 연간으로 보면 OCF/FCF 모두 양호하다. 24년 2분기 CAPEX 수치는 생산시설 및 연구시설 관련 투자로 인한 것이다.

계약자산 리스크

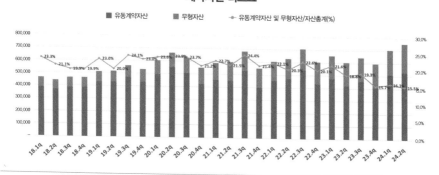

* 참조: DART LIG넥스원 24.2Q 반기보고서

선수금

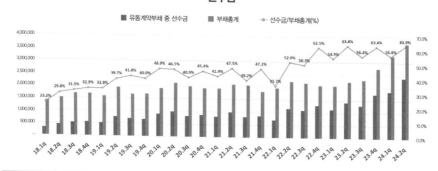

* 참조: DART LIG넥스원 24.2Q 반기보고서

조정 부채비율

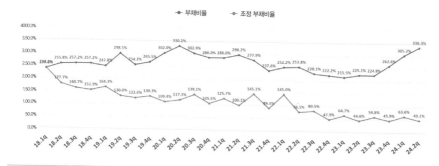

* 참조: DART LIG넥스원 24.2Q 반기보고서

자산총계 중 계약자산의 비중은 하락하고, 선수금은 역대 최대치를 기록했다. 선수금을 제외한 조정 부채비율은 49.1%로 안정적이다.

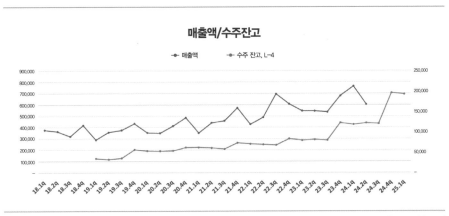

매출액/수주잔고

* 참조: DART LIG넥스원 24.2Q 반기보고서

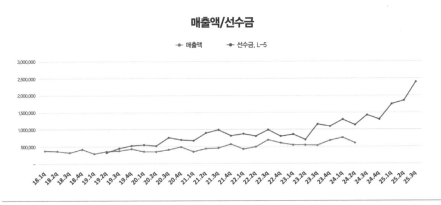

매출액/선수금

* 참조: DART LIG넥스원 24.2Q 반기보고서

매출액과 수주잔고 4개 분기를 레깅한 값 간 상관관계는 83.6%, 매출액과 선수금 5개 분기를 레깅한 값 간 상관관계는 78.4%로 높다. 해당 추세를 감안했을 때 25년 매출액은 높아질 가능성이 있다.

결 론

1. 매출액 및 영업이익

- 19년 이후 지속적인 성장세를 보이고 있다.
- 23년은 전년과 비슷한 수준을 유지했다.
- 24년 2분기 기준, 전 분기 대비 매출액과 영업이익률(OPM)이 하락했으나, 계절성을 감안하면 전년 대비 상승했다.

2. 현금흐름

- 분기별로는 변동성이 있으나 연간 기준으로는 영업현금흐름(OCF)과 잉여현금흐름(FCF) 모두 양호한 상태이다.
- 24년 2분기 CAPEX 증가는 생산시설 및 연구시설 관련 투자로 인한 것이다.

3. 재무구조

- 계약자산의 비중은 하락하고 있는 반면, 선수금은 역대 최대를 기록했다.
- 선수금을 제외한 조정 부채비율은 49.1%로 안정적인 수준이다.

4. 향후 전망

- 매출액, 수주잔고, 선수금 간의 높은 상관관계(각각 83.6%, 78.4%)를 고려할 때, 2025년 매출액 증가가 예상된다.
- PGM 부문의 천궁 매출 인식 본격화로 해당 부문의 실적 개선이 기대된다.
- C4I 부문의 해외 수출 확대로 인한 지속적인 성장이 예상된다.
- 무인화 및 미래무기체계 개발을 통한 신성장동력을 확보할 가능성이 높다.

현대로템

1. 기업 개요(참조: 현대로템 24년 2분기 반기보고서)

사업 부문

(단위 : 백만 원)

사업부문	매출유형	품 목	매출액	비율(%)
디펜스솔루션 부문	제품	방산물자	882,495	47.9%
레일솔루션 부문	상품·제품	전동차	667,771	36.2%
에코플랜트 부문	제품	제철프레스환경운반설비	292,040	15.9%
총 합계			1,842,306	100.0%

• 참조: DART 현대로템 24.2Q 반기보고서

1999년에 설립되어 K계열 전차와 차륜형장갑차 양산사업, 창정비 사업 등을 수행하는 디펜스솔루션 사업, 국가 기간산업인 철도차량 제작, E&M(Electrical & Mechanical) 및 O&M(Operation & Maintenance) 등을 영위하고 있는 레일솔루션 사업 그리고 제철설비와 완성차 생산설비, 스마트팩토리 설비 및 수소인프라 설비 등을 납품하는 에코플랜트 사업을 영위하고 있다.

2. 정량적 분석

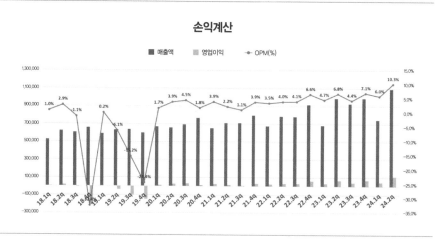

손익계산

* 참조: DART 현대로템 24.2Q 반기보고서

매출액(YoY +10.9%, QoQ +46.4%)과 영업이익(YoY +67.7%, QoQ +152.4%)은 5개 년도 내 최대치를 기록했다. OPM도 그렇다.

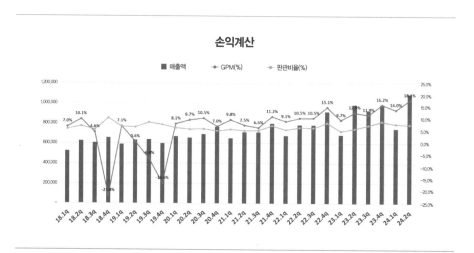

손익계산

* 참조: DART 현대로템 24.2Q 반기보고서

GPM도 꾸준히 상승하여 역대 최대 GPM인 18%를 달성했고, 판관비율은 7~8%로 안정적으로 유지 중이다.

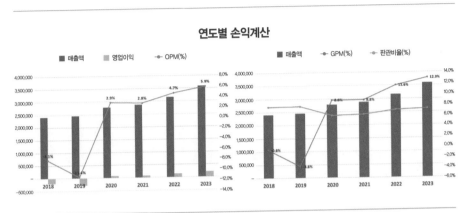

연도별 손익계산

• 참조: DART 현대로템 23년 기준

연도별로도 상승 추세를 확인할 수 있다.

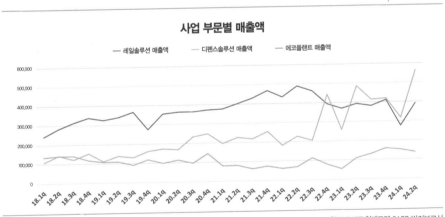

사업 부문별 매출액

• 참조: DART 현대로템 24.2Q 반기보고서

사업 부문별 매출액을 보면 레일솔루션 부문이 주였으나 디펜스솔루션 부문 매출이 계속 증가한 결과 23년 2분기에 추월했다.

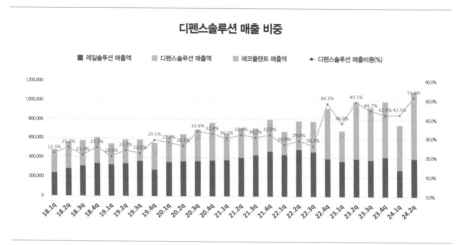

디펜스솔루션 매출 비중

■ 레일솔루션 매출액 ■ 디펜스솔루션 매출액 ■ 에코플랜트 매출액 ● 디펜스솔루션 매출비중(%)

• 참조: DART 현대로템 24.2Q 반기보고서

디펜스솔루션 부문의 24년 2분기 매출 비중은 51.6%다.

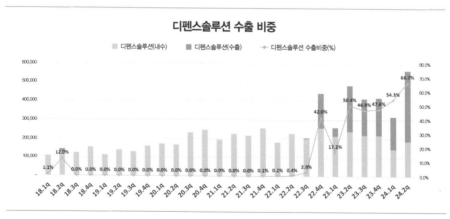

디펜스솔루션 수출 비중

■ 디펜스솔루션(내수) ■ 디펜스솔루션(수출) ● 디펜스솔루션 수출비중(%)

• 참조: DART 현대로템 24.2Q 반기보고서

22년 4분기 이후 디펜스솔루션 부문의 수출 매출액 증가(24년 2분기 66.7%)를 확인할 수 있으며, 이는 동사에서 당 사업 부문의 비중이 늘어나게 된 사유임을 알 수 있다.

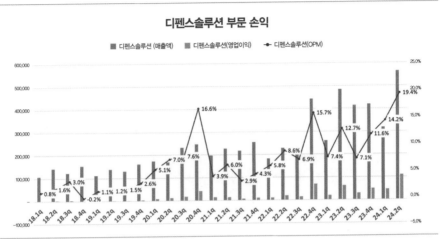

디펜스솔루션 부문 손익

• 참조: DART 현대로템 24.2Q 반기보고서

디펜스솔루션 부문은 5개 연도 내 최대 매출액/영업이익/OPM을 달성했다.

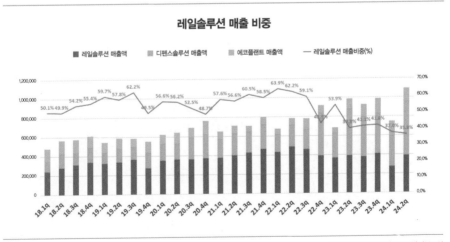

레일솔루션 매출 비중

• 참조: DART 현대로템 24.2Q 반기보고서

레일솔루션 부문은 24년 2분기 기준 매출 비중이 35.8%다.

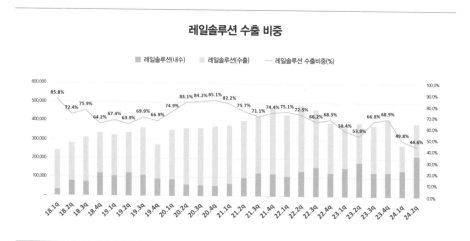

레일솔루션 수출 비중

레일솔루션 부문은 반대로 수출 비중이 감소했는데, 이는 당 사업 부문의 매출이 감소한 이유로 추정된다.

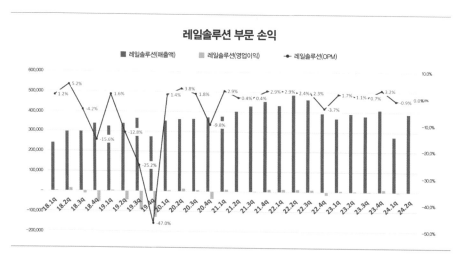

레일솔루션 부문 손익

레일솔루션 부문의 OPM은 1~3%로, 이는 당사의 영업이익에 크게 기여하지 못하고 있다. 수출 비중이 낮아짐에 따라 해당 부문의 OPM이 더 낮아졌음을 알 수 있다.

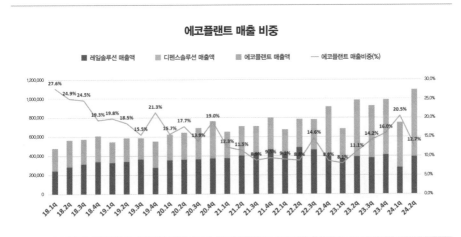

에코플랜트 매출 비중

* 참조: DART 현대로템 24,2Q 반기보고서

에코플랜트 부문의 24년 2분기 매출 비중은 12.7%다.

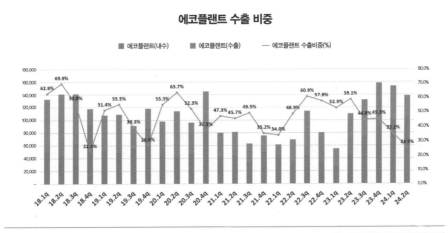

에코플랜트 수출 비중

* 참조: DART 현대로템 24,2Q 반기보고서

에코플랜트 부문의 매출액은 23년 2분기 이후 상승하고 있으며, 수출 비중은 감소 추세에 있다.

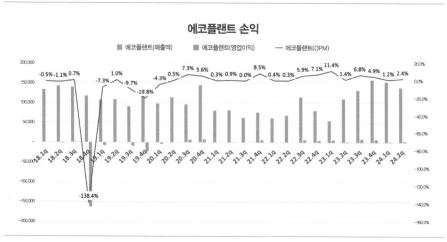

• 참조: DART 현대로템 24.2Q 반기보고서

에코플랜트 부문은 수출 비중에 따른 OPM의 영향은 크게 없어 보인다. 18년 해외프로젝트 충당금 설정으로 영업이익이 크게 마이너스를 기록한 것이 눈에 띈다.

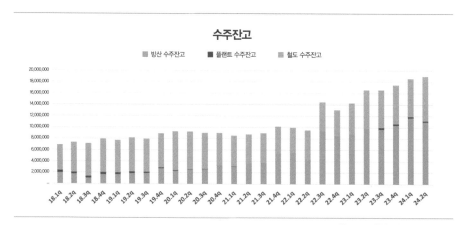

• 참조: DART 현대로템 24.2Q 반기보고서

22년 3분기 이후 방산 부문의 수주잔고가 크게 증가했다.

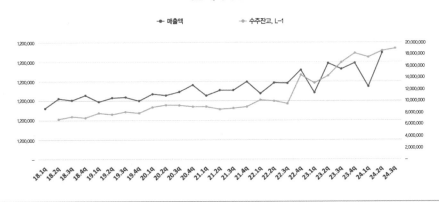

매출액/수주잔고

• 참조: DART 현대로템 24,2Q 반기보고서

전체 매출액과 전체 수주잔고를 1개월 레깅한 값 간의 상관관계는 83.5%다.

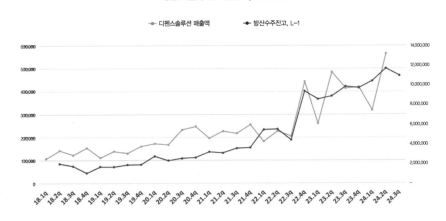

디펜스솔루션 매출액/수주잔고

• 참조: DART 현대로템 24,2Q 반기보고서

디펜스솔루션 매출액과 방산 부문 수주잔고 1분기 레깅값은 89.6%로 매우 높은 상관관계를 가진다. 따라서 3분기 디펜스솔루션 매출액은 약간 감소할 것으로 보인다.

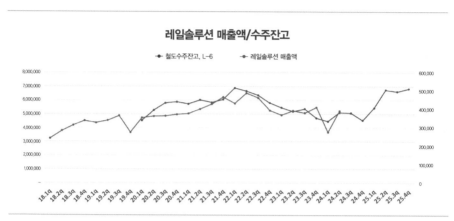

레일솔루션 매출액/수주잔고

• 참조: DART 현대로템 24.2Q 반기보고서

레일솔루션 매출액과 철도수주잔고 6분기 레깅값 간의 상관성은 73%다. 따라서 3분기 레일솔루션 매출은 2분기와 비슷할 것으로 보인다.

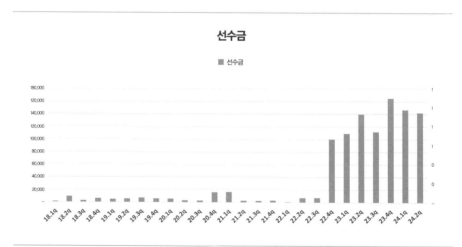

선수금

• 참조: DART 현대로템 24.2Q 반기보고서

선수금 추이를 보면 22년 4분기부터 크게 증가했는데 이는 22년 3분기 이후 방산 수주잔고의 영향으로 보인다. 선수금과 방산 수주잔고 1분기 레깅한 값의 상관관계는 92.5%다. 즉 방산 쪽 수주를 받고 1개월 이후에 선수금을 받을 확률이 매우 높다.

매출액/선수금

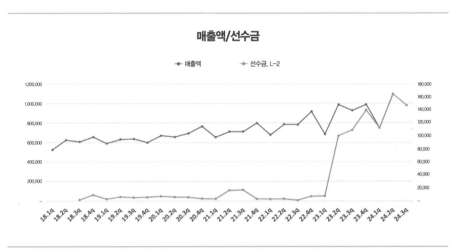

매출액과 선수금 2분기 레깅한 값 간의 상관관계는 79%다.

판관비

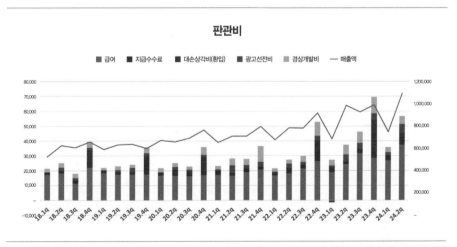

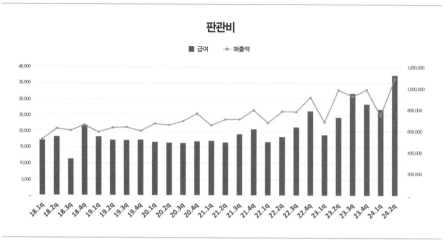

판관비

■ 급여 ─── 매출액

* 참조: DART 현대로템 24.2Q 반기보고서

판관비는 급여가 제일 큰 비중을 차지하고, 급여와 매출액의 추이도 비슷하다.

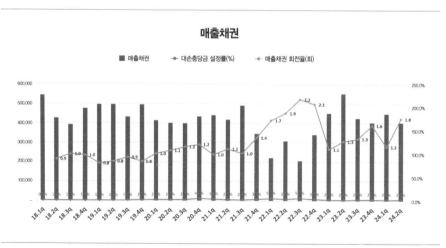

매출채권

■ 매출채권 ─── 대손충당금 설정률(%) ─── 매출채권 회전율(회)

* 참조: DART 현대로템 24.2Q 반기보고서

21년 4분기~22년 4분기 동안 매출채권액이 감소했으며, 23년 1분기 이후 5개
년도 평균 수준으로 회복했다. 대손충당금설정률은 2%대를 유지 중이다.

경과 기간별 매출채권

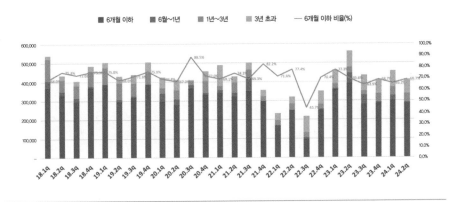

• 참조: DART 현대로템 24.2Q 반기보고서

경과 기간별 매출채권의 경우 6개월 이하 비율이 24년 기준 60% 중반대에 있어 3년 초과 매출채권 비중과 함께 모니터링이 필요하다.

재고자산

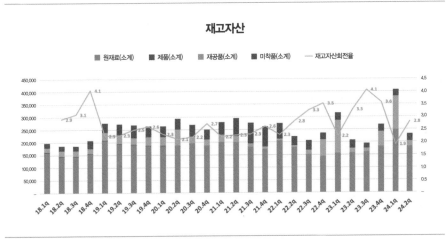

• 참조: DART 현대로템 24.2Q 반기보고서

재고자산은 대부분이 원재료이고, 재고자산회전율은 박스권으로 양호하다.

재고자산, 원재료

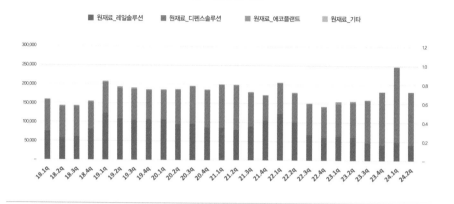

■ 원재료_레일솔루션 ■ 원재료_디펜스솔루션 ■ 원재료_에코플랜트 ■ 원재료_기타

• 참조: DART 현대로템 24.2Q 반기보고서

재고자산의 대부분을 차지하는 원재료 부문은 디펜스솔루션의 비중이 크다.

분기별 현금흐름

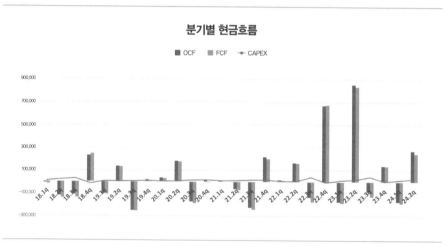

■ OCF ■ FCF ← CAPEX

• 참조: DART 현대로템 24.2Q 반기보고서

현금흐름은 방산 부문 수주가 늘어나는 22년 하반기부터 좋아지고 있다.

계약자산 리스크 현황

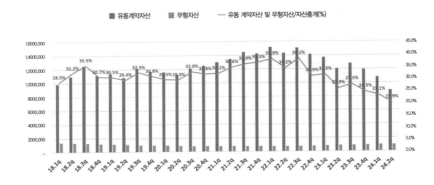

• 참조: DART 현대로템 24.2Q 반기보고서

자산 중 유동계약자산과 무형자산의 비중이 낮아지고 있다는 점은 긍정적이다.

부채비율

• 참조: DART 현대로템 24.2Q 반기보고서

부채비율은 60%대로 안정적이고, 유동계약부채 중 선수금을 제외한 조정부채
도 안정적이다.

1. 사업 성과
- 24년 2분기 기준, 5개 년도 내 최대 매출액/영업이익/OPM을 달성했다.
- GPM도 꾸준히 상승하여 역대 최대인 18%를 기록했다.
- 판관비율은 7~8%로 안정적으로 유지 중이다.

2. 사업 부문별 성과
- 디펜스솔루션 부문이 24년 2분기 기준 매출 비중 51.6%로 주력 사업으로 부상했다.
- 디펜스솔루션 부문의 수출 매출액이 크게 증가하여 전체 실적 개선을 주도했다.
- 레일솔루션 부문은 수출 비중 감소로 매출 역시 감소하고 있다.
- 에코플랜트 부문은 23년 2분기 이후 매출액이 상승 중이다.

3. 수주 및 현금흐름
- 22년 3분기 이후 방산 부문 수주잔고가 크게 증가했다.
- 방산 수주 증가로 22년 4분기부터 선수금이 크게 증가했다.
- 22년 하반기부터 현금흐름이 개선되고 있다.

4. 재무 상태
- 부채비율은 60%대로 안정적이다.
- 유동계약자산과 무형자산의 비중이 낮아지고 있어 긍정적이다.
- 매출채권 관리에 주의가 필요하다(3년 초과 매출채권 비중 모니터링 필요).

5. 향후 전망
- 현대로템은 디펜스솔루션 부문의 성장, 특히 수출 증가를 통해 실적이 크게 개선되고 있다. 방산 수주 증가로 인한 선수금 증가와 현금흐름 개선은 긍정적인 요인이다. 다만 레일솔루션 부문의 수익성 개선과 매출채권 관리에 주의가 필요해 보인다. 전반적으로 안정적인 재무구조를 바탕으로 디펜스솔루션 중심의 성장이 지속될 것으로 예상된다.

한화시스템

1. 기업 개요

사업 부문

(단위 : 백만 원)

사업부문	회사	매출유형	품목	구체적용도	매출액	비중
방산	한화시스템	제품 용역 기타매출 등	지상무기체계, 해양무기체계, 항공우주체계, 종합군수지원 등	군수장비	874,905	71.03%
ICT	한화시스템	상품 용역	전산시스템 설계 및 구축, 전산시스템 위탁운영, IT 융합 엔지니어링 서비스	IT 서비스	350,569	28.46%
신사업	Hanwha Systems Vietnam H FOUNDATION PTE. LTD. 주식회사 엔터프라이즈블록체인 Hanwha Systems USA Corporation 바닐라스튜디오 주식회사 Hanwha Systems UK LTD 한화인텔리전스 주식회사 VANI STUDIO VIETNAM JOINT STOCK COMPANY ENTERPRISE BLOCKCHAIN INC. EBC GLOBAL PTE. LTD.	제품 상품 용역	위성통신안테나, 디지털플랫폼, 전장센서 등	디지털플랫폼 등	6,450	0.52%
연결 조정					(242)	(0.01%)
합계					1,231,682	100%

* 참조: DART 한화시스템 24.2Q 반기보고서

    1977년 삼성정밀에서 시작된 회사로 1987년 삼성항공산업을 거쳐 1991년 삼성전자로 사업이 이관되었다. 1999년 프랑스 톰슨 CSF와 삼성전자 간 합작 JV 회사로 출범했고, 2001년에 삼성 탈레스로 사명이 변경되었다. 2015년에는 계열 변경으로 한화탈레스가 되었고, 2016년 10월에 최종적으로 한화시스템으로 변경되었다.

최대 주주는 한화에어로스페이스(46.73%), 한화에너지(12.80%)로 구성되어 있다.

2. 정량적 분석

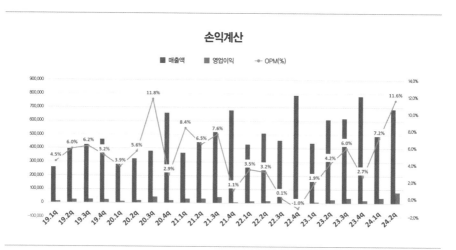

손익계산

■ 매출액   ■ 영업이익   ─●─ OPM(%)

• 참조: DART 한화시스템 24.2Q 반기보고서

매출액(YoY +12.6%, QoQ +26.3%)과 영업이익(YoY +207.9%, QoQ +103.3%) 모두 증가했다.

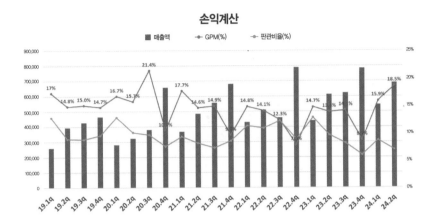

손익계산

■ 매출액 ━●━ GPM(%) ━●━ 판관비율(%)

* 참조: DART 한화시스템 24.2Q 반기보고서

GPM은 4분기마다 낮아지는 계절성을 보인다. 24년 2분기에 GPM은 20년 이후 최대인 18.5%를 달성했고, 판관비율은 박스권 하단에서 낮게 유지 중이다.

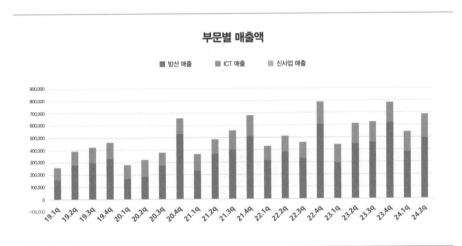

부문별 매출액

■ 방산 매출 ■ ICT 매출 ■ 신사업 매출

* 참조: DART 한화시스템 24.2Q 반기보고서

부문별 매출액

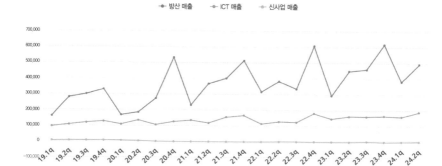

• 참조: DART 한화시스템 24.2Q 반기보고서

매출액 기준 비중은 방산 부문(71.8%), ICT 부문(27.7%), 신사업(0.6%)순이다. 4분기마다 방산 부문 매출액이 증가하고 있다.

부문별 매출액

• 참조: DART 한화시스템 24.2Q 반기보고서

방산 부문 매출 비중은 70%대의 박스권을 유지하고 있다.

부문별 손익

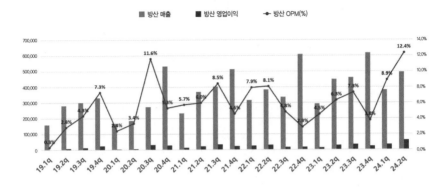

* 참조: DART 한화시스템 24.2Q 반기보고서

24년 2분기 기준, 방산 부문 역대 최대 영업이익/OPM을 달성했다. 매출액은 2분기별 역대 최대치다.

수주잔고

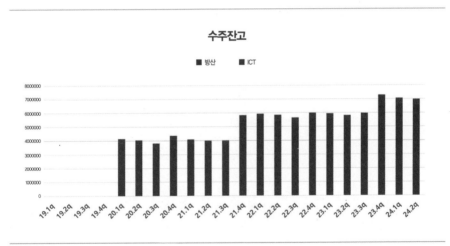

* 참조: DART 한화시스템 24.2Q 반기보고서

방산 부문 수주의 증가가 매출에 긍정적으로 보여진다(상관관계 58%). IR 자료

에 따르면 매출액은 폴란드 K2, TICN 4차 양산 납품으로 인한 것으로 보인다. 영
업이익은 수출사업 비중 증가 및 원가 절감으로 증가했다.

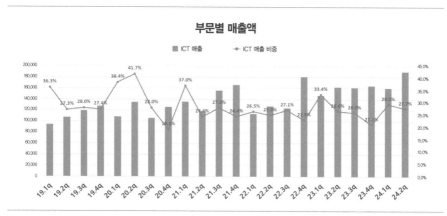

부문별 매출액

• 참조: DART 한화시스템 24,2Q 반기보고서

ICT 부분은 23년 1분기부터 매출이 증가하고 있으며, 매출 비중은 20%대의
박스권에 놓여 있다.

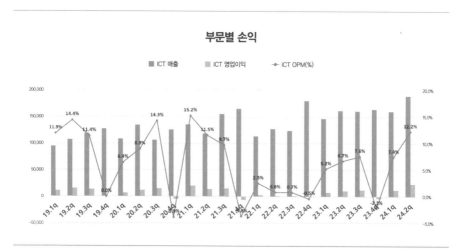

부문별 손익

• 참조: DART 한화시스템 24,2Q 반기보고서

24년 2분기 기준, ICT 부문은 역대 최대 매출액 및 영업이익을 달성했다. IR 자료에 따르면 계열사향 사업, 대외 금융사 차세대 사업으로 인한 것으로 보인다.

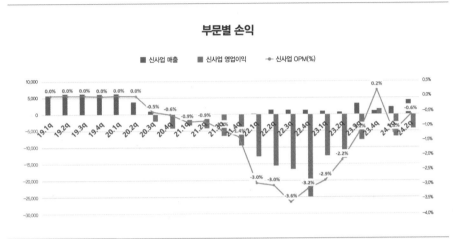

부문별 손익

• 참조: DART 한화시스템 24.2Q 반기보고서

신사업 부문은 매출액이 증가하고 있고, 영업이익 적자폭도 감소하고 있다.

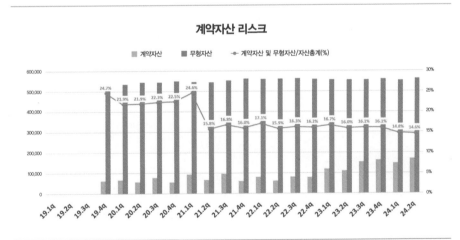

계약자산 리스크

• 참조: DART 한화시스템 24.2Q 반기보고서

계약자산/무형자산에 대한 비율은 줄어들고 있으며, 24년 2분기 기준 자산총계에 대한 비중은 14.6%까지 낮아졌다.

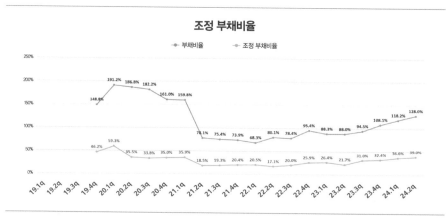

계약부채는 총부채에서 차지하는 비중이 42.6%까지 상승했으며, 계약부채를 제외하면 실제 부채비율은 39%(128%에서)까지 낮아졌다.

분기별 현금흐름

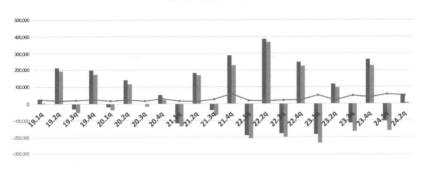

• 참조: DART 한화시스템 24.2Q 반기보고서

현금흐름은 반복적인 흐름을 보인다.

연도별 현금흐름

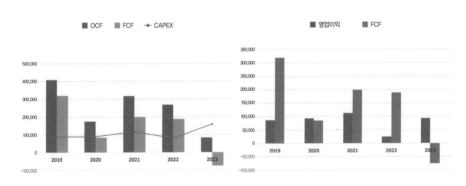

• 참조: DART 한화시스템 23년 기준

연도별로 봐도 긍정적인 모습은 아니다.

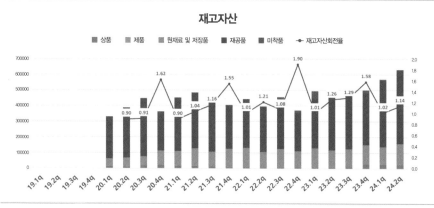

• 참조: DART 한화시스템 24.2Q 반기보고서

재고자산은 재공품 비중이 가장 높고 그다음이 원재료 비중이다. 전체적으로 재고자산이 증가하고 있고 회전율 또한 박스권 하단에 위치하고 있어 추후 모니터링이 필요해 보인다.

• 참조: DART 한화시스템 24.2Q 반기보고서

매출채권은 증가하고 있으며, 회전율도 박스권 하단에 있기 때문에 모니터링이 필요해 보인다.

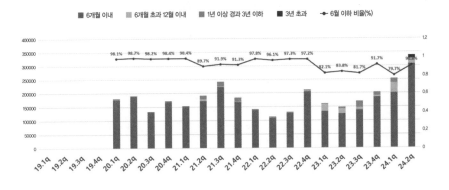

매출채권 경과 기간별 잔액

* 참조: DART 한화시스템 24.2Q 반기보고서

경과 기간별 잔액 체크도 필요하다. 6개월 이하 비율이 90% 이상으로 우려할 정도는 아니지만 전 분기에 79%까지 떨어졌기에 지속적으로 체크해야 한다.

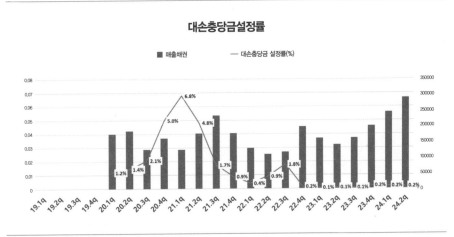

대손충당금설정률

* 참조: DART 한화시스템 24.2Q 반기보고서

대손충당금설정률은 0.2% 정도로 매우 양호하다.

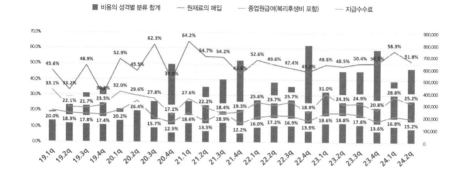

* 참조: DART 한화시스템 24.2Q 반기보고서

주요 비용은 원재료의 매입, 종업원 급여, 지급수수료순이며, 이들 비중이 90% 이상이다.

* 참조: DART 한화시스템 24.2Q 반기보고서

판관비 중 종업원 급여+복리후생비 비중이 60% 이상이며 증가 추세에 있다.

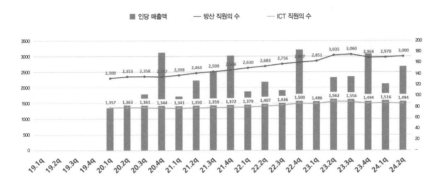

직원 수 및 인당 매출액

■ 인당 매출액　　— 방산 직원의 수　　— ICT 직원의 수

• 참조: DART 한화시스템 24.2Q 반기보고서

이는 직원의 수 증가와 관련이 있어 보인다.

결 론

1. 재무 현황
- 24년 2분기 기준, 매출액과 영업이익이 전년 동기 대비 각각 12.6%, 207.9% 증가했다.
- 방산 부문이 매출의 70% 이상이며, 24년 2분기에 역대 최대 영업이익과 영업이익률을 달성했다.
- ICT 부문도 23년 1분기부터 매출이 증가하고 있으며, 24년 2분기에 역대 최대 매출액과 영업이익을 기록했다.

2. 재무구조
- 계약자산과 무형자산의 비중은 감소하고 있으며, 24년 2분기 기준 자산총계의 14.6%를 차지한다.
- 계약부채를 제외한 실제 부채비율은 39%로 낮아졌다.
- 재고자산은 증가 추세에 있으며, 재공품과 원재료의 비중이 높다.

3. 주요 특징
- 매출채권이 증가하고 있어 모니터링이 필요하지만, 6개월 이하 비율이 90% 이상으로 크게 우려할 정도는 아니다.
- 주요 비용은 원재료 매입, 종업원 급여, 지급수수료로 전체의 90% 이상을 차지한다.
- 판관비 중 종업원 급여와 복리후생비가 60% 이상을 차지하며 증가 추세에 있다.

4. 향후 전망
이러한 재무 상황은 한화시스템의 성장과 안정성을 보여 주지만, 일부 영역에서는 지속적인 관리가 필요해 보인다.

한화에어로스페이스

1. 기업 개요

고도의 정밀기계분야의 핵심기술을 바탕으로 국내외에서 항공기 가스터빈 엔진/구성품, 자주포, 장갑차, CCTV, 칩마운터, 우주발사체, 위성시스템 등을 생산하고 판매한다. 24년 2분기 기준 주력 사업은 방산, 항공, 시큐리티다.

24년 7월에 분할이 결정되었고, 분할 신설회사로는 한화인더스트리얼솔루션즈가 있다. 이곳에서 시큐리티, 칩마운터, 반도체장비 등을 생산/판매한다.

(단위 : 백만 원)

사업 부문	매출액	비중	수출 비중	수주잔고
항공	492,113	17.7%	58.1%	30,099,038
방산	1,636,281	58.7%	29.0%	36,903,039
시큐리티	315,910	11.3%	88.9%	
산업용 장비	135,418	4.9%	73.4%	
IT 서비스	159,325	5.7%	14.9%	335,050
항공우주	46,924	1.7%	5.9%	393,585
합계	2,785,971	100%	58.1%	67,730,712

해당 정량적 분석 글은 분할 전 기준으로 작성되었다.

2. 정량적 분석

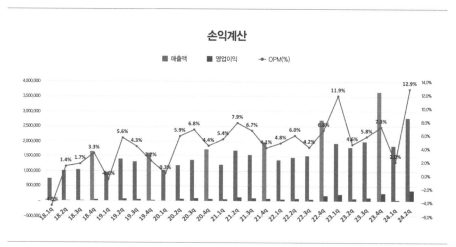

손익계산

■ 매출액 ■ 영업이익 —●— OPM(%)

• 참조: DART 한화에어로스페이스 24.2Q 반기보고서

매출액은 2조 7,860억(YoY +55%, QoQ +50.7%), 영업이익은 3,588억(YoY +332%, QoQ +859%)을 그리고 OPM은 12.9%로 역대 최대치를 달성했다. 4분기 매출이 높다는 계절성이 있다.

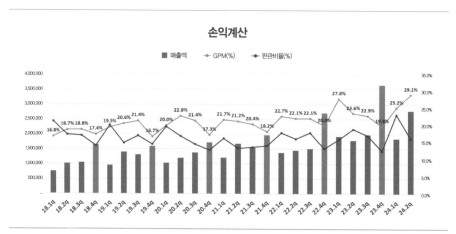

손익계산

■ 매출액 —●— GPM(%) —●— 판관비율(%)

• 참조: DART 한화에어로스페이스 24.2Q 반기보고서

GPM 또한 최대치(29.1%)를 달성했고, 판관비율은 16.2%로 박스권을 안정적으로 유지하고 있다.

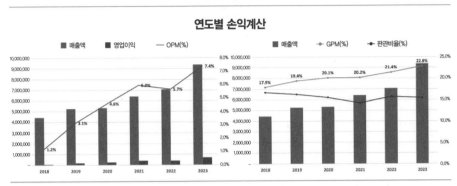

연도별 손익계산

* 참조: DART 한화에어로스페이스 23년 기준

연도별로도 꾸준히 성장하는 모습을 보이고 있다.

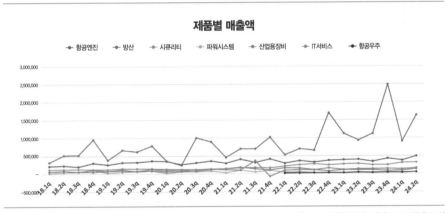

제품별 매출액

* 참조: DART 한화에어로스페이스 24.2Q 반기보고서

제품별 매출액은 방산, 항공, 시큐리티, IT 서비스, 산업용 장비, 항공우주순이며, 방산의 매출액 비중은 58.7%다.

제품별 매출액

• 참조: DART 한화에어로스페이스 24.2Q 반기보고서

수출 비중은 24년 2분기에 58.1%를 기록했다.

제품별 영업이익

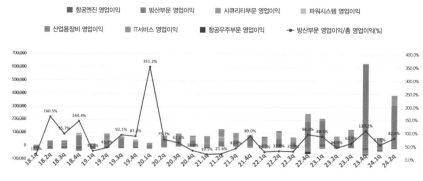

• 참조: DART 한화에어로스페이스 24.2Q 반기보고서

제품별로 보면 방산 부문의 영업이익이 월등히 많다.

제품별 매출액

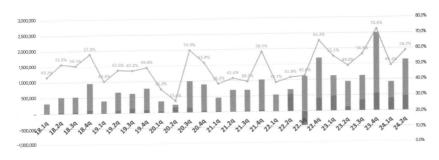

• 참조: DART 한화에어로스페이스 24.2Q 반기보고서

제품별 매출액

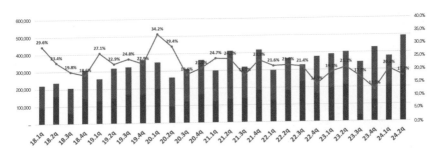

• 참조: DART 한화에어로스페이스 24.2Q 반기보고서

매출액 비중이 가장 높은 방산 부문과 두 번째로 높은 항공 부문의 매출액 추이다.

제품별 영업이익

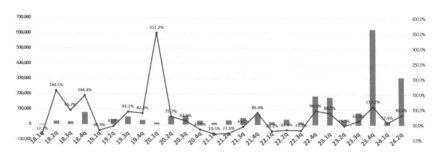

• 참조: DART 한화에어로스페이스 24.2Q 반기보고서

영업이익 또한 방산 부문이 전체의 82.4% 차지하고 있다.

부문별 손익

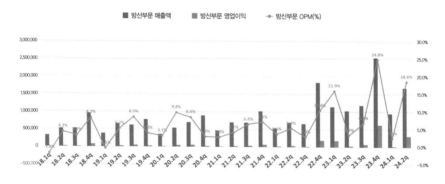

• 참조: DART 한화에어로스페이스 24.2Q 반기보고서

부문별 손익

*참조: DART 한화에어로스페이스 24.2Q 반기보고서

방산 부문과 항공엔진 부문의 매출액/영업이익/OPM 추이다.

수주잔고

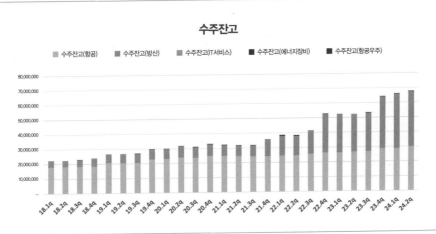

*참조: DART 한화에어로스페이스 24.2Q 반기보고서

수주잔고는 방산(54.5%), 항공(44.4%), 우주항공(0.6%), IT 서비스(0.5%)순으로 방산과 항공이 대부분을 차지한다. 특히 방산 쪽의 수주가 증가 추세에 있다.

매출액/수주잔고

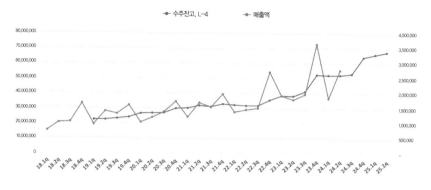

• 참조: DART 한화에어로스페이스 24,2Q 반기보고서

한화에어로스페이스 분기매출액과 4개 분기 레깅한 수주잔고 간의 상관성은 78.5%다.

선수금

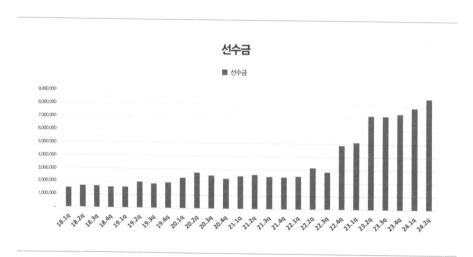

• 참조: DART 한화에어로스페이스 24,2Q 반기보고서

선수금은 계속 늘어나고 있다.

매출액/선수금

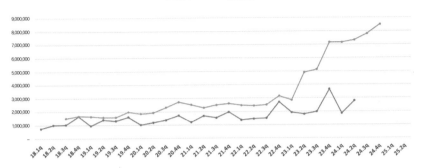

• 참조: DART 한화에어로스페이스 24.2Q 반기보고서

선수금 2개 분기 레깅한 값과 매출액 간의 상관성은 75.4%다.

선수금 현황

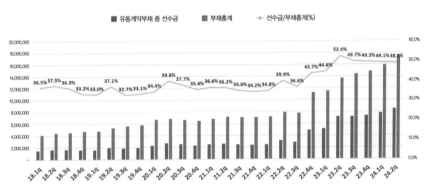

• 참조: DART 한화에어로스페이스 24.2Q 반기보고서

부채에서 선수금이 차지하는 비중은 50% 정도다.

조정부채비율

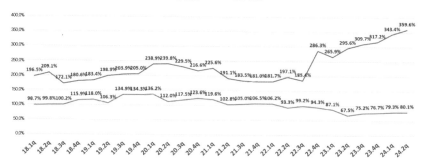

* 참조: DART 한화에어로스페이스 24.2Q 반기보고서

부채비율을 보면 24년 2분기에 360%에 육박하지만 실제 선수금을 제외하면 80%로 낮아진다.

선수금/수주잔고

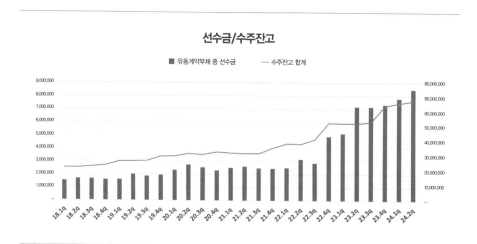

* 참조: DART 한화에어로스페이스 24.2Q 반기보고서

선수금과 수주잔고 간의 상관성은 96%로 매우 높다.

주요 매출원가

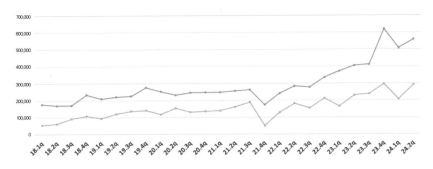

• 참조: DART 한화에어로스페이스 24,2Q 반기보고서

주요 매출원가

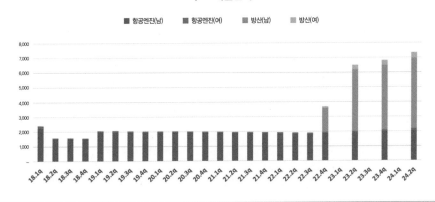

• 참조: DART 한화에어로스페이스 24,2Q 반기보고서

　매출원가 부분에서는 원재료와 소모품을 제외하면 종업원 급여와 외주용역비의 비중이 높다. 22년 4분기 이후 방산 부문 직원의 수가 크게 증가했다.

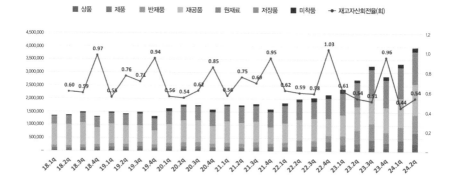

재고자산

■ 상품 ■ 제품 ■ 반제품 ■ 재공품 ■ 원재료 ■ 저장품 ■ 미착품 —●— 재고자산회전율(회)

* 참조: DART 한화에어로스페이스 24.2Q 반기보고서

재고자산은 증가 추세에 있으며 회전율은 박스권 하단에 위치해 있다.

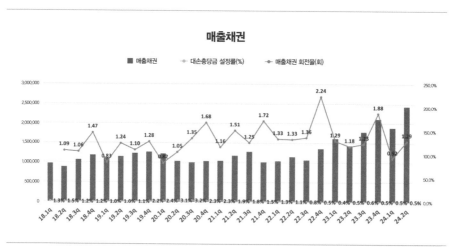

매출채권

■ 매출채권 —●— 대손충당금 설정률(%) —●— 매출채권 회전율(회)

* 참조: DART 한화에어로스페이스 24.2Q 반기보고서

매출채권은 상승 추세에 있으며, 회전율은 박스권에 있다. 대손충당금설정률
은 1% 미만으로 안정적으로 관리되는 것으로 보인다.

경과 기간별 매출채권

■ 6개월 이내　■ 6개월 초과 12월 이내　■ 1년~3년　■ 3년 초과　─●─ 6개월 이하 비중(%)

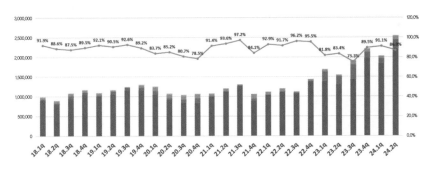

• 참조: DART 한화에어로스페이스 24.2Q 반기보고서

　회전율이 박스권 하단에 있기에 경과 기간별로 살펴보니 6개월 이하 비중이 87%, 3년 초과비중이 1% 이하로 위험 부담은 다소 적다고 판단된다.

1. 사업 성과
- 24년 2분기 기준, 매출액과 영업이익이 크게 증가하여 역대 최대 실적을 달성했다.
- 방산 부문이 전체 매출의 58.7%를 차지하며 주력 사업으로 자리 잡았다.
- 수출 비중이 58.1%로 높은 수준을 유지하고 있다.

2. 부문별 성과
- 방산 부문의 매출과 영업이익이 크게 증가하여 전체 실적 개선을 주도했다.
- 항공 부문도 안정적인 성장세를 보이고 있다.
- 시큐리티 사업(한화비전)이 글로벌 수요 증가로 높은 수익성을 기록했다.

3. 재무 상태
- GPM과 OPM이 지속적으로 개선되고 있다.
- 선수금 증가로 현금흐름이 개선되고 있다.
- 수주잔고가 지속적으로 증가하여 향후 실적이 개선될 가능성이 높다.

4. 향후 전망
- 한화에어로스페이스는 방산 부문의 수출 증가와 시큐리티 사업의 호조로 실적이 크게 개선되고 있다. 또한 수주잔고 증가와 신규 사업 진출로 향후 성장 가능성이 높으며, 재무 상태도 안정적이다. 다만 단기적으로는 폴란드 납품 지연 등으로 실적 변동성이 있을 수 있다.

한국항공우주

1. 기업 개요

항공기, 우주선, 위성체, 발사체 및 동 부품에 대한 설계/제조/판매/정비 등의 사업을 영위하고 있다. 주요 제품으로는 크게 고정익 부문, 회전익 부문, 기체 부문 및 기타로 나눌 수 있다. 24년 2분기 기준 매출 비중은 고정익 부문(T-50계열 및 KF-21계열)은 46.55%, 회전익 부문(KUH/LAH계열)은 15.76%, 기체 부문(Boeing, Airbus, IAI 등 기체 구조물제작)은 27.01%, 기타 부문(위성사업, UAV, 시뮬레이터, PBL사업 등)은 10.68%이다. 수출 비중은 42%이며, 수주잔고는 별도 기준 23조 2,591억 원이다.

2. 정량적 분석

매출액은 8,918억(YoY +21.6%, QoQ +20.5%), 영업이익은 587억(YoY +785.6%, QoQ +54.9%), OPM은 8.3%(YoY +628.4%, QoQ +28.4%)이다.

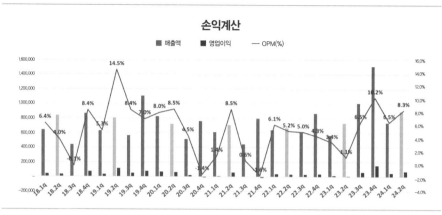

* 참조: DART 한국항공우주 24.2Q 반기보고서

23년 4분기 폴란드 훈련기(FA-50) 수출(총 48대 중 12대 매출인식, 나머지 36대는 2028년까지 납품예정)로 역대 최대 매출액을 달성했다. 24년 1분기에는 내려왔지만 2분기만 보면 7개 년도 최대 매출이다.

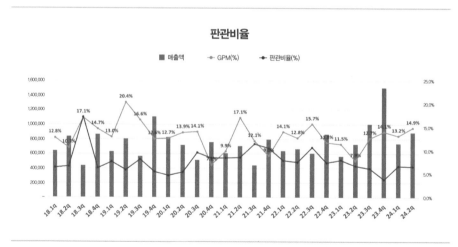

* 참조: DART 한국항공우주 24.2Q 반기보고서

GPM은 23년 2분기까지 하락하다 23년 3분기부터 상승 추세로 전환했다. 판관비율은 23년 4분기에 3.9%까지 낮아졌다가 상승했지만 여전히 6%대 초반의 낮은 판관비율을 유지하고 있다.

연도별 손익

* 참조: DART 한국항공우주 24.2Q 반기보고서

21년 이후 매출액과 OPM이 증가 추세에 있다. 판관비는 하향 안정화된 모습이다.

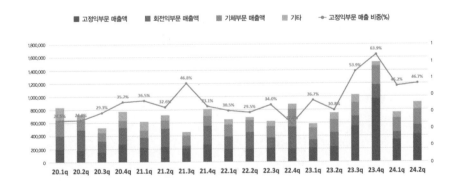

부문별 매출액

* 참조: DART 한국항공우주 24.2Q 반기보고서

23년 3분기과 4분기, 폴란드 FA-50 수출로 고정익 부문 매출이 크게 증가했다. 회전익 부문은 하향 추세에 있고, 기체 부문과 기타 부문은 추세적으로는 상승하고 있다.

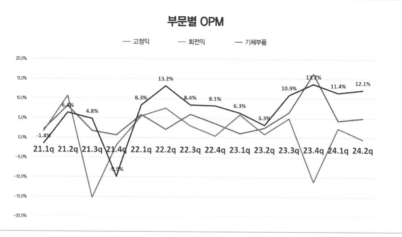

부문별 OPM은 기체 부문(12.1%), 고정익 부문(4.9%), 회전익 부문(-0.4%)순이다.

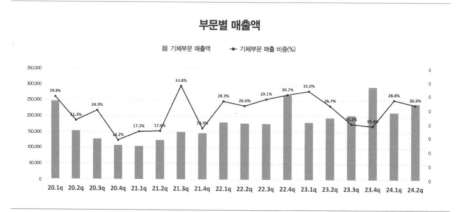

부문별 손익

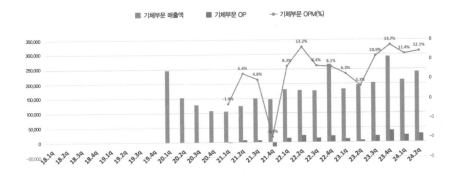

* 참조: DART 한국항공우주 24.2Q 반기보고서

부문별 손익

* 참조: DART 한국항공우주 24.2Q 반기보고서

따라서 OPM이 제일 높은 기체 부문 매출이 중요하다. 기체 부문의 매출 비중은 전체 매출액 중 26.9%를 차지하고 있다.

고객사별 매출액

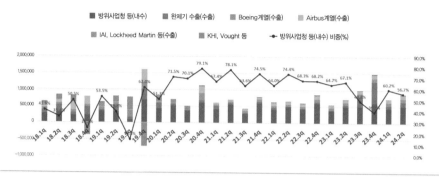

• 참조: DART 한국항공우주 24.2Q 반기보고서

방위사업청 등 내수 비중은 56.7%를 차지하고 있다.

지역별 매출액

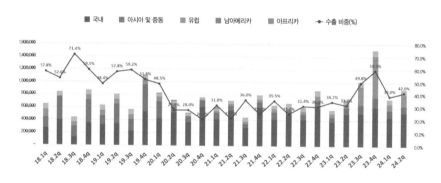

• 참조: DART 한국항공우주 24.2Q 반기보고서

지역별 매출액은 국내, 유럽, 아시아 및 중동, 북아메리카순이다.

수출 비중

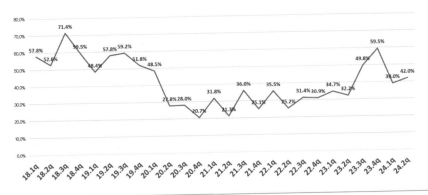

• 참조: DART 한국항공우주 24.2Q 반기보고서

수출 비중은 42%로 23년 3분기/4분기를 제외하면 상승 추세에 있다.

지역별 매출액

• 참조: DART 한국항공우주 24.2Q 반기보고서

유럽 쪽 수출 비중이 늘고 있다.

수주잔고

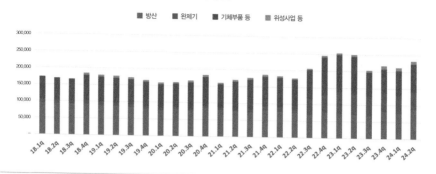

* 참조: DART 한국항공우주 24.2Q 반기보고서

수주잔고는 방산, 기체부품, 완제기, 위성사업순이다. 24년 2분기 기준 수주잔고 현황은 방산 8조 8,305억, 기체부품 8조 4,138억, 완제기 5조 1,017억, 위성사업 등이 9,131억으로 총 23조 2,591억 원의 잔고가 있다. 23년 3분기에 기체부품 등 수주잔고 감소는 22년 12월 Embraer과의 4조 원 규모의 차세대 중형 민항기 개발이 취소된 것에 따른 듯 보인다. 방산과 기체부품 등의 수주가 나아지고 있다.

매출액과 수주잔고

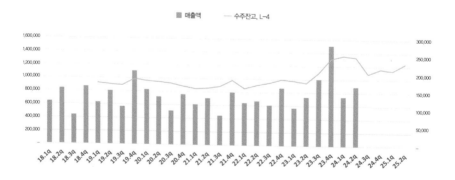

* 참조: DART 한국항공우주 24.2Q 반기보고서

매출액과 수주는 4분기 레깅의 상관관계가 60.3%다. 60%의 상관관계는 높다고는 할 수 없지만 전반적인 추이는 참고할 만하다.

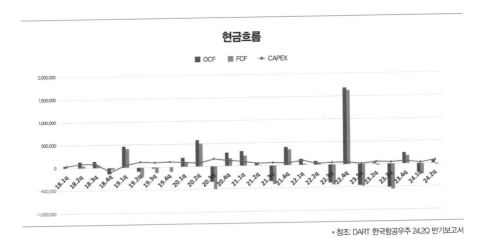

• 참조: DART 한국항공우주 24.2Q 반기보고서

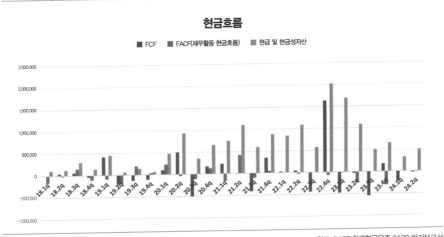

• 참조: DART 한국항공우주 24.2Q 반기보고서

현금흐름은 22년 4분기 폴란드 선수금(1조 2,000억) 이후로 특이 사항이 없다.

재고자산

* 참조: DART 한국항공우주 24.2Q 반기보고서

재고자산회전율이 24년 1분기에 하락했지만 박스권 내에서 등락을 거듭하고 있으므로 특이 사항이 없다.

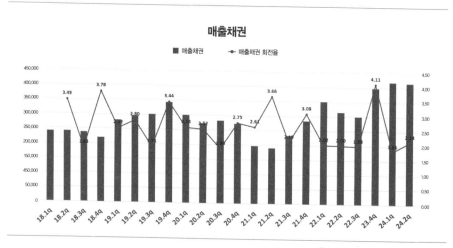

매출채권

* 참조: DART 한국항공우주 24.2Q 반기보고서

매출채권회전율은 박스권 하단에 위치해 있으므로 연령별 매출채권잔액의 확인이 필요하다. 당사는 연령별로 제공해 주지 않고 비유동자산 매출채권현황을 제공하고 있다. 23년 이후 손실충당금이 없기 때문에 리스크는 없다고 판단된다.

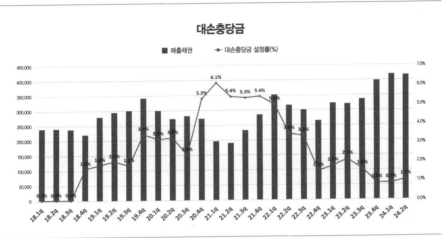

• 참조: DART 한국항공우주 24,2Q 반기보고서

대손충당금도 설정률이 1% 정도 차지하는 하단에 위치하고 있어 괜찮다고 판단된다.

• 참조: DART 한국항공우주 24,2Q 반기보고서

부채비율

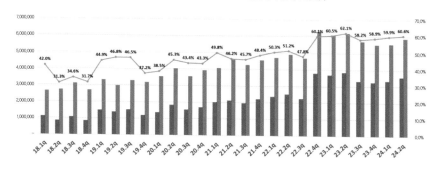

• 참조: DART 한국항공우주 24.2Q 반기보고서

당사와 같은 수주산업을 하는 기업은 부채비율도 점검해야 한다. 가장 먼저 선수금과 계약부채의 현황을 살펴보니, 전체 부채총계 대비 선수금과 계약부채가 차지하는 비율이 60% 정도다.

조정 부채비율

• 참조: DART 한국항공우주 24.2Q 반기보고서

24년 2분기 기준 부채비율은 354%로 리스크가 있어 보이지만 조정부채비율은 185% 정도로 낮아진다.

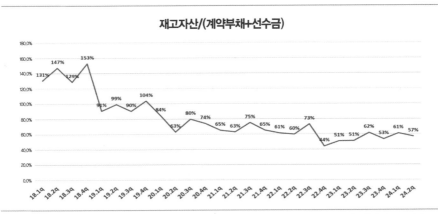

재고자산/(계약부채+선수금)

• 참조: DART 한국항공우주 24,2Q 반기보고서

계약부채+선수금 대비 재고자산 비중이 50~60%로 재고자산의 과다가 아니라고 판단했다.

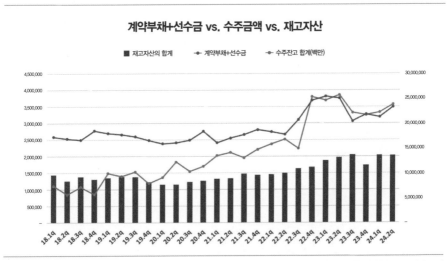

계약부채+선수금 vs. 수주금액 vs. 재고자산

■ 재고자산의 합계   ━━ 계약부채+선수금   ━━ 수주잔고 합계(백만)

• 참조: DART 한국항공우주 24,2Q 반기보고서

계약부채(선수금)와 수주잔고 간의 상관관계는 86.7%다. 따라서 수주를 받으면 가계약금(선수금)의 형태로 계약부채도 늘어날 개연성이 높다. 재고자산과 계약부채(선수금) 간의 상관관계는 86.2%로 역시 선수금으로 재고자산을 늘릴 개연성이 높다.

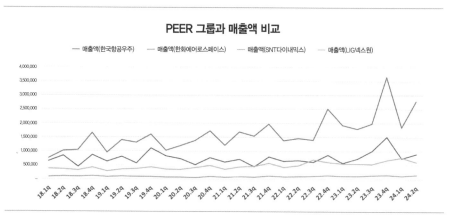

PEER 그룹과 매출액 비교

— 매출액(한국항공우주)　　— 매출액(한화에어로스페이스)　　— 매출액(SNT다이내믹스)　　— 매출액(LIG넥스원)

* 참조: DART 한국항공우주 24.2Q 반기보고서

매출액은 한화에어로스페이스(2조 8,538억), 한국항공우주(8,918억), LIG넥스원(6,047억), SNT다이내믹스(1,451억)순이다.

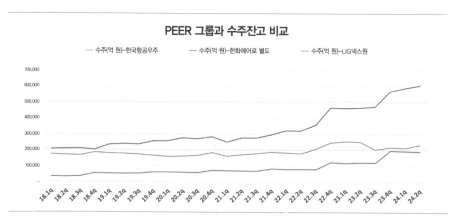

PEER 그룹과 수주잔고 비교

— 수주(억 원)-한국항공우주　　— 수주(억 원)-한화에어로 별도　　— 수주(억 원)-LIG넥스원

* 참조: DART 한국항공우주 24.2Q 반기보고서

수주잔고는 한화에어로스페이스(별도), 한국항공우주(별도), LIG넥스원순이다 (SNT다이내믹스는 수주잔고 명기 X). 금액은 한화에어로스페이스(별도): 60조 3,693억, 한국항공우주(별도): 23조 2,591억, LIG넥스원 19조 53억 원이다.

PEER 그룹과 OPM 비교

— OPM(%)(한국항공우주)　　— OPM(%)(한화에어로스페이스)　　— OPM(%)(SNT다이내믹스)　　— OPM(%)(LIG넥스원)

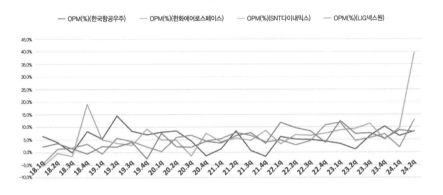

• 참조: DART 한국항공우주 24.2Q 반기보고서

OPM은 SNT다이내믹스(39.6%, 1회성 손해배상 환입), 한화에어로스페이스(12.9%), 한국항공우주(8.3%), LIG넥스원(8.1%)순이다.

1. 사업 구조
- 고정익 부문: 매출의 46.55%(T-50계열 및 KF-21계열)
- 회전익 부문: 매출의 15.76%(KUH/LAH계열)
- 기체 부문: 매출의 27.01%(Boeing, Airbus, IAI 등 기체 구조물 제작)
- 기타 부문: 매출의 10.68%(위성사업, UAV, 시뮬레이터, PBL사업 등)

2. 재무 성과
- 매출액: 8,918억 원(전년 동기 대비 21.6% 증가)
- 영업이익: 587억 원(전년 동기 대비 785.6% 증가)
- 영업이익률: 8.3%

3. 주요 특징
- 수출 비중: 42%
- 수주잔고: 23조 2,591억 원(24년 2분기 기준, 별도 기준)
- 폴란드 훈련기(FA-50) 수출로 인한 매출 증가
- 기체 부문의 높은 영업이익률(12.1%)

4. 시장 현황
- 국내매출 비중: 67.7%
- 주요 해외시장: 유럽, 아시아 및 중동, 북아메리카
- 주요 고객: 방위사업청, 에어버스, 보잉

5. 향후 전망
- 한국항공우주는 방산/민간 항공 분야에서 꾸준한 성장을 보이고 있으며, 특히 해외 수출을 통한 매출 증가가 두드러진다. 기체 부문의 높은 수익성과 안정적인 수주잔고를 바탕으로 향후 성장이 기대된다.

PART 8

부동산 권리조사
채권추심

리파인

1. 기업 개요

매출 유형

(단위 : 천 원)

매출유형	품 목	2024연도 반기 (제23기 반기) K-IFRS 개별 매출액	2023연도 (제22기) K-IFRS 개별 매출액	2022연도 (제21기) K-IFRS 개별 매출액
전월세보증금 대출 서비스	전월세보증금대출 권리조사료	31,344,415	58,458,754	48,801,202
	통지관련 수수료	1,437,043	2,649,744	1,959,149
담보대출 서비스	주택담보대출 권리조사료	1,403,225	1,920,681	1,442,066
	기타 위탁 수수료(주1)	169,227	598,447	590,136
전세보증금 반환보증 서비스	전세보증금 반환보증 위탁수수료	1,216,032	2,844,701	2,117,181
기타 수수료	기타 위탁수수료(주2)	1,678	12,110	168,175
합 계		35,571,620	66,484,437	55,077,909

주 1) 본인확인 수수료전입임대차현장조사 수수료로 구성되어 있습니다.

주 2) 대리점 수수료 등으로 구성되어 있습니다.

* 참조: DART 리파인 24.2Q 반기보고서

부동산 권리조사 전문업체이다. 금융기관은 대출이나 보증상품을 취급 시 내부심사 및 권리조사를 통해 신용, 권리, 시세 등에 문제가 없다고 판단하면 대출금을 지급하거나 보증서를 발급한다. 이후 대출이나 보증이 잘 유지되고 있는지를 확인하려면 추가적인 권리조사가 필요하다. 당사는 이때 필요한 권리조사 업무를 수행한다.

2. 정량적 분석

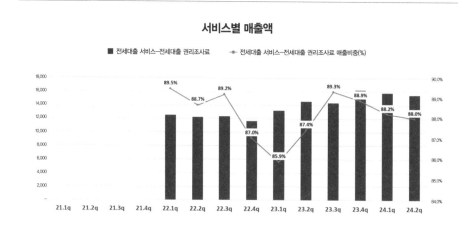

• 참조: DART 리파인 24.2Q 반기보고서

매출 유형별로 전/월세보증금 대출 서비스(전/월세보증금 대출 권리조사료 88.1%, 통지 관련 수수료 4.0%), 담보대출서비스(주택 담보대출 권리조사료 3.9%, 기타 위탁수수료 0.5%), 전세보증금 반환보증서비스(전세보증금 반환보증 위탁수수료 3.4%), 기타 위탁수수료로 구분되어 있다. 이 중 전/월세보증금대출 권리조사료 매출이 88.1%로 가장 높다.

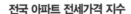

전국 아파트 전세가격 지수

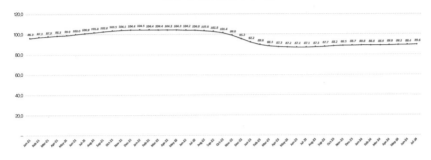

• 참조: 한국부동산원 Data

전/월세보증금대출 권리조사에 대한 수수료는 정률로 수취되며, 전/월세 보증금에 비례한다. 따라서 전세가격이 상승하여 보증금 규모가 커지면 리파인의 매출도 비례하여 증가한다.

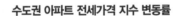

수도권 아파트 전세가격 지수 변동률

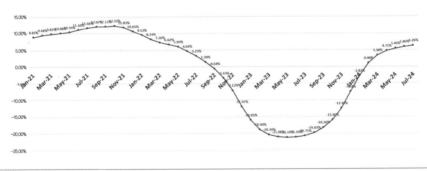

• 참조: DART 리파인 24.2Q 반기보고서

수도권 아파트 전세가격 지수 변동률(YoY)은 23년 7월에 저점을 찍고 13개월 연속 상승하고 있다.

아파트 전세가격 지수 변동률

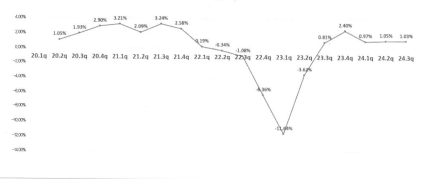

• 참조: DART 리파인 24.2Q 반기보고서

아파트 전세가격 지수 변동률(%, QoQ)은 23년 1월에 저점을 찍고 상승하고 있다.

아파트 전세가격 지수 변동률

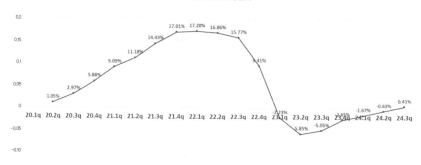

• 참조: DART 리파인 24.2Q 반기보고서

아파트 전세가격 지수 누적변동률(QoQ)을 통하여 변동률 추이를 좀 더 명확
히 확인할 수 있다. 23년 2분기부터 방향을 틀어 6개 분기 연속 상승하고 있다.

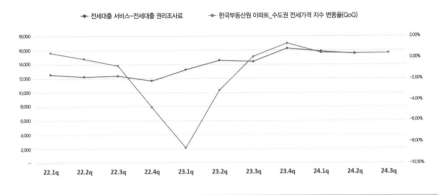

아파트 전국 전세가격 지수 변동률 vs. 리파인 전세대출 권리조사료

전세대출 서비스-전세대출 권리조사료 ──◆── 한국부동산원 아파트_수도권 전세가격 지수 변동율(QoQ)

• 참조: 국토교통부 실거래가 Data

리파인 전세대출 권리조사료 매출액 vs. 수도권 아파트 전세가격 지수 변동률
(%, QoQ)이다. 권리조사 수수료는 전/월세 보증금×전/월세 거래량에 비례했다. 수
도권 전세가격 지수 변동률과 거래량은 리파인 전세 대출 권리조사료 매출액 추
이와 어느 정도 유사성을 보였다.

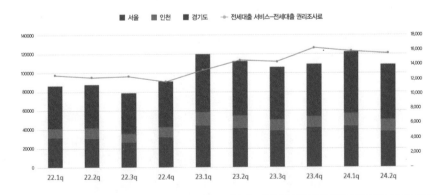

수도권 아파트 전/월세 신규 거래량 vs. 리파인 전세대출 권리조사료

■ 서울 ■ 인천 ■ 경기도 ──◇── 전세대출 서비스-전세대출 권리조사료

• 참조: 국토교통부 실거래가 Data

전/월세 거래량과의 추이를 살펴보면 전세대출 권리조사료 매출액 추이와 유
사하다.

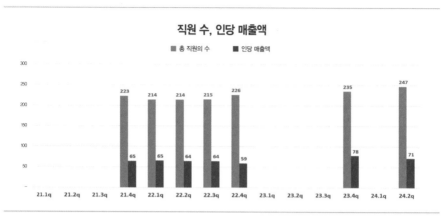

직원 수, 인당 매출액

■ 총 직원의 수   ■ 인당 매출액

* 참조: DART 리파인 24,2Q 반기보고서

리파인의 총비용 중 가장 높은 비중은 인건비 및 지급수수료이다. 리파인 24
년 2분기 직원 수는 역대 분기 최대를 찍었다. 인당 매출액은 상승 추세로 낮은
CAPEX 구조 등을 감안할 경우 영업레버리지 효과 발생으로 이익 및 이익률이
높아질 수 있는 사업 구조다.

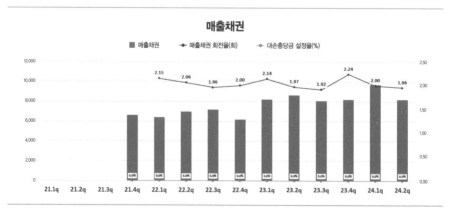

매출채권

■ 매출채권   ◆ 매출채권 회전율(회)   ◆ 대손충당금 설정율(%)

* 참조: DART 리파인 24,2Q 반기보고서

매출채권은 모두 3개월 이내의 것이며, 매출채권회전율은 박스권 내를 유지하고 있다. 대손충당금설정률은 0%다.

주요 고객사

(단위 : 천 원)

매출 유형	매 출 처	2024연도 반기 (제23기 반기)	비중
전월세보증금 대출 서비스	A보험사	8,977,533	25.3%
	B보험사	8,338,516	23.4%
	C보험사	6,315,974	17.8%
	D보험사	4,648,022	13.1%
	기타	4,501,414	12.7%
담보대출 서비스	E보험사	750,468	2.1%
	F보험사	231,694	0.7%
	기타	590,290	1.7%
전세보증금 반환보증 서비스	A빅테크	440,545	1.2%
	A보증기관	419,205	1.1%
	기타	356,281	1.0%
기타수수료	기타	1,678	0.0%
합 계		35,571,620	100.0%

• 참조: DART 리파인 24.2Q 반기보고서

리파인의 주요 고객사는 보증보험사 및 권리보험사다.

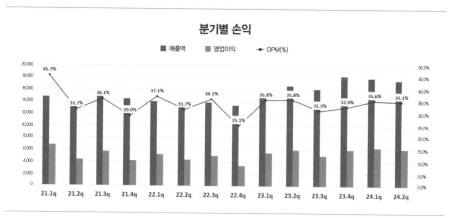

분기별 손익

• 참조: DART 리파인 24.2Q 반기보고서

매출/영업이익은 23년 4분기에 역대 최고 분기 실적을 기록했다. QoQ 2개 분기 대비해서는 소폭 하락했다.

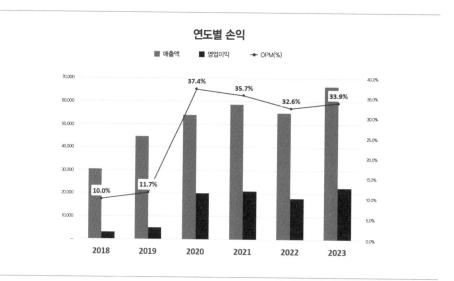

연도별 손익

• 참조: DART 리파인 23년 기준

매출/영업이익은 연간으로 봤을 때 23년에 역대 최대 실적을 기록했다.

분기별 현금흐름

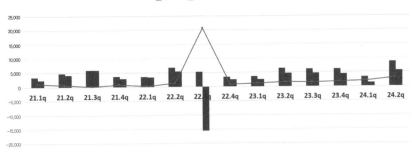

• 참조: DART 리파인 24.2Q 반기보고서

　　리파인은 재고자산이 필요하지 않은 사업 구조 및 낮은 CAPEX의 장기간 유지 등으로 인하여 현금흐름이 우수하다. 매해 높은 현금 유입이 지속되고 있다. 22년 3분기를 제외하고 21년 1분기부터 13개 분기 동안 +OCF/FCF를 기록했다. 22년 3분기에는 사옥 관련 부동산 매입을 위해 CAPEX 190억 원을 집행했다.

연도별 현금흐름

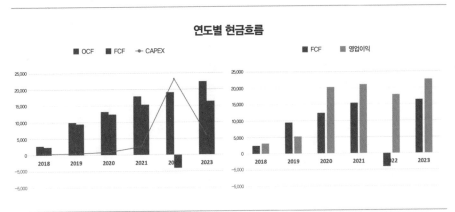

• 참조: DART 리파인 24.2Q 반기보고서

　　22년을 제외하고 18년부터 5년간 +OCF/FCF를 기록했다.

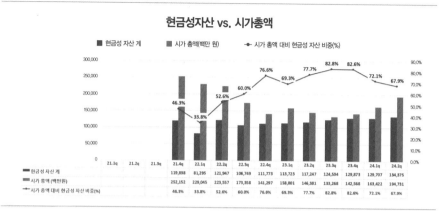

현금성자산 vs. 시가총액

■ 현금성 자산 계 ■ 시가 총액(백만 원) ━◆━ 시가 총액 대비 현금성 자산 비중(%)

	21.1q	21.2q	21.3q	21.4q	22.1q	22.2q	22.3q	22.4q	23.1q	23.2q	23.3q	23.4q	24.1q	24.2q
현금성 자산 계				119,838	81,295	121,947	106,749	111,773	113,723	117,247	124,534	129,873	129,707	134,875
시가 총액 (백만원)				252,152	229,045	223,557	173,358	141,297	158,801	146,381	133,268	142,568	163,422	194,731
시가 총액 대비 현금성 자산 비중(%)				46.3%	33.8%	52.6%	60.0%	76.6%	69.3%	77.7%	82.8%	82.6%	72.1%	67.9%

• 참조: DART 리파인 24.2Q 반기보고서

앞서 살펴본 현금 유입이 높은 사업 구조 특성 때문에 매 분기 시가총액 대비 현금성자산 비중을 장기간 좋게 유지할 수 있었다(24년 2분기 기준 시가총액 1,947억 원, 현금성자산 1,343억 원으로 시가총액 대비 현금성자산 규모는 67.9%).

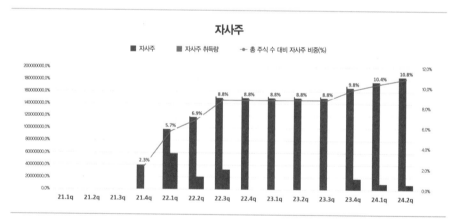

자사주

■ 자사주 ■ 자사주 취득량 ━◆━ 총 주식 수 대비 자사주 비중(%)

• 참조: DART 리파인 24.2Q 반기보고서

또한 장기간 자사주 매입을 하는 모습이다(24년 2분기 기준 총주식 수 대비 자사주 비중은 10.8%).

1. 사업 구조
- 리파인은 전/월세보증금 대출 및 주택 담보대출 권리조사를 주 사업으로 하고 있다.
- 24년 2분기 기준 매출 구성은 전/월세보증금 대출 서비스 92%, 담보대출서비스 4.4%, 전세보증금 반환보증서비스 3.6%, 기타 위탁수수료다.

2. 재무 성과
- 매출액은 176억 원(YoY +6%, QoQ -2%), 영업이익은 61억 원(YoY +4.0%, QoQ -3%), OPM은 35.1%를 기록했다.
- 23년 4분기에 역대 최대 분기 실적을 기록했으나 QoQ 2개 분기 대비해서는 소폭 하락했다.

3. 시장 동향
- 전국 전세가격 지수는 23년 8월 이후 12개월 연속 상승했다.
- 24년 하반기 임대차 2법(전/월세 상한제·계약갱신청구권) 4년 만기 도래로 인해 전세가격이 상승할 가능성이 있다.
- 대출 관련 정부정책 변경 및 대출금리 변경 가능성은 리스크 요인이 될 수도 있다.

4. 수익성 및 비용 구조
- 평균 OPM이 34.2%로 높다.
- 인당 매출액은 상승 추세로 낮은 CAPEX 구조 등을 감안할 경우 영업레버리지 효과 발생 시 이익률이 높게 상승할 수 있다.
- 인건비 및 지급수수료가 주요 비용으로 발생한다.

5. 현금흐름 및 효율성
- OCF/FCF는 장기간 대부분 양(+)의 흐름을 보이고 있다.
- 현금흐름은 재고자산이 필요하지 않는 사업 구조로 매해 현금 유입이 되고 있다.
- 매출채권 모두 3개월 이내로 안정적이다.

6. 향후 전망
리파인은 부동산 시장에서 필요한 권리조사 업무를 담당하며 사업을 성장시켜 왔다. 사업 구조도 매출 상승 시 영업레버리지 효과를 기대할 수 있는 만큼 전세 시장의 활성화 및 금리 인하로 인한 대출 시장의 긍정적 변화의 시기에 주목해야 하는 기업이다.

고려신용정보

1. 기업 개요

사업 부문

(단위 : 백만 원, %)

회사	사업부문	매출 유형	제34기 반기		제33기 반기		제32기 반기	
			매출액	비율	매출액	비율	매출액	비율
고려신용정보(주)	신용조사사업	서비스	5,346	6.4	4,726	6.3	3,975	5.6
	채권추심업		75,694	91.3	68,589	91.6	65,958	92.6
	민원대행업		1,926	2.3	1,546	2.1	1,297	1.8
합계			82,966	100.0	74,861	100.0	71,230	100.0

* 참조: DART 고려신용정보 24.2Q 반기보고서

국내 채권추심 업계 1위 기업으로, 전체 매출액의 89.7% 이상을 차지하는 채권추심업은 채권자를 대신하여 채무 불이행자에 대한 추심을 행사하는 업무이다. 추심 대상 채권은 연체채권에 따라 크게 상사채권 및 민사채권, 금융채권, 통신채권 및 렌탈채권 등으로 분류된다.

2. 정량적 분석

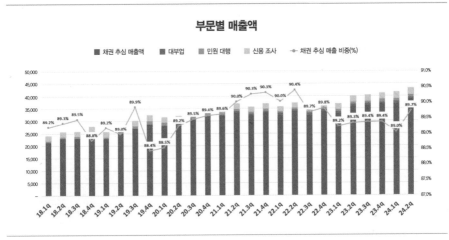

부문별 매출액

■ 채권 추심 매출액   ■ 대부업   ■ 민원 대행   ▨ 신용 조사   ─●─ 채권 추심 매출 비중(%)

• 참조: DART 고려신용정보 24년 2분기 반기보고서

매출 비중은 채권추심업 89.7%, 신용조사업 6.3%, 민원대행업 2.1%, 대부업 1.8%순이며, 이 중 가장 비중이 높은 채권추심업은 꾸준히 우상향하고 있다.

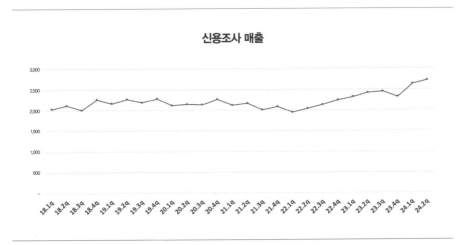

신용조사 매출

• 참조: DART 고려신용정보 24년 2분기 반기보고서

신용조사 부문은 금융기관의 담보대출 실행 시 제공되는 물건지의 현장조사, 전입세대 열람 및 의뢰인이 보유하고 있는 부실채권의 채무자 재산 등을 조사한다. 최근 분기 매출이 상승하고 있다.

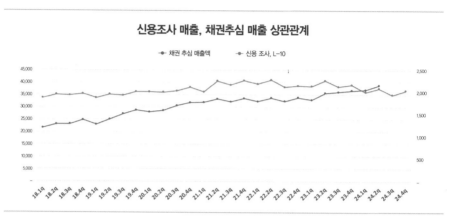

신용조사 매출, 채권추심 매출 상관관계

• 참조: DART 고려신용정보 24년 2분기 반기보고서

신용조사 매출액을 10분기 레깅했을 때 채권추심매출액과의 상관성은 88%를 보인다.

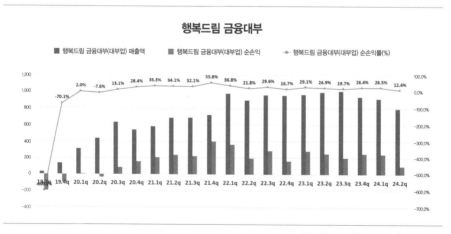

행복드림 금융대부

• 참조: DART 고려신용정보 24년 2분기 반기보고서

대부업은 종속기업인 행복드림 금융대부에 대한 매출로, 아파트 담보대출을 주요 사업으로 하고 있다. 최근 분기 매출과 순손익률은 다소 감소하고 있다.

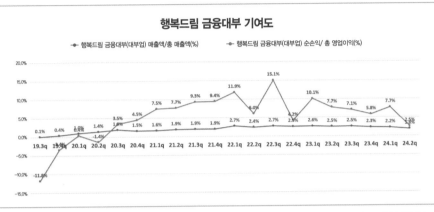

행복드림 금융대부 기여도

◆ 행복드림 금융대부(대부업) 매출액/총 매출액(%)   ◆ 행복드림 금융대부(대부업) 순손익/ 총 영업이익(%)

• 참조: DART 고려신용정보 24년 2분기 반기보고서

행복드림금융대부의 매출액 기여도는 1.8%이며, 전체 영업이익에 대한 순손익 비중은 2.5%다.

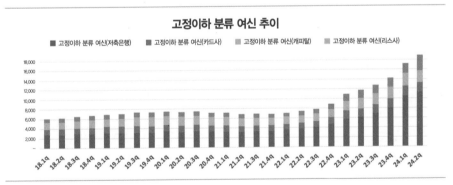

고정이하 분류 여신 추이

■ 고정이하 분류 여신(저축은행)   ■ 고정이하 분류 여신(카드사)   ■ 고정이하 분류 여신(캐피탈)   ■ 고정이하 분류 여신(리스사)

• 참조: DART 고려신용정보 24년 2분기 반기보고서

주요 매출인 채권추심 매출은 추심 절차를 거쳐 회수되는 채권에 대해 약정

수수료를 수취하게 되는데, 이 수수료가 매출액으로 인식되어 있다. 금융사(저축은행+카드사+캐피탈+리스사)의 부실 채권에 해당하는 고정이하 분류 여신의 규모는 최근 분기에 증가하고 있기에 추심의 대상이 되는 채권은 늘어나고 있다.

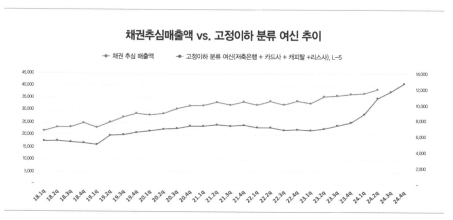

채권추심매출액 vs. 고정이하 분류 여신 추이

• 참조: DART 고려신용정보 24년 2분기 반기보고서

위 금융사의 고정이하 분류여신을 5개 분기 레깅하여 당사의 채권추심매출액과 비교했을 때 87%의 상관관계를 보였다.

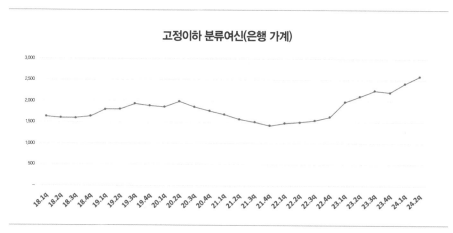

고정이하 분류여신(은행 가계)

• 참조: DART 고려신용정보 24년 2분기 반기보고서

은행의 고정이하 가계여신도 증가 추세에 있다.

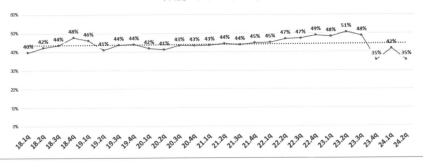

회수율/고정이하 분류여신(은행 가계)

-●- (저축은행 + 카드사 + 캐피탈 +리스사), L-5

* 참조: DART 고려신용정보 24년 2분기 반기보고서

금융사(저축은행+카드사+캐피탈+리스사) 5개 분기 레깅한 고정이하 분류여신에 대한 당사의 채권추심매출액의 비율로 회수율을 추론해 보면 평균 45%가 나온다. 최근 분기에는 급증한 저축은행 부실 채권의 증가로 회수율이 다소 하락한 것으로 보이나 당사의 저축은행에 대한 매출 비중이 크게 늘지는 않아 실제 회수율과는 괴리가 있을 듯하다.

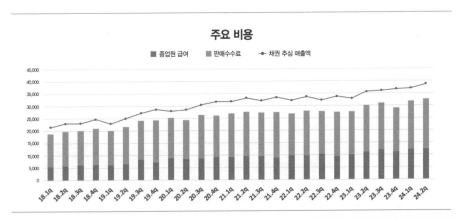

주요 비용

■ 종업원 급여   ■ 판매수수료   -●- 채권 추심 매출액

* 참조: DART 고려신용정보 24년 2분기 반기보고서

비용의 대부분은 판매수수료와 종업원 급여이다.

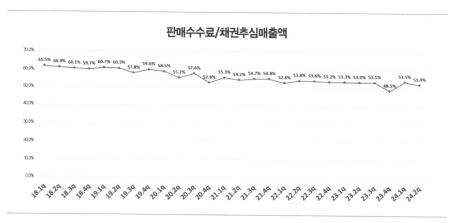

• 참조: DART 고려신용정보 24년 2분기 반기보고서

판매수수료는 민상사 부실채권 회수 시 채권관리사에게 지급하는 수수료이다. 채권추심매출액에 대한 판매수수료의 비중은 점차 낮아지고 있다. 그럼에도 채권추심 부문의 매출이 역대 최대인 데는 금융채권추심의 비중이 높아지고 있다고 추론할 수 있다.

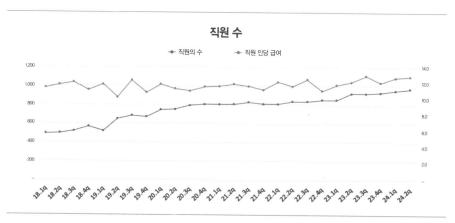

• 참조: DART 고려신용정보 24년 2분기 반기보고서

직원의 수는 꾸준히 증가하고 있으며, 인당 직원 급여는 평균 수준을 유지 중이다.

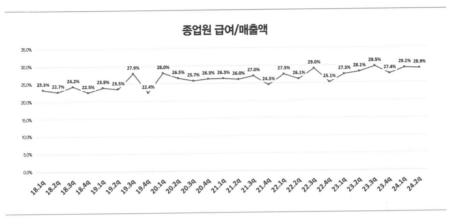

종업원 급여/매출액

* 참조: DART 고려신용정보 24년 2분기 반기보고서

매출액 대비 종업원 급여의 비중은 26% 내외로 유지 중이다.

매출채권

■ 매출채권   ● 매출채권 회전율(회)   ● 대손충당금 설정율(%)

* 참조: DART 고려신용정보 24년 2분기 반기보고서

매출채권은 꾸준히 증가하고 있으며, 매출채권회전율은 하락하는 추세이나 하

단을 넘지 않는다. 대손충당금설정률도 하락 추세에 있다.

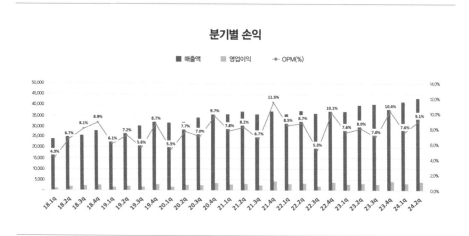

분기별 손익

■ 매출액 ■ 영업이익 ─●─ OPM(%)

* 참조: DART 고려신용정보 24년 2분기 반기보고서

매출액은 역대 최대로 꾸준한 상승 흐름을 보여 준다. 매해 4분기에 매출이 높게 발생하는 계절성이 있다.

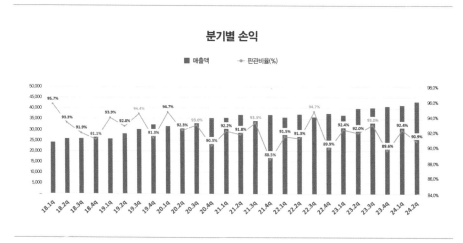

분기별 손익

■ 매출액 ─●─ 판관비율(%)

* 참조: DART 고려신용정보 24년 2분기 반기보고서

판관비율은 3분기에 최고를, 4분기에 최저를 기록하는 계절성이 있다.

종업원 급여

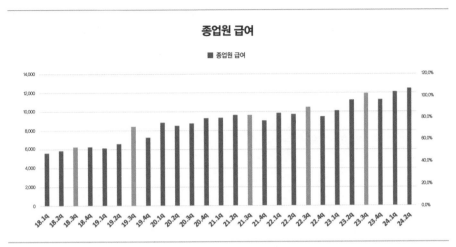

• 참조: DART 고려신용정보 24년 2분기 반기보고서

이는 3분기마다 종업원 급여가 높게 발생하는 사유로 추론된다.

연도별 손익

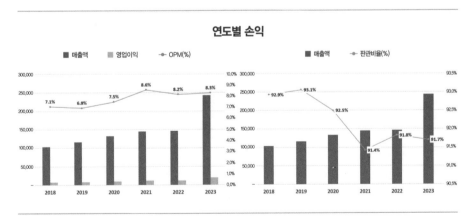

• 참조: DART 고려신용정보 23년 기준

23년에 매출/영업이익이 최대 실적을 기록했다. 판관비율은 낮아지고 있다.

분기별 현금흐름

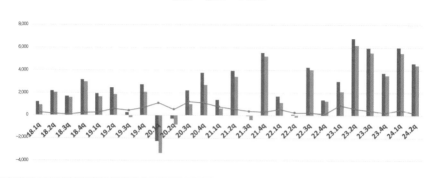

• 참조: DART 고려신용정보 24년 2분기 반기보고서

장기간 대부분 +OCF/FCF를 기록하고 있다.

연도별 현금흐름

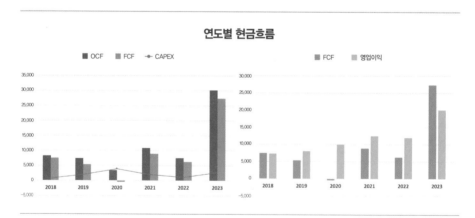

• 참조: DART 고려신용정보 23년 기준

18년 이후 5년간 +OCF/FCF를 기록하고 있다.

1. 사업 구조
- 고려신용정보는 채권추심을 주 사업으로 하고 있다.
- 24년 2분기 기준 매출 규모는 채권추심업 89.7%, 신용조사사업 6.3%, 민원대행업 2.1%, 대부업 1.8%순이다.

2. 재무 성과
- 24년 2분기 기준 역대 최대 분기 매출액을 달성했다.
- 매출액은 431억 원(YoY +8%, QoQ +4%), 영업이익은 39억 원(YoY +22.0%, QoQ +24%), OPM 9.1%를 기록했다.
- 매출 성장이 이어지고 있는 것에 비해 이익은 박스권의 흐름이다.

3. 시장 동향
- 금융사(저축은행+카드사+캐피탈+리스사)의 부실 채권에 해당하는 고정이하 분류여신의 규모가 최근 분기에 크게 증가하고 있다. 즉 추심의 대상이 되는 채권이 늘어나고 있다.
- 은행의 개인사업자 대출금 연체 잔액도 최근 분기까지 가파르게 증가했다.
- 이는 채권추심 수요의 증가로 이어져 동사의 매출 성장에 기여할 것이다.

4. 수익성 및 비용 구조
- OPM은 9.1%로 박스권을 유지 중이며, 판관비율은 3분기마다 종업원 급여가 높게 발생하는 사유로 최고를 기록하는 경향이 있다.
- 판매수수료, 종업원 급여가 주요 비용으로 발생한다.

5. 현금흐름 및 효율성
- OCF/FCF는 장기간 대부분 양(+)의 흐름을 보이고 있다.
- 매출채권은 증가하고 있으며, 매출채권회전율은 하락하는 추세이나 추세 하단을 벗어나진 않는다. 대손충당금설정률도 하락 추세에 있다.

6. 향후 전망
- 고려신용정보는 부실채권을 직접 매입하기보다 추심 대행에 따른 수수료를 수취하는 구조로 비교적 낮은 리스크의 사업을 영위하고 있다. 최근 증가하는 고정이하 분류여신의 규모는 채권추심 수요의 증가로 이어져 고려신용정보의 매출 성장의 동력이 될 것으로 보인다. 다만 매출로 이어지는 수수료는 추심의 성과가 필연적이므로 경제 회복이 동반되어야 한다.

실전 정량적 분석

초판 1쇄 발행 2025년 2월 7일

지은이 체리형부 외 브레인스토밍 스터디 그룹

펴낸곳 ㈜이레미디어
전화 031-908-8516(편집부), 031-919-8511(주문 및 관리)
팩스 0303-0515-8907
주소 경기도 파주시 문예로 21, 2층
홈페이지 www.iremedia.co.kr **이메일** mango@mangou.co.kr
등록 제396-2004-35호

편집 이병철, 정서린 **표지디자인** 최치영 **본문디자인** 이선영 **마케팅** 김하경
재무총괄 이종미 **경영지원** 김지선

ISBN 979-11-93394-58-8 (03320)

* 가격은 뒤표지에 있습니다.
* 잘못된 책은 구입하신 서점에서 교환해드립니다.
* 이 책은 투자 참고용이며, 투자 손실에 대해서는 법적 책임을 지지 않습니다.

당신의 소중한 원고를 기다립니다.
mango@mangou.co.kr